厚大法考

2025年国家法律职业资格考试

黄金考点·迷你案例·思维推演

行政法

考点清单

主观题

魏建新 编著 | 厚大出品

中国政法大学出版社

唯坚韧者始能遂其志

厚大在线

硬核干货
八大学科学习方法、新旧大纲对比及增删减总结、考前三页纸等你解锁。

定期直播
备考阶段计划、心理疏导、答疑解惑,专业讲师与你相约"法考星期天"直播间。

免费课堂
图书各阶段配套名师课程的听课方式,课程更新时间获取,法考必备通关神器。

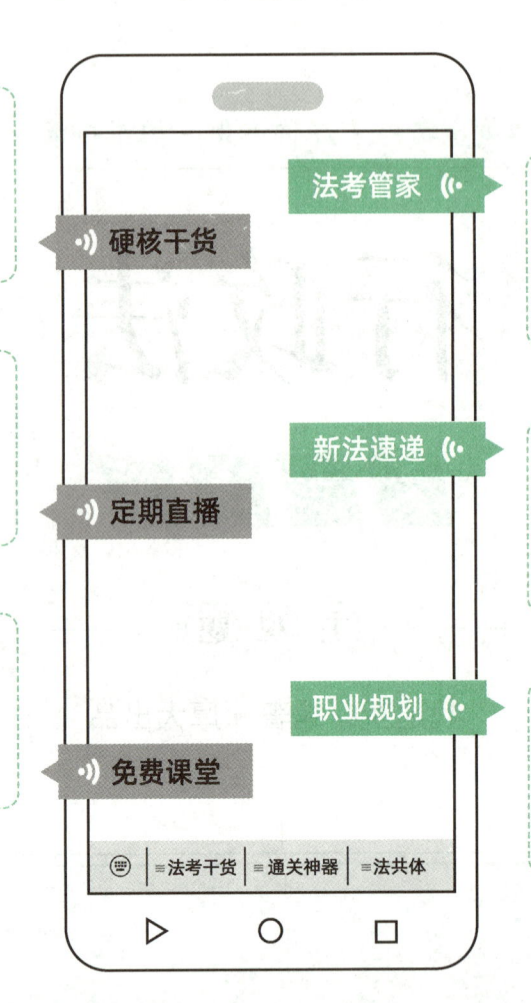

法考管家
法考公告发布、大纲出台、主客观报名时间、准考证打印等,法考大事及时提醒。

新法速递
新修法律法规、司法解释实时推送,最高院指导案例分享;牢牢把握法考命题热点。

职业规划
了解各地实习律师申请材料、流程,律师执业手册等,分享法律职业规划信息。

法考干货　通关神器　法共体

更多信息
关注厚大在线

HOUDA

代 总 序
GENERAL PREFACE

做法治之光
——致亲爱的考生朋友

如果问哪个群体会真正认真地学习法律，我想答案可能是备战法考的考生。

当厚大的老总力邀我们全力投入法考的培训事业，他最打动我们的一句话就是：这是一个远比象牙塔更大的舞台，我们可以向那些真正愿意去学习法律的同学普及法治的观念。

应试化的法律教育当然要帮助同学们以最便捷的方式通过法考，但它同时也可以承载法治信念的传承。

一直以来，人们习惯将应试化教育和大学教育对立开来，认为前者不登大雅之堂，充满填鸭与铜臭。然而，没有应试的导向，很少有人能够真正自律到系统地学习法律。在许多大学校园，田园牧歌式的自由放任也许能够培养出少数的精英，但不少学生却是在游戏、逃课、昏睡中浪费生命。人类所有的成就靠的其实都是艰辛的训练；法治建设所需的人才必须接受应试的锤炼。

应试化教育并不希望培养出类拔萃的精英，我们只希望为法治建设输送合格的人才，提升所有愿意学习法律的同学整体性的法律知识水平，培育真正的法治情怀。

厚大教育在全行业中率先推出了免费视频的教育模式，让优质的教育从此可以遍及每一个有网络的地方，经济问题不会再成为学生享受这些教育资源的壁垒。

最好的东西其实都是免费的，阳光、空气、无私的爱，越是弥足珍贵,越是免费的。我们希望厚大的免费课堂能够提供最优质的法律教育,一如阳光遍洒四方,带给每一位同学以法律的温暖。

没有哪一种职业资格考试像法考一样,科目之多、强度之大令人咋舌,这也是为什么通过法律职业资格考试是每一个法律人的梦想。

法考之路,并不好走。有沮丧、有压力、有疲倦,但愿你能坚持。

坚持就是胜利,法律职业资格考试如此,法治道路更是如此。

当你成为法官、检察官、律师或者其他法律工作者,你一定会面对更多的挑战、更多的压力,但是我们请你持守当初的梦想,永远不要放弃。

人生短暂,不过区区三万多天。我们每天都在走向人生的终点,对于每个人而言,我们最宝贵的财富就是时间。

感谢所有参加法考的朋友,感谢你愿意用你宝贵的时间去助力中国的法治建设。

我们都在借来的时间中生活。无论你是基于何种目的参加法考,你都被一只无形的大手抛进了法治的熔炉,要成为中国法治建设的血液,要让这个国家在法治中走向复兴。

数以万计的法条,盈千累万的试题,反反复复的训练。我们相信,这种貌似枯燥机械的复习正是对你性格的锤炼,让你迎接法治使命中更大的挑战。

亲爱的朋友,愿你在考试的复习中能够加倍地细心。因为将来的法律生涯,需要你心思格外的缜密,你要在纷繁芜杂的证据中不断搜索,发现疑点,去制止冤案。

亲爱的朋友,愿你在考试的复习中懂得放弃。你不可能学会所有的知识,抓住大头即可。将来的法律生涯,同样需要你在坚持原则的前提下有所为、有所不为。

亲爱的朋友,愿你在考试的复习中沉着冷静。不要为难题乱了阵脚,实在不会,那就绕道而行。法律生涯,道阻且长,唯有怀抱从容淡定的心才能笑到最后。

法律职业资格考试不仅仅是一次考试,它更是你法律生涯的一次预表。

我们祝你顺利地通过考试。

不仅仅在考试中,也在今后的法治使命中——

不悲伤、不犹豫、不彷徨。

但求理解。

厚大®全体老师　谨识

前言
FOREWORD

主观题行政法学科考情概览

一、考情分析

（一）考查特点

司考时代（2002~2017年）行政法题型及分值

年　份	题目类型		分　值
2002年	案例分析题		11分
2003年	案例分析题		8分
2005年	案例分析题		10分
2006年		论述题	35分
2007年		论述题	25分
2008年	案例分析题		20分
2009年	案例分析题		20分
2010年		论述题	25分
2011年	案例分析题		22分
2012年	案例分析题		22分
2013年	案例分析题		21分
2014年	案例分析题	论述题	26分
2015年	案例分析题		20分
2016年	案例分析题	论述题	24分
2017年	案例分析题	论述题	23分

注：司考时代主观题的满分为150分（其中2002、2003年的满分为100分），行政法为必做题。

法考时代（2018~2024 年）行政法题型及分值

年　份	题目类型	分　值
2018 年	案例分析题	28 分
2019 年	案例分析题	27 分
2020 年	案例分析题	28 分
2021 年	案例分析题	28 分
2022 年	案例分析题	28 分
2023 年	案例分析题	28 分
2024 年	案例分析题	28 分

注：法考时代主观题的满分为 180 分，行政法为选做题。

从司考时代到法考时代，行政法主观题的题目类型发生了变化：司考时代的行政法既考案例分析题又考论述题，而法考时代的行政法只考案例分析题。因此，考生应当把行政法主观题复习的重心放在案例分析题上。主观题考试中，行政法所占的分值比重没有明显的变化，大概占主观题总分值的 1/6。

需要特别说明的是，虽然行政法主观题由司考时代的必做题变为了法考时代的选做题，但这并不代表行政法不再重要，更不是说可以在主观题的备考中直接放弃复习行政法。设置选做题的目的是让考生根据自身情况选择自己所擅长的题目作答，让考生通过比较题目后选择其能拿到更多分数的题目。若考生在备考过程中直接放弃一个部门法，则实际上就是放弃了一个选择的机会。这是非常冒险的投机行为，绝不是法考设置选做题的初衷。

（二）命题特点

司考时代（2002~2017 年）行政法主观题考点分布

年　份	题目类型	考　　　点
2002 年	案例分析题 （3 问）	（1）行政行为——行政争议——行政争议与民事争议的区分 （2）国家赔偿——行政赔偿——赔偿范围 （3）行政诉讼——裁判执行——行政机关不履行生效裁判
2003 年	案例分析题 （4 问）	（1）行政诉讼——当事人——原告 （2）行政诉讼——程序——起诉期限 （3）行政诉讼——受案范围——专利复审委员会决定的可诉性 （4）行政行为——合法性判断——职权合法
2005 年	案例分析题 （3 问）	（1）行政诉讼——受案范围——具体行政行为 （2）行政诉讼——当事人——原告 （3）行政诉讼——受案范围——内部行政行为

续表

年 份	题目类型	考 点
2008年	案例分析题（6问）	（1）行政诉讼——当事人——诉讼代表人 （2）行政诉讼——当事人——被告 （3）行政诉讼——程序——上诉 （4）行政诉讼——判决——撤销判决与履行判决 （5）行政诉讼——程序——审理对象 （6）行政诉讼——程序——撤诉
2008年延考	案例分析题（7问）	（1）国家赔偿——行政赔偿——赔偿范围 （2）国家赔偿——行政赔偿——赔偿请求人 （3）国家赔偿——行政赔偿——赔偿时效 （4）国家赔偿——行政赔偿——赔偿义务机关 （5）国家赔偿——行政赔偿——赔偿的方式和标准 （6）国家赔偿——行政赔偿——行政追偿程序 （7）国家赔偿——行政赔偿——国家赔偿与民事赔偿的关系
2009年	案例分析题（5问）	（1）行政诉讼——管辖——级别管辖与地域管辖 （2）国家赔偿——行政赔偿——赔偿程序 （3）行政诉讼——程序——规范性文件的地位 （4）行政诉讼——证据——事实认定 （5）行政诉讼——程序——法律适用；行政行为——行政处罚——设定
2011年	案例分析题（8问）	（1）行政诉讼——管辖——地域管辖 （2）行政诉讼——当事人——原告 （3）行政诉讼——受案范围——行政指导行为 （4）行政诉讼——程序——审理对象；行政行为——治安管理处罚——传唤对象 （5）行政行为——行政许可——设定 （6）国家赔偿——刑事赔偿——赔偿范围 （7）国家赔偿——刑事赔偿——赔偿程序 （8）国家赔偿——刑事赔偿——新旧《国家赔偿法》的适用
2012年	案例分析题（6问）	（1）行政行为——具体行政行为——概念；行政诉讼——受案范围——具体行政行为 （2）行政诉讼——当事人——被告；行政诉讼——管辖——级别管辖；行政诉讼——程序——起诉期限 （3）行政诉讼——当事人——第三人 （4）行政诉讼——程序——审理裁判对象 （5）行政行为——行政强制执行——法定程序与执行原则 （6）行政诉讼——程序——政府信息公开案件的审理方式；行政诉讼——判决——政府信息公开案件的判决

续表

年份	题目类型	考点
2013年	案例分析题 （5问）	（1）行政诉讼——程序——受理 （2）行政行为——政府信息公开——申请人 （3）行政复议与政府信息公开——程序——审查与决定 （4）行政行为——政府信息公开——监督 （5）行政诉讼——受案范围——政府信息不公开
2014年	案例分析题 （3问）	（1）行政行为——行政处罚——公司登记违法行为的认定 （2）行政行为——行政处罚——行政处罚的撤销 （3）行政行为——行政处罚——听证
2015年	案例分析题 （5问）	（1）行政行为——行政许可与行政确认——公司的设立登记和变更登记的法律性质 （2）行政诉讼——当事人——原告与被告 （3）行政诉讼——程序——一审审理与裁判对象 （4）行政诉讼——程序——登记立案 （5）行政诉讼——程序——一审宣判
2016年	案例分析题 （4问）	（1）行政行为——行政许可——申请延续 （2）行政诉讼——规范性文件附带审查——原告申请 （3）行政诉讼——规范性文件附带审查——法院处理 （4）行政行为——行政处罚与行政强制措施——区别
2017年	案例分析题 （4问）	（1）行政行为——行政处罚——证据先行登记保存 （2）行政行为——行政处罚——听证 （3）行政行为——行政许可——设定 （4）行政诉讼——当事人——被告

法考时代（2018~2024年）行政法主观题考点分布

年份	题目类型	考点
2018年	案例分析题 （6问）	（1）行政行为——行政处罚——概念 （2）行政行为——行政强制执行——程序 （3）行政诉讼——程序——起诉期限 （4）行政诉讼——当事人——被告 （5）行政诉讼——程序——行政机关负责人出庭 （6）国家赔偿——行政赔偿——举证责任
2019年	案例分析题 （6问）	（1）行政诉讼——受案范围——具体行政行为 （2）行政行为——行政确认——概念 （3）行政诉讼——特殊制度——被告改变被诉行政行为

续表

年 份	题目类型	考　　　　点
2019 年	案例分析题 （6 问）	（4）行政诉讼——程序——撤诉与二审审理对象 （5）行政救济——救济途径——行政复议、行政诉讼、国家赔偿的救济 （6）行政诉讼——判决——撤销判决与履行判决
2020 年	案例分析题 （6 问）	（1）行政行为——行政协议——概念 （2）行政诉讼——当事人——原告 （3）行政诉讼——当事人——被告 （4）行政诉讼——行政协议——协议约定仲裁（无效） （5）行政诉讼——起诉——行政协议的起诉期限 （6）行政行为——政府信息公开——范围
2021 年	案例分析题 （6 问）	（1）行政诉讼——管辖——级别管辖 （2）行政诉讼——程序——起诉期限 （3）行政诉讼——当事人——被告 （4）行政行为——行政许可——撤回 （5）行政行为——行政征收与行政许可撤回——补偿 （6）行政诉讼——判决——行政补偿判决
2021 年 延考	案例分析题 （6 问）	（1）行政诉讼——当事人——原告 （2）行政诉讼——当事人——被告 （3）行政行为——行政处罚——概念 （4）国家赔偿——行政赔偿——举证责任；行政诉讼——判决——行政赔偿判决 （5）行政诉讼——当事人——第三人 （6）国家赔偿——行政赔偿——赔偿程序
2022 年	案例分析题 （6 问）	（1）行政诉讼——当事人——原告、被告、第三人 （2）行政诉讼——管辖——级别管辖、地域管辖 （3）行政诉讼——程序——起诉期限 （4）行政行为——行政许可——撤回 （5）行政行为——具体行政行为——合法性 （6）行政诉讼——判决——确认违法判决、复议维持案件判决、赔偿判决
2023 年	案例分析题 （6 问）	（1）行政行为——具体行政行为——概念 （2）行政行为——行政强制执行——合法性 （3）行政诉讼——当事人——被告 （4）行政行为——行政协议——概念；行政诉讼——受案范围——行政协议诉讼案件 （5）国家赔偿——行政赔偿——举证责任 （6）国家赔偿——行政赔偿——赔偿标准

续表

年 份	题目类型	考 点
2024年	案例分析题（6问）	（1）行政行为——具体行政行为——行政强制措施 （2）行政行为——具体行政行为——主体合法 （3）行政行为——具体行政行为——代履行程序 （4）行政诉讼——管辖——级别管辖、地域管辖 （5）行政诉讼——程序——合并审理 （6）行政诉讼——判决——驳回诉讼请求

通过分析司考时代和法考时代行政法主观题中案例分析题的案情设计、考点汇总，可以发现，行政法主观题具有三个特点：

第一，"官管民"和"民告官"的案情结构。行政法主观题以考查案例分析题为主，而行政法的案例分析题就是由"官管民"的行政行为和"民告官"的行政救济构成的。无论是司考时代还是法考时代，其都是围绕着行政处罚、行政许可、行政强制、政府信息公开、行政协议等行政行为和行政复议、行政诉讼、国家赔偿等行政救济来命题。相对于其他部门法，行政法的案例分析题的案情脉络关系比较清晰。

第二，行政法的案例分析题的考点突出，体现了"重者恒重"的特点。司考时代的56个问题和法考时代的42个问题，总计98个问题112个考点（其中个别问题存在2~4个考点的情况），涉及行政救济的考点共79处，占比71%，其中，行政诉讼的考点有61处，占比54%；涉及行政行为的考点共33处，占比29%，其中，行政处罚、行政强制、行政协议、政府信息公开、行政许可的考点有29处，占比26%。总体上看，考查的重点还是非常明显的。因此，在行政法主观题的备考过程中，各位考生要把复习重心放在行政诉讼、行政赔偿以及比较典型的行政行为上。

第三，行政法的案例分析题体现了"新法必考"的特点。无论是司考时代还是法考时代，一旦行政法大纲中涉及的必读法律法规有新出台或者被修改的，那么新出台或者修改的"新法"往往会成为当年或者随后几年的命题重点。例如，2010年《国家赔偿法》修正后，2011年就考查了3个涉及刑事赔偿修改的问题；2011年《最高人民法院关于审理政府信息公开行政案件若干问题的规定》（以下简称《政府信息公开案件规定》）施行后，2012、2013年连续两年都考查了政府信息公开诉讼；2012年《行政强制法》施行后，当年就考查了行政强制执行；2014年《行政诉讼法》修正后，2015~2018年连续四年都考查了修正的内容（登记立案、规范性文件附带审查、复议维持案件双被告、行政机关负责人出庭应诉等）；2020年《最高人民法院关于审理行政协议案件若干问题的规定》（以下简称《行政协议案件规定》）施行后，当年就考查了5个有关行政协议诉讼的问题；2022年《最高人民法院关于审理行政赔偿案件若干问题的规定》（以下简称《行政赔偿案件规定》）施行后，2023年就考查了新增的行政赔偿标准问题。因此，2024年1月1日施行的修订后的《行政复议法》应该是考生备考2025年行政法主观题要多多关注的内容。

二、知识框架

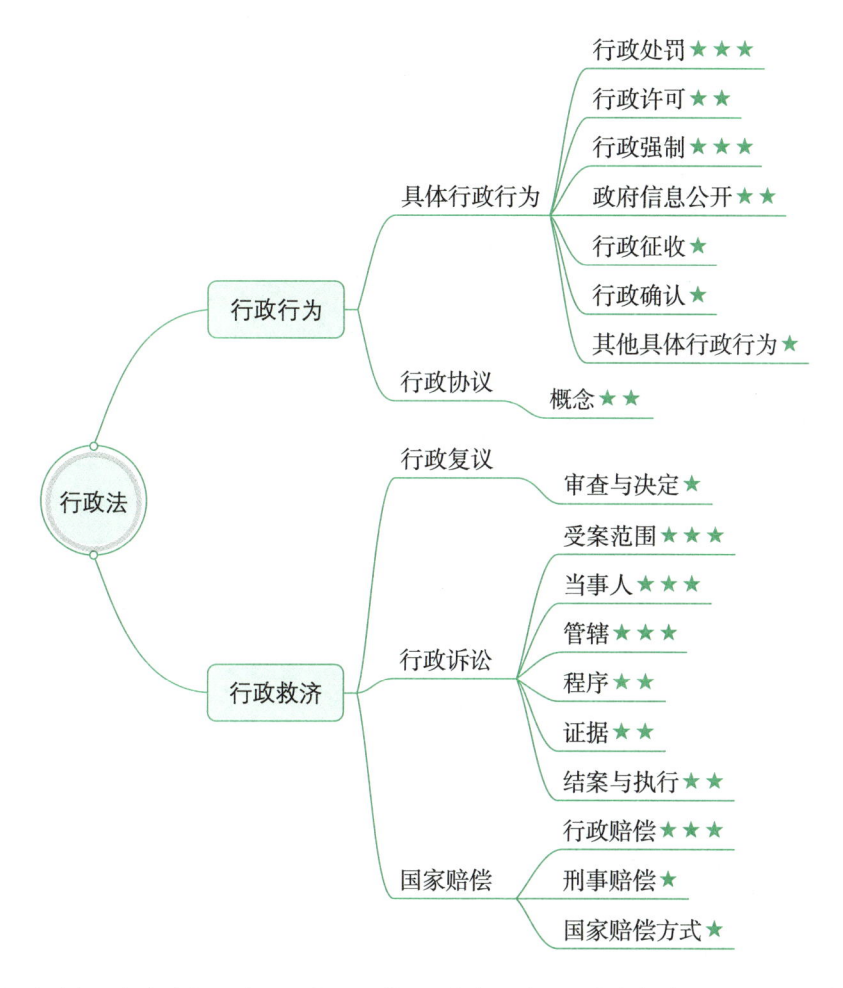

```
                            ┌─ 行政处罚★★★
                            ├─ 行政许可★★
                            ├─ 行政强制★★★
              ┌─ 具体行政行为 ─┼─ 政府信息公开★★
              │             ├─ 行政征收★
    ┌─ 行政行为 ┤             ├─ 行政确认★
    │         │             └─ 其他具体行政行为★
    │         └─ 行政协议 ─── 概念★★
    │
行政法┤         ┌─ 行政复议 ─── 审查与决定★
    │         │             ┌─ 受案范围★★★
    │         │             ├─ 当事人★★★
    └─ 行政救济 ┼─ 行政诉讼 ──┼─ 管辖★★★
              │             ├─ 程序★★
              │             ├─ 证据★★
              │             └─ 结案与执行★★
              │             ┌─ 行政赔偿★★★
              └─ 国家赔偿 ──┼─ 刑事赔偿★
                           └─ 国家赔偿方式★
```

[提示] 上述知识框架中标注的"五角星"数量是根据历年题目考查频次进行的重点程度区分。

魏建新

2025年4月

目录 CONTENTS

第1讲 ▶ 具体行政行为　　001

考点 1 ▶ 具体行政行为的概念 / 001

考点 2 ▶ 具体行政行为的种类 / 004

考点 3 ▶ 具体行政行为的合法 / 010

第2讲 ▶ 行政处罚　　015

考点 4 ▶ 行政处罚的设定 / 015

考点 5 ▶ 行政处罚的实施机关与管辖 / 017

考点 6 ▶ 行政处罚的适用 / 020

考点 7 ▶ 行政处罚的程序 / 026

考点 8 ▶ 治安管理处罚 / 031

第3讲 ▶ 行政许可　　036

考点 9 ▶ 行政许可的设定 / 036

考点 10 ▶ 行政许可的实施主体 / 038

考点 11 ▶ 行政许可的实施程序 / 040

考点 12 ▶ 行政许可的费用和监督管理 / 044

第 4 讲　行政强制　048

- 考点 13 ▶ 行政强制的设定 / 048
- 考点 14 ▶ 行政强制措施的实施 / 050
- 考点 15 ▶ 行政机关自行强制执行 / 052
- 考点 16 ▶ 行政机关申请法院强制执行 / 056

第 5 讲　政府信息公开　060

- 考点 17 ▶ 政府信息公开的范围和主体 / 060
- 考点 18 ▶ 政府信息公开的程序 / 062

第 6 讲　行政复议　068

- 考点 19 ▶ 行政复议的范围和主体 / 068
- 考点 20 ▶ 行政复议的程序 / 075

第 7 讲　行政诉讼受案范围　090

- 考点 21 ▶ 行政诉讼受理的案件 / 090
- 考点 22 ▶ 行政诉讼不予受理的案件 / 092

第 8 讲　行政诉讼当事人　098

- 考点 23 ▶ 行政诉讼的原告 / 098
- 考点 24 ▶ 行政诉讼的被告 / 102
- 考点 25 ▶ 行政诉讼的第三人和共同诉讼人 / 111

第 9 讲　行政诉讼管辖　115

- 考点 26 ▶ 行政诉讼的级别管辖 / 115
- 考点 27 ▶ 行政诉讼的地域管辖 / 118

第10讲　行政诉讼程序　　122

- 考点 28 ▶ 行政诉讼的起诉和受理 / 122
- 考点 29 ▶ 行政诉讼的第一、二审程序 / 130

第11讲　行政诉讼特殊制度　　135

- 考点 30 ▶ 行政案件审理中的特殊制度 / 135
- 考点 31 ▶ 行政附带民事诉讼 / 140
- 考点 32 ▶ 行政公益诉讼 / 141

第12讲　行政诉讼证据　　145

- 考点 33 ▶ 行政诉讼当事人举证 / 145
- 考点 34 ▶ 行政诉讼证据的调取与效力 / 150

第13讲　行政诉讼结案执行　　153

- 考点 35 ▶ 行政诉讼的判决 / 153
- 考点 36 ▶ 行政诉讼中对规范性文件的处理 / 158
- 考点 37 ▶ 行政诉讼裁判的执行 / 160

第14讲　国家赔偿　　164

- 考点 38 ▶ 行政赔偿 / 164
- 考点 39 ▶ 刑事赔偿 / 172
- 考点 40 ▶ 国家赔偿的方式、标准和费用 / 177

第1讲 LECTURE 01

具体行政行为

应试指导

具体行政行为是行政法主观题中对案例题进行分析的理论工具。本讲主要考查：是不是具体行政行为？属于哪一种具体行政行为？具体行政行为是否合法？考生需要重点掌握具体行政行为区别于抽象行政行为的标准、具体行政行为的性质，分析具体行政行为违法的理由。

考点 01

01 具体行政行为的概念

具体行政行为，是指行政主体依法就特定事项对特定的公民、法人或其他组织的权利义务作出的单方行政职权行为。

一、具体行政行为是法律行为：区别于行政事实行为

1. 具体行政行为是行政机关使公民、法人或者其他组织在行政法上的权利义务得以建立、变更或者消灭的行为。

2. 行政事实行为是不以建立、变更或者消灭当事人法律上的权利义务为目的的行政活动，是行政职权实施中的行为。

[例] 行政机关没收非法出版物的行为是具体行政行为，而行政机关将非法出版物予

以销毁的行为则是行政事实行为。

注意：针对具体行政行为能提起行政诉讼，而针对行政事实行为则不能提起行政诉讼。虽然不能对行政事实行为提起行政诉讼，但是违法实施行政事实行为也会产生法律责任。无论是具体行政行为还是行政事实行为，只要是违法实施造成损害，都可能引发国家赔偿。

一招制敌 具体行政行为与行政事实行为区分的关键，在于是否以处理当事人法律上的权利义务为目的。

迷你案例

案情：某区城管局以甲摆摊卖"麻辣烫"影响环境为由，将其从事经营的小推车等物品扣押。在实施扣押过程中，城管执法人员李某将甲打伤。

问题：请对该区城管局和李某所实施的行为的性质进行分析。

答案：该区城管局的扣押行为是为了制止甲的违法行为，属于具体行政行为中的行政强制措施；李某将甲打伤的行为不以消灭甲在法律上的权利义务为目的，属于行政事实行为。

二、具体行政行为是外部行政行为：区别于内部行政行为

1. 具体行政行为是行政机关在行政管理过程中对行政系统外的公民、法人或者其他组织作出的行政行为。

[例] 行政处罚、行政许可、行政强制都是针对行政系统外的公民或组织作出的，都属于具体行政行为。

2. 内部行政行为是行政机关对行政系统内的组织或个人所实施的管理行为。

[例] 甲地市场监管局致函乙地市场监管局，请求协助调查的行为；市商务局对其工作人员任免职务的行为。

注意：凡是行政系统内上级机关对下级机关、人民政府对工作部门、行政机关对内设机构、行政机关对工作人员所作的行为，都属于内部行政行为。

一招制敌 具体行政行为与内部行政行为区分的关键，在于是对行政系统外还是对行政系统内的组织或个人作出处理。

迷你案例

案情：王某经过考试成为某县财政局新录用的公务员，但因试用期满不合格而被取消录用。

问题：请分析取消录用的法律性质。

答案：取消录用是针对符合录用条件被录用的公务员因试用期满考核不合格而作出的处理行为，属于内部行政行为。

三、具体行政行为是单方行为：区别于行政协议

1. 具体行政行为是单方性的行政行为，行政机关无须对方同意，就可以单方意志决定。

2. 行政协议，也称为行政合同，是指行政机关为了实现行政管理或者公共服务目标，与公民、法人或者其他组织协商订立的具有行政法上权利义务内容的协议。行政协议是一种双方性的行政行为。

[例] 政府特许经营协议，土地、房屋等征收征用补偿协议，矿业权等国有自然资源使用权出让协议，政府投资的保障性住房的租赁、买卖等协议，以及符合规定的政府与社会资本合作协议，都是行政协议。

注意：并非行政机关签订的协议都属于行政协议。行政机关之间因公务协助等事由而订立的协议、行政机关与其工作人员订立的劳动人事协议，由于不是行政机关与公民、法人或其他组织协商订立的协议，因此不属于行政协议。

一招制敌 ▶ 行政协议区别于民事合同的判断标准，在于是否是为了实现行政管理或者公共服务目标。

[法条链接]《行政协议案件规定》第1~3条。

迷你案例

案情：为了实现城市居民天然气供应，某市规划和自然资源局发布了天然气特许经营权招投标公告。甲公司参与投标并中标，与该市规划和自然资源局签订了《天然气特许经营协议》，该市规划和自然资源局授予甲公司在该市的天然气特许经营权。

问题：请对《天然气特许经营协议》的性质进行分析。

答案：该市规划和自然资源局与甲公司签订《天然气特许经营协议》是为了实现城市居民天然气供应目标，即实现公共服务目标，因此，该市规划和自然资源局授予甲公司在该市的天然气特许经营权具有行政法上的权利义务内容，《天然气特许经营协议》属于行政协议。

四、具体行政行为是对特定人或者特定事项的处理：区别于抽象行政行为

1. 具体行政行为是对特定人或者特定事项的一次性处理。

提示 处理的个别性是具体行政行为区别于抽象行政行为的主要标志。

2. 抽象行政行为是为不特定人和不特定事项安排的、可以反复适用的普遍性规则，主要包括行政法规、行政规章和其他规范性文件（立法上往往表述为具有普遍约束力的决定、命令）。

[例] 某市政府发布的关于机动车按照车牌尾号限行的通告。

一招制敌 ▶ 试题中以抽象行政行为的名义作出的具体行政行为最具迷惑性。具体行政行为

与抽象行政行为区分的关键,在于是否针对特定对象作出处理。

迷你案例

案情:为落实淘汰落后产能政策,某区政府发布通告:凡在本通告附件所列名单中的企业,责令2年内关闭。提前关闭或者积极配合的,给予一定补贴;逾期不履行的,强制关闭。

问题:该通告是否属于具体行政行为?

答案:是。该区政府向社会发布通告,但在通告附件中列出了企业名单,该区政府责令特定企业2年内关闭的通告属于具体行政行为。

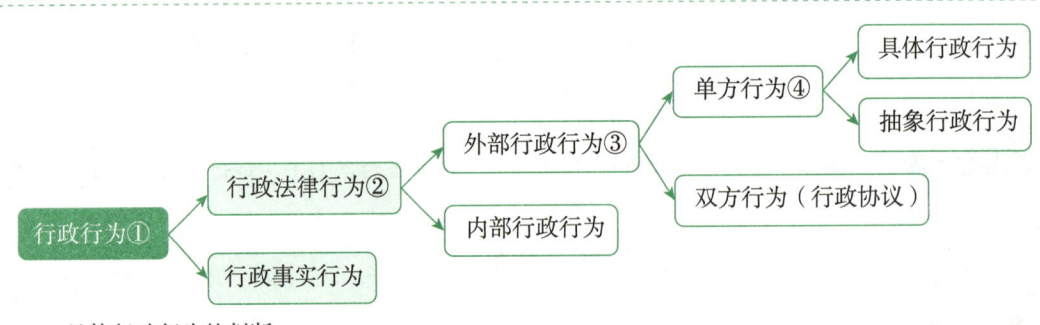

总结梳理

行政行为①→行政法律行为②→外部行政行为③→单方行为④→具体行政行为／抽象行政行为
行政行为①→行政法律行为②→外部行政行为③→双方行为(行政协议)
行政行为①→行政法律行为②→内部行政行为
行政行为①→行政事实行为

具体行政行为的判断:

第①步:是否为权利义务的处理行为。这是具体行政行为作为行政法律行为,与行政事实行为的区分标准。

第②步:是否为行政系外的处理行为。这是具体行政行为作为外部行政行为,与内部行政行为的区分标准。

第③步:是否为单方意志实施的处理行为。这是具体行政行为作为单方行为,与双方行为(行政协议)的区分标准。

第④步:是否为针对特定对象的处理行为。这是具体行政行为与抽象行政行为的区分标准。

02 具体行政行为的种类

根据行政机关是否以当事人的申请作为开始具体行政行为的条件,具体行政行为可划分为依职权的具体行政行为和依申请的具体行政行为。依职权的具体行政行为包括行政处罚、行政强制、行政征收等,依申请的具体行政行为包括行政许可、行政确认、行政裁决等。

一、行政处罚

行政处罚，是指行政机关依法对违反行政管理秩序的公民、法人或者其他组织，以减损权益或者增加义务的方式予以惩戒的行为。治安管理处罚属于行政处罚的一种，是指公安机关给予有违反治安管理行为的公民、法人或其他组织的行政处罚。

[例]以下行为都属于行政处罚：①警告、通报批评；②罚款、没收违法所得、没收非法财物；③暂扣许可证件、降低资质等级、吊销许可证件；④限制开展生产经营活动、责令停产停业、责令关闭、限制从业；⑤行政拘留。

一招制敌 惩戒性是行政处罚的本质特性。考生只要抓住这一特征，就能把行政处罚与其他具体行政行为区别开来。

[法条链接]《行政处罚法》第2、9条；《治安管理处罚法》第2条。

迷你案例

案情：某市自然资源局以"超过出让合同约定的动工开发日期满2年未动工开发"为由，向某公司作出《收回国有土地使用权决定书》。

问题：请对该市自然资源局作出《收回国有土地使用权决定书》的行为性质进行分析。

答案：该市自然资源局作出《收回国有土地使用权决定书》的行为是行政处罚行为。该市自然资源局以"超过出让合同约定的动工开发日期满2年未动工开发"为由作出《收回国有土地使用权决定书》，是对该公司怠于开发建设的惩戒，根据《行政处罚法》第2条的规定，属于行政处罚行为。

二、行政强制

行政强制包括行政强制措施和行政强制执行。

（一）行政强制措施

行政强制措施，是指行政机关在行政管理过程中，为制止违法行为、防止证据损毁、避免危害发生、控制危险扩大等情形，依法对公民的人身自由实施暂时性限制，或者对公民、法人或者其他组织的财物实施暂时性控制的行为。

提示 行政强制措施具有预防性和制止性，既包括对当事人的违法行为予以制止以实现预防目的，也包括对当事人积极采取措施以实现预防目的。

1. 对人采用的强制措施

[例]以下行为都属于对人采用的强制措施：①限制公民人身自由；②强制隔离戒毒；③留置审查；④采取保护性约束措施（例如，醉酒的人在醉酒状态中，对本人有危险或者对他人的人身、财产或者公共安全有威胁的，应当对其采取保护性约束措施至酒醒）。

2. 对物采用的强制措施

[例] 以下行为都属于对物采用的强制措施：①查封场所、设施或者财物；②扣押财物；③冻结存款、汇款；④冻结资金、证券。

注意：责令停止违法行为与《行政处罚法》第9条第4项规定的"责令停产停业"处罚种类很相像，但前者停止的是当事人的"违法行为"，而不是当事人的"合法行为"，其目的是制止违法行为；后者是因为当事人在生产经营中存在"违法行为"而停止其生产经营，是对当事人进行惩戒。因此，责令停止违法行为属于行政强制措施，而责令停产停业属于行政处罚。

一招制敌 预防性和制止性是行政强制措施的本质特征。行政强制措施的目的在于预防、制止或控制危害社会行为的发生和扩大。考生只要在试题中找到"预防性"和"制止性"的表述，就能把行政强制措施与其他具体行政行为区分开来。

[法条链接]《行政强制法》第2条第2款、第9条。

迷你案例

案情：孙某向甲市乙县国土资源局（现为"规划和自然资源局"）申请采矿许可，该局向孙某发放采矿许可证，载明采矿的有效期为2年，至2015年10月20日止。2015年11月20日，乙县国土资源局接到举报，得知孙某仍在采矿，遂以孙某未经批准非法采矿，违反《矿产资源法》为由，发出《责令停止违法行为通知书》，要求其停止违法行为。孙某向法院起诉请求撤销该通知书。

问题：请对《责令停止违法行为通知书》的性质作出判断。

答案：《责令停止违法行为通知书》的目的在于制止孙某的违法行为，根据《行政强制法》第2条第2款的规定，属于行政强制措施。

（二）行政强制执行

行政强制执行，是指行政机关或行政机关申请法院对不履行行政机关依法作出的行政处理决定的公民、法人或者其他组织，采取强制手段，迫使其履行义务，或达到与履行义务相同状态的行为。

注意：行政强制执行的主体比较特殊，包括行政机关和法院。

[例] 以下行为都属于行政强制执行：①加处罚款或者滞纳金（这里的罚款不属于行政处罚，而是由于当事人不缴纳行政处罚中的罚款，行政机关通过加处罚款实施的一种行政强制执行）；②划拨存款、汇款；③拍卖或者依法处理查封、扣押的场所、设施或者财物；④排除妨碍、恢复原状；⑤代履行；⑥强制拆除房屋或者设施；⑦强制清除地上物。

一招制敌 执行性是行政强制执行的本质特征。行政强制执行的目的在于，以强制的方式迫使当事人履行义务，或达到与履行义务相同的状态。考生只要在试题中找到"执行性"的表述，就能把行政强制执行与其他具体行政行为区分开来。

[法条链接]《行政强制法》第2条第3款、第12条。

迷你案例

案情：某交通局在检查中发现，张某所驾驶的货车无道路运输证，遂扣留了张某的驾驶证和车载货物，要求张某缴纳罚款 1 万元。张某拒绝缴纳，该交通局遂将车载货物拍卖抵缴罚款。

问题：请对该交通局扣留驾驶证和车载货物以及拍卖车载货物的行为性质进行分析。

答案：根据《行政强制法》第 2 条第 2、3 款的规定，扣留驾驶证和车载货物的行为是对财产的暂时性控制，属于行政强制措施；拍卖车载货物的目的是抵缴罚款，属于行政强制执行。

三、行政许可与行政确认

1. 行政许可

行政许可，是指在法律一般禁止的情况下，行政机关根据公民、法人或者其他组织的申请，通过颁发许可证或执照等方式，依法赋予特定的行政相对人从事某种活动或实施某种行为的权利或资格的行为。

[例] 以下行为都属于行政许可：①工商登记；②社会团体登记；③颁发机动车驾驶证；④特许经营许可；⑤建设工程规划许可；⑥建筑工程施工许可；⑦矿产资源许可；⑧药品注册许可；⑨医疗器械许可；⑩执业资格许可。

[法条链接]《行政许可法》第 2 条。

2. 行政确认

行政确认，是指行政机关对相对人的法律关系、法律事实或者法律地位给予确定、认可、证明的具体行政行为。

[例] 以下行为都属于行政确认：①基本养老保险资格或者待遇认定；②基本医疗保险资格或者待遇认定；③失业保险资格或者待遇认定；④工伤保险资格或者待遇认定；⑤生育保险资格或者待遇认定；⑥最低生活保障资格或者待遇认定；⑦确认保障性住房分配资格；⑧颁发学位证书或者毕业证书。

注意：行政许可与行政确认的区别：行政许可一般是使相对人获得实施某种行为的权利或者从事某种活动的资格，而行政确认则仅仅是确认相对人的法律关系、法律事实或者法律地位等。

[指导案例] 建设工程消防验收备案结果通知含有消防竣工验收是否合格的评定，具有行政确认的性质，当事人对公安机关消防机构的消防验收备案结果通知行为提起行政诉讼的，人民法院应当依法予以受理。(最高人民法院指导案例 59 号：戴世华诉济南市公安消防支队消防验收纠纷案)

迷你案例

案情：某公司系转制成立的有限责任公司，股东 15 人。全体股东通过的公司章程规定，董事长为法定代表人。股东会议选举甲、乙、丙、丁四人担任公司董事,并组成董事会,董事会选举甲为董事长。后乙、丙、丁三人组织召开临时股东会议,会议通过了罢免甲董事长职务并解除其董事资格、选举乙为董事长的决议。乙向区市场监管局递交法定代表人变更登记申请。

问题:请分析公司的设立登记和变更登记的法律性质。

答案:公司的设立登记为行政许可,其法律效力是使公司取得法人资格,进而取得从事经营活动的资格;公司的变更登记为行政确认,公司设立登记事项发生改变的,由公司登记机关予以确认(也有不同观点,认为公司的变更登记为行政许可)。

四、行政裁决

行政裁决,是指行政机关依据法律授权,对发生在行政管理活动中的平等主体间的特定民事争议进行审查并作出裁决的具体行政行为。

[例] 以下行为都属于行政裁决:①土地、矿藏、水流、荒地或者滩涂权属确权;②林地、林木、山岭权属确权;③海域使用权确权;④草原权属确权;⑤水利工程权属确权。

注意:行政确认与行政裁决的区别

(1) 对象不同。行政确认的对象可以是有争议的事项,也可以是没有争议的事项;而行政裁决的对象必须是相对方提起的有争议的事实。

(2) 目的不同。行政确认的目的是确认相对人的法律关系、法律事实或法律地位等;而行政裁决的目的是解决当事人之间的争议。

(3) 法律效果不同。行政确认不创设当事人的权利,不增加当事人的义务;而行政裁决则可以直接增减、免除当事人的权利、义务。

迷你案例

案情:闫某系某公司员工,受单位指派驾驶机动车去巡检公司业务。闫某醉酒后驾驶机动车辆,因操作不当致使车辆发生侧翻,导致自己颅脑损伤死亡。后闫某的妻子吴某向市人社局提出申请,请求对闫某的死亡作出工伤认定。市人社局作出《不予认定工伤决定书》。

问题:市人社局对闫某的死亡进行工伤认定的行为属于行政裁决还是行政确认?

答案:行政确认。市人社局对闫某的死亡进行的工伤认定,是对闫某死亡后其妻吴某能否享受工伤保险资格、待遇的认定,而非行政机关对相关的民事纠纷作出居中裁决。

五、其他具体行政行为

1. 行政征收或者征用

行政征收或者征用,是指行政机关为了公共利益的需要,依照法定程序强制征收或者征用行政相对人的房屋、土地、动产,并给予补偿的一种具体行政行为。

[例] 以下行为都属于行政征收或者征用：①征收或者征用房屋；②征收或者征用土地；③征收或者征用动产。

❶注意：行政征收与行政征用的区别：行政征收涉及财产所有权，行政征用涉及财产使用权。

迷你案例

案情：某县政府向某小区居民发布公告称：为进一步落实市政府关于加快旧城改造进度会议精神，经充分讨论和征求意见，决定征收该小区房屋。该小区居民应自公告之日起180日内予以搬迁，并在规定期限内签订安置补偿协议。

问题：请对该县政府发布公告的行为性质进行分析。

答案：该县政府针对特定的小区发布的公告不具有反复适用性和普遍约束力，但具有强制性，是由该县政府单方面作出的权利义务处理行为。因此，该县政府发布征收该小区房屋的公告的行为是行政征收行为，属于具体行政行为。

2. 行政征缴或者收费

行政征缴或者收费，是指行政机关根据法律规定，以强制方式取得行政相对人的财产的一种具体行政行为。

[例1] 以下行为都属于行政征缴：①征缴税款；②征缴社会抚养费；③征缴社会保险费；④征缴污水处理费；⑤征缴防空地下室易地建设费；⑥征缴水土保持补偿费；⑦征缴土地闲置费；⑧征缴土地复垦费；⑨征缴耕地开垦费。

[例2] 以下行为都属于行政收费：①征收证照费；②征收车辆通行费；③征收企业注册登记费；④征收不动产登记费；⑤征收船舶登记费；⑥征收考试考务费。

3. 行政给付

行政给付，是指行政机关对公民在年老、疾病或丧失劳动能力等情况或其他特殊情况下，依照有关法律、法规规定，赋予其一定的物质权益或与物质有关的权益的具体行政行为。

[例] 以下行为都属于行政给付：①给付抚恤金；②给付基本养老金；③给付基本医疗保险金；④给付失业保险金；⑤给付工伤保险金；⑥给付生育保险金；⑦给付最低生活保障金。

一招制敌 除了上述类型化的具体行政行为外，在实践中，行政机关还会作出大量的未类型化的具体行政行为。因此，在考试中，考生需要通过具体行政行为的三个要素来判断某一行为是否属于具体行政行为：①主体要素，即具体行政行为必须是行政权力主体所实施的行为；②职权要素，即具体行政行为必须是行使行政职权的行为；③法律要素，即具体行政行为是对行政相对人的权利义务进行直接处理或产生实际影响的行为。

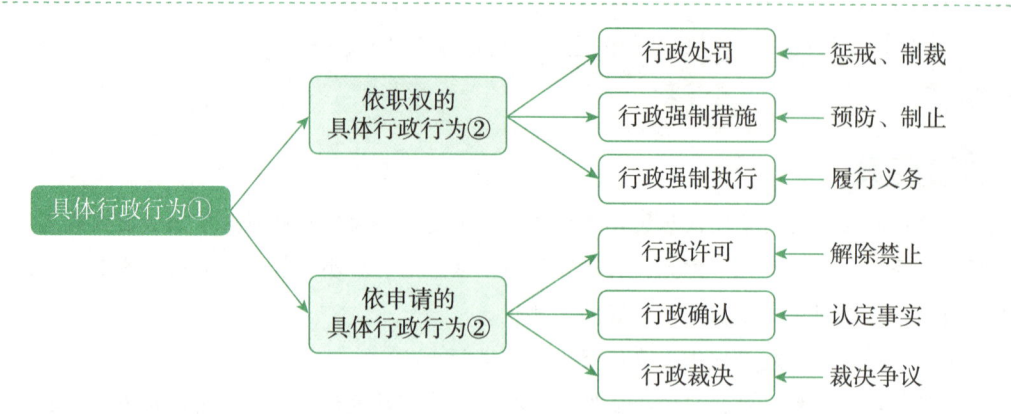

总结梳理

```
                           ┌─ 行政处罚 ── 惩戒、制裁
              ┌ 依职权的    │
              │ 具体行政行为②├─ 行政强制措施 ── 预防、制止
              │            └─ 行政强制执行 ── 履行义务
具体行政行为① ─┤
              │            ┌─ 行政许可 ── 解除禁止
              └ 依申请的    │
                具体行政行为②├─ 行政确认 ── 认定事实
                           └─ 行政裁决 ── 裁决争议
```

具体行政行为种类的判断：

第①步：根据是否以当事人的申请为条件，具体行政行为可分为依职权的具体行政行为和依申请的具体行政行为。

第②步：以行为的目的为标准，实施惩戒、制裁的行为是行政处罚，实施预防、制止的行为是行政强制措施，强制履行义务的行为是行政强制执行，解除禁止的行为是行政许可，认定法律关系、法律事实、法律地位的行为是行政确认，裁决民事争议的行为是行政裁决。

03 具体行政行为的合法

具体行政行为合法的必要条件包括：①行为主体在法定职权范围内；②事实证据确凿；③适用法律、法规正确；④符合法定程序；⑤行为主体不滥用职权；⑥无明显不当。

一、行为主体在法定职权范围内

行政机关应当在法定职权范围内作出具体行政行为，这是具体行政行为合法的必要条件之一。法定职权是指法律规定的职权，法律、法规、规章授予的行政权力。法定职权范围包括事务管辖权、级别管辖权和地域管辖权。

提示 行政机关超越职权作出具体行政行为就构成违法。超越职权是具体行政行为违法的独立理由。

迷你案例

案情：某公司自2016年5月起将污泥堆放在厂区道路和绿地内，对环境造成污染，影响了周边居民的生活。某市市政管理局责令该公司停止堆放污泥并予以警告，要求该公司采取治理措施，将厂区内堆放的污泥实施对外清运处置。该市市政管理局2次作出催告书，催促该公司履行，但该公司拒不履行，导致污泥持续堆积，造成更大影响。该市市政管理局委托第三方该市水务公司对厂区内堆积的污泥代为实施清运处置，代履行费用由该公司承担。该公司经行政复议后又提起行政诉讼，主张该市市政管理局无污泥处理监管职权。

材料：《城镇排水与污水处理条例》第5条第2款规定，县级以上地方人民政府城镇排水与污水处理主管部门（以下称城镇排水主管部门）负责本行政区域内城镇排水与污水处理的监督管理工作。同法第53条第2款规定，违反本条例规定，擅自倾倒、堆放、丢弃、遗撒污泥的，由城镇排水主管部门责令停止违法行为，限期采取治理措施，给予警告；造成严重后果的，对单位处10万元以上50万元以下罚款，对个人处2万元以上10万元以下罚款；逾期不采取治理措施的，城镇排水主管部门可以指定有治理能力的单位代为治理，所需费用由当事人承担；造成损失的，依法承担赔偿责任。

《某市人民政府办公室关于印发某市市政管理局主要职责内设机构和人员编制规定的通告》规定，该市市政管理局是该市污水处理行政主管部门。

问题：该市市政管理局是否具有污泥处理监管职权？请说明理由。

答案：该市市政管理局具有污泥处理监管职权。根据《城镇排水与污水处理条例》第5条第2款和《某市人民政府办公室关于印发某市市政管理局主要职责内设机构和人员编制规定的通告》的规定，该市市政管理局作为该市污水处理行政主管部门，具有法定的污泥处理监管职权，有权根据《行政强制法》第50条和《城镇排水与污水处理条例》第53条第2款的规定，责令该公司停止堆放污泥并予以警告，要求该公司采取治理措施，在该公司拒不履行时委托第三方实施代履行。

二、事实证据确凿

具体行政行为应当具备事实依据——证据。行政机关应当在确凿的事实证据的基础上作出具体行政行为，这是具体行政行为合法的必要条件之一。

> **提示** 行政机关作出具体行政行为时缺乏必要证据或者主要证据不足，是具体行政行为违法的独立理由。

[指导案例] 行政机关在职权范围内对行政协议约定的条款进行的解释，对协议双方具有法律约束力，人民法院经过审查，根据实际情况，可以作为审查行政协议的依据。（最高人民法院指导案例76号：萍乡市亚鹏房地产开发有限公司诉萍乡市国土资源局不履行行政协议案）

三、适用法律、法规正确

具体行政行为应当具备法律依据——适用法律、法规正确。行政机关应当在正确适用法律、法规的基础上作出具体行政行为，这是具体行政行为合法的必要条件之一。

> **提示** 行政机关作出具体行政行为时错误地适用了法律、法规，是具体行政行为违法的独立理由。

[指导案例]

1. 地方政府规章违反法律规定设定许可、处罚的，人民法院在行政审判中不予适用。[最高人民法院指导案例5号：鲁潍（福建）盐业进出口有限公司苏州分公司诉江苏省苏州市盐务管理局盐业行政处罚案]

2. 行政机关作出具体行政行为时未引用具体法律条款，且在诉讼中不能证明该具体行政行为符合法律的具体规定，应当视为该具体行政行为没有法律依据，适用法律错误。（最高人民法院指导案例41号：宣懿成等诉浙江省衢州市国土资源局收回国有土地使用权案）

四、符合法定程序

法定程序是行政机关作出具体行政行为应当遵循的步骤、顺序、时限和方式。符合法定程序是具体行政行为合法的必要条件之一。

提示 行政机关遗漏程序步骤、颠倒顺序、超越时限以及违反法定行为方式等作出具体行政行为就构成违法。违反法定程序是具体行政行为违法的独立理由。程序违法往往会限制或者剥夺当事人的程序性权利（了解权、陈述权、申辩权、听证权等）。

[指导案例] 高等学校对因违反校规、校纪的受教育者作出影响其基本权利的决定时，应当允许其申辩并在决定作出后及时送达，否则视为违反法定程序。（最高人民法院指导案例38号：田永诉北京科技大学拒绝颁发毕业证、学位证案）

迷你案例

案情：刘某违反治安管理的事实清楚，某公安派出所当场对其作出罚款500元的处罚决定。

问题：该处罚决定是否违法？请说明理由。

答案：违法。根据《治安管理处罚法》第100条的规定，违反治安管理行为事实清楚，证据确凿，处200元以下罚款的，可以当场作出治安管理处罚决定。该公安派出所对刘某作出的罚款500元的处罚决定，显然不应当适用简易程序当场处罚，因此构成程序违法。

五、行为主体不滥用职权

滥用职权属于实质违法，如行政机关在作出具体行政行为时考虑不正当的法外因素或者同等情况不同处理等。行为主体不滥用职权是具体行政行为合法的必要条件之一。

提示 行政机关滥用职权是具体行政行为违法的独立理由。

六、无明显不当

明显不当，是指具体行政行为明显不合理，行政机关行使行政裁量权作出的具体行政行为明显逾越了合理性的限度。无明显不当是具体行政行为合法的必要条件之一。

提示 行为明显不当是具体行政行为违法的独立理由。

注意：行为主体滥用职权是从主观的角度来认定具体行政行为违法，行为明显不当是从结果的角度来认定具体行政行为违法。

迷你案例

案情：许某吃早餐时，将私家车东西向停放在快餐店门前的人行通道上，被交警罚款100元并当场收缴。许某提起行政诉讼。法院认为，处罚应当考虑违法的基本事实、社会影响，许某停车的目的不是影响车辆和人员的通行，其主观上并没有违反交通管理的故意，客观上也符合人们的通常认知，违法行为情节显著轻微，给予警告足以达到有序管理和制止违法的目的。

问题：本案罚款100元的行为是否合法？为什么？

答案：不合法。许某违法停车的行为情节显著轻微，给予警告足以达到有序管理和制止违法的目的。因此，交警罚款100元的行为逾越了合理性的限度，明显不当，构成违法。

一招制敌

区分具体行政行为合法与违法的构成：六个合法要件同时具备才构成具体行政行为合法，六个合法要件只要缺少任意一个就构成具体行政行为违法。

[法条链接]《行政复议法》第64条第1款、第68条；《行政诉讼法》第69、70条。

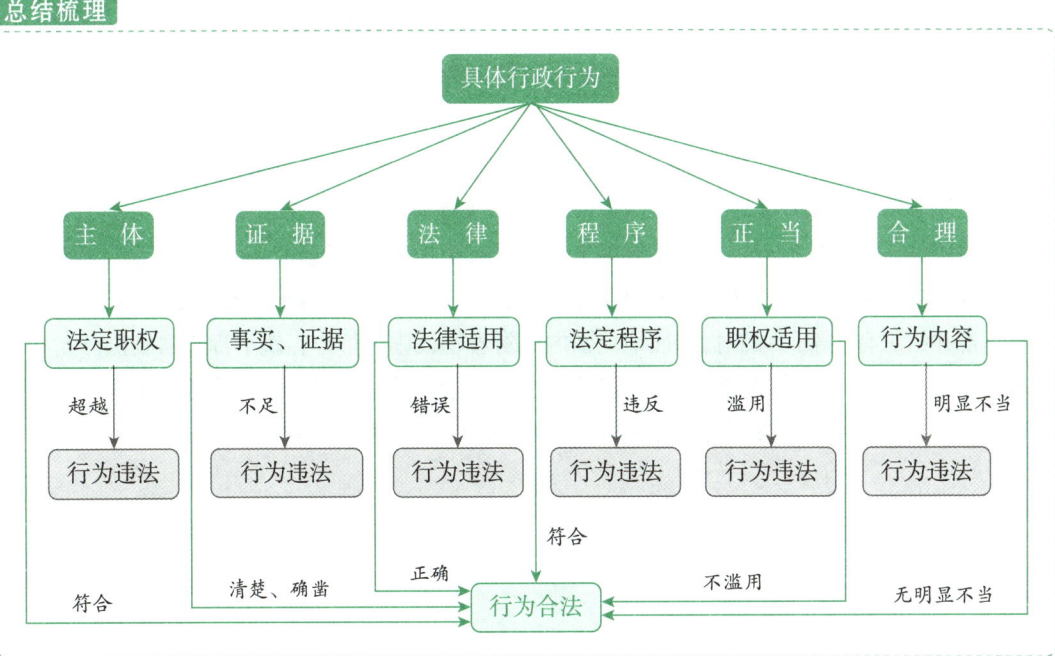

总结梳理

考点 03

具体行政行为
- 主体 → 法定职权 → 超越 → 行为违法 / 符合
- 证据 → 事实、证据 → 不足 → 行为违法 / 清楚、确凿
- 法律 → 法律适用 → 错误 → 行为违法 / 正确
- 程序 → 法定程序 → 违反 → 行为违法 / 符合
- 正当 → 职权适用 → 滥用 → 行为违法 / 不滥用
- 合理 → 行为内容 → 明显不当 → 行为违法 / 无明显不当

→ 行为合法

第一讲 小综案例

案情

2007年11月,某省政府所在地的市政府决定征收含有某村集体土地在内的地块作为旅游区用地,并划定征用土地的四至界线范围。2017年,市国土局就其中一地块与甲公司签订《国有土地使用权出让合同》。2018年12月16日,甲公司获得市政府发放的第1号《国有土地使用权证》。2019年3月28日,甲公司将此地块转让给乙公司,市政府向乙公司发放第2号《国有土地使用权证》。后乙公司申请在此地块上动工建设。2020年9月15日,市政府发布公告,要求在该地块范围内使用土地的单位和个人限期自行清理土地上的农作物和附着物设施,否则将强制清理。随后,市政府组织有关部门强制拆除了征地范围内的附着物设施。2020年11月,该村在得知市政府给乙公司颁发了第2号《国有土地使用权证》后,认为此证涉及的部分土地仍属该村集体所有,遂向法院起诉,要求撤销该土地使用权证。

问题

1. 简述行政机关共实施了多少个行政行为,并分析每一个行政行为的性质。
2. 市政府发布公告并组织有关部门强制拆除征地范围内的附着物设施的行为是否违法?为什么?

答案

1. 行政机关共实施了五个行政行为,具体为:①市政府征收含有该村集体土地在内的地块的行为,属于行政征收;②市国土局与甲公司签订《国有土地使用权出让合同》的行为,属于行政协议;③市政府向甲公司发放第1号《国有土地使用权证》的行为,属于行政确认;④市政府向乙公司发放第2号《国有土地使用权证》的行为,属于行政确认;⑤市政府发布公告并组织有关部门强制拆除征地范围内的附着物设施的行为,属于行政强制执行。

2. 违法。市政府组织有关部门强制拆除征地范围内的附着物设施的行为,属于行政强制执行,违反了《行政强制法》第四章规定的行政强制执行实施的程序要求。

第2讲 LECTURE 02

行政处罚

> **应试指导**
>
> 本讲在案例分析题中考查的重点是行政处罚的设定权限、行政处罚与治安管理处罚的实施主体、行政处罚与治安管理处罚的适用、行政处罚决定的简易程序与普通程序的区别、治安管理处罚的调查程序、行政处罚与治安管理处罚的听证程序、行政处罚与治安管理处罚的执行程序,难点是分析行政处罚行为的合法性问题。

04 行政处罚的设定

行政处罚的设定是控制行政处罚权的来源。

一、行政处罚的设定权限

1. 法律可以设定所有的处罚种类,包括行政拘留。法律的处罚设定权没有限制。
2. 行政法规可以设定除行政拘留之外的其他处罚。
3. 地方性法规除了不能设定行政拘留和吊销营业执照,其他所有的处罚都可以设定。
4. 规章既包括部门规章,也包括地方政府规章,它们能设定罚款、警告和通报批评,但罚款的数额是有一定限制的。部门规章的最高罚款数额由国务院规定,地方政府规章的最高罚款数额由省级人大常委会规定。
5. 除法律、法规和规章以外,其他规范性文件不得设定行政处罚。

提示 行政拘留只能由法律设定；吊销营业执照的处罚只能由法律和行政法规设定；而警告、通报批评这两种处罚，法律、行政法规、地方性法规、部门规章和地方政府规章都能设定。

[指导案例] 盐业管理的法律、行政法规对盐业公司之外的其他企业经营盐的批发业务没有设定行政处罚，地方政府规章不能对该行为设定行政处罚。[最高人民法院指导案例5号：鲁潍（福建）盐业进出口有限公司苏州分公司诉江苏省苏州市盐务管理局盐业行政处罚案]

[法条链接]《行政处罚法》第10条、第11条第1款、第12条第1款、第13条第2款、第14条第2款、第16条。

二、行政处罚的规定权限

1. 法律对违法行为已经作出行政处罚规定，行政法规需要作出具体规定的，必须在法律规定的给予行政处罚的行为、种类和幅度的范围内规定。

2. 法律、行政法规对违法行为已经作出行政处罚规定，地方性法规需要作出具体规定的，必须在法律、行政法规规定的给予行政处罚的行为、种类和幅度的范围内规定。

3. 国务院部门规章可以在法律、行政法规规定的给予行政处罚的行为、种类和幅度的范围内作出具体规定。

4. 地方政府规章可以在法律、法规规定的给予行政处罚的行为、种类和幅度的范围内作出具体规定。

提示 行政处罚的设定与具体规定的区别：设定是一种创设，具体规定是下位法在上位法已经设定的处罚权的范围内作出的细化。

一招制敌 行政处罚设定中的上位法与下位法关系：尚未制定上位法的，下位法可以在其设定权限内设定行政处罚；上位法对违法行为已设定行政处罚的，下位法只能在上位法规定的给予行政处罚的行为、种类和幅度范围内作出具体规定。

[法条链接]《行政处罚法》第11条第2款、第12条第2款、第13条第1款、第14条第1款。

迷你案例

案情：根据《种子法》的规定，对应当审定未经审定的农作物品种进行推广、销售的，处2万元以上20万元以下罚款。某省人民政府在其制定的《某省种子法实施办法》中规定，对应当审定未经审定的农作物品种进行推广、销售的，处3万元以上20万元以下罚款。

问题：《某省种子法实施办法》是否超越了《种子法》的规定？

答案：《某省种子法实施办法》超越了《种子法》的规定。《种子法》对于推广、销售应当审定未经审定的农作物品种的行为是给予2万元以上20万元以下的罚款，而《某省种子法实施办法》则是给予3万元以上20万元以下的罚款，很明显提高了处罚的最低限额，超越了《种子法》的规定，违反了《行政处罚法》第14条第1款"在法律、法规规定的给予行政处罚的行为、种类和幅度的范围内作出具体规定"的要求。

总结梳理

	行政处罚的种类		法律规范的种类
设定权限	行政拘留		法　律
	吊销营业执照		行政法规
	其他行政处罚		地方性法规
	罚款	不限数额	
		一定数额	部门规章、地方政府规章
	警告、通报批评		
规定权限	在上位法规定的给予行政处罚的行为、种类和幅度的范围内作出		行政法规、地方性法规、部门规章、地方政府规章

05 行政处罚的实施机关与管辖

行政处罚的实施机关与管辖是解决谁来罚的问题。

一、实施机关

1. 行政机关

行政处罚由具有行政处罚权的行政机关在法定职权范围内实施。为了提高管理效率，防止多头执法、分散执法，行政处罚权相对集中行使，但应具备两个条件：①由国务院或者省、自治区、直辖市人民政府决定；②限制人身自由的行政处罚权不得集中行使。

提示 限制人身自由的行政处罚权只能由公安机关和法律规定的机关行使，其他机关不得行使。

[法条链接]《行政处罚法》第17、18条。

迷你案例

案情：某省政府决定由规划和自然资源局统一行使交通管理机关的罚款权、生态环境局的罚款权、公安机关的行政拘留权以及市场监督管理部门的吊销营业执照权。

问题：规划和自然资源局是否能统一行使上述职权？

答案：不能。根据《行政处罚法》第18条第2、3款的规定，该省政府可以决定由规划和自然资源局行使交通管理机关的罚款权、生态环境局的罚款权和市场监督管理部门的吊销营业执照权，但不能决定由规划和自然资源局行使公安机关的行政拘留权。

2. 非行政机关

（1）行政处罚的授权实施：授权的依据是法律、法规；授权的对象是具有管理公共事务职能的组织，既包括事业组织，也包括企业组织。

（2）行政处罚的委托实施：行政机关委托实施行政处罚须有法律、法规、规章作为依据；受委托的对象是具有管理公共事务职能的组织。

注意：受委托实施行政处罚的要求：①受委托实施的行政处罚事项和依据应当向社会公布；②受委托组织不得再委托。

一招制敌 行政处罚的实施主体中，被授权组织和受委托组织的区别在于：授权是行政机关把行政处罚权给被授权组织，被授权组织以自己的名义在法定授权范围内行使行政处罚权，并承担行政处罚的后果；委托是行政机关把行政处罚权委托给受委托组织，受委托组织以委托机关的名义行使行政处罚权，并由委托机关承担行政处罚的后果。

[法条链接]《行政处罚法》第19~21条。

二、管辖

1. 地域管辖

行政处罚由违法行为发生地的行政机关管辖；法律、行政法规、部门规章另有规定的除外。

2. 级别管辖

行政处罚由县级以上地方政府具有行政处罚权的行政机关管辖；法律、行政法规另有规定的除外。

省、自治区、直辖市根据当地实际情况，可以决定将基层管理迫切需要的县级政府部门的行政处罚权交由能够有效承接的乡镇政府、街道办事处行使。决定应当公布。

考点点拨 ————————— 行政处罚权下放的四个要求 ——

1. 决定主体：省、自治区、直辖市可以决定行政处罚权下放。
2. 下放内容：基层管理迫切需要的县级政府部门的行政处罚权。
3. 承接主体：能够有效承接的乡镇政府、街道办事处。
4. 下放公开：下放决定应当公布。

3. 管辖争议

2个以上行政机关都有管辖权的，由最先立案的行政机关管辖。对管辖发生争议的，应当协商解决，协商不成的，报请共同的上一级行政机关指定管辖；也可以直接由共同的上一级行政机关指定管辖。

提示 行政处罚与刑事处罚的双向衔接和协调配合

1. 违法行为涉嫌犯罪的，行政机关应当及时将案件移送司法机关，依法追究刑事责任。
2. 对依法不需要追究刑事责任或者免予刑事处罚，但应当给予行政处罚的，司法机关应当及时将案件移送有关行政机关。
3. 行政处罚实施机关与司法机关之间应当加强协调配合，建立健全案件移送制度，加强证据材料移交、接收衔接，完善案件处理信息通报机制。

[法条链接]《行政处罚法》第22、23条，第24条第1款，第25、27条。

迷你案例

案情：某运输公司指派本单位司机运送白灰膏。由于泄漏，造成沿途路面大面积严重污染。

问题：路面被污染的沿途三个区的执法机关是否对本案均享有管辖权？如发生管辖权争议，如何处理？

答案：根据《行政处罚法》第22条的规定，由于泄漏对沿途三个区的路面都造成了污染，即路面被污染的沿途三个区都是违法行为发生地，故沿途三个区的执法机关对本案都享有管辖权。根据《行政处罚法》第25条第2款的规定，如发生管辖权争议，则应当协商解决，协商不成的，报请共同的上一级行政机关指定管辖；也可以直接由共同的上一级行政机关指定管辖。

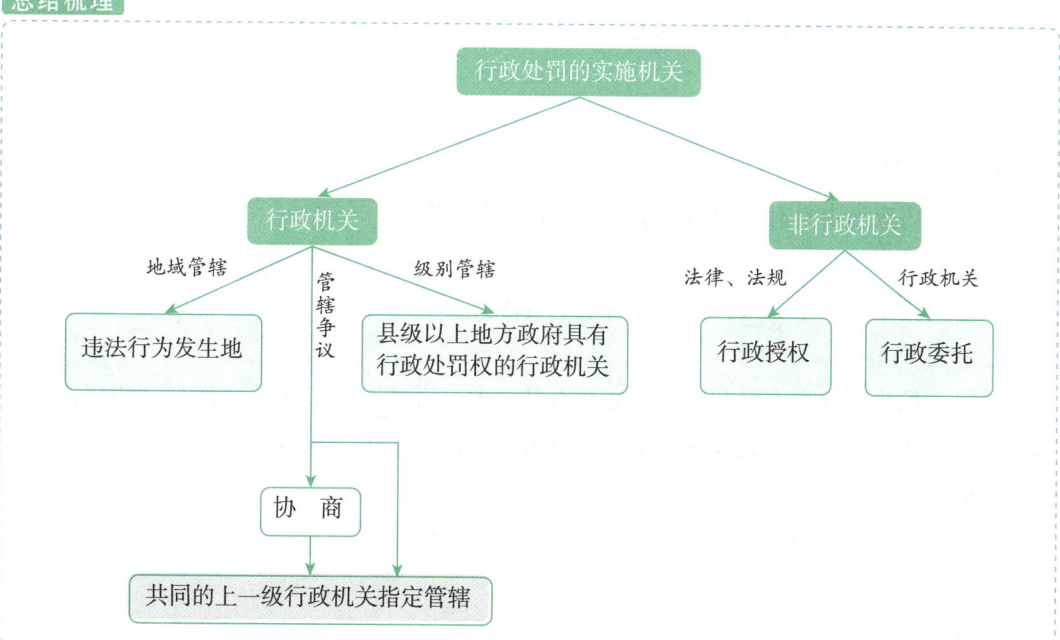

总结梳理

```
                    行政处罚的实施机关
                   ┌──────┴──────┐
                行政机关          非行政机关
           ┌──────┼──────┐      ┌────┴────┐
        地域管辖  管辖   级别管辖  法律、法规  行政机关
           │    争议      │        │         │
      违法行为发生地    县级以上地方政府  行政授权   行政委托
                │      具有行政处罚权的
                │         行政机关
              协 商
                │
      共同的上一级行政机关指定管辖
```

06 行政处罚的适用

行政处罚的适用规则本质上是对行政处罚权的规范和约束。

一、处罚公开

1. 依据公开

对违法行为给予行政处罚的规定必须公布；未经公布的，不得作为行政处罚的依据。

2. 流程公开

行政处罚的实施机关、立案依据、实施程序和救济渠道等信息应当公示。

3. 裁量公开

实施行政处罚必须以事实为依据，与违法行为的事实、性质、情节以及社会危害程度相当。行政机关可以依法制定行政处罚裁量基准，规范行使行政处罚裁量权。行政处罚裁量基准应当向社会公布。

4. 结果公开

具有一定社会影响的行政处罚决定应当依法公开。公开的行政处罚决定被依法变更、撤销、确认违法或者确认无效的，行政机关应当在3日内撤回行政处罚决定信息并公开说明理由。

[法条链接]《行政处罚法》第5条第2、3款，第34、39、48条。

二、执法人员

1. 执法资格

行政处罚应当由具有行政执法资格的执法人员实施。

2. 执法人数

执法人员不得少于2人，法律另有规定的除外。

3. 执法回避

执法人员与案件有直接利害关系或者有其他关系可能影响公正执法的，应当回避。当事人认为执法人员与案件有直接利害关系或者有其他关系可能影响公正执法的，有权提出回避申请，由行政机关负责人决定。

[法条链接]《行政处罚法》第42条第1款、第43条。

迷你案例

案情：某市卫健委经调查取证，认定某公司实施了未经许可擅自采集血液的行为，依据有关法律和相关规定，决定取缔该公司非法采集血液的行为，同时没收其5只液氮生物容器。

问题：对调查取证的该市卫健委执法人员有何要求？

答案：根据《行政处罚法》第9条第2项的规定，没收5只液氮生物容器属于行政处罚。对调查取证的该市卫健委执法人员应当适用《行政处罚法》第42条第1款、第43条第1款的规定，即进行调查取证的该市卫健委执法人员应当具有行政执法资格，不得少于2人，且执法人员与案件有直接利害关系或者有其他关系可能影响公正执法的，应当回避。

三、处罚证据

1. 全过程记录

行政机关应当依法以文字、音像等形式，对行政处罚的启动、调查取证、审核、决定、送达、执行等进行全过程记录，归档保存。

2. 利用电子技术监控设备收集证据

行政机关依照法律、行政法规规定利用电子技术监控设备收集、固定违法事实的，应当经过法制和技术审核，确保电子技术监控设备符合标准、设置合理、标志明显，设置地点应当向社会公布。

电子技术监控设备记录违法事实应当真实、清晰、完整、准确。行政机关应当审核记录内容是否符合要求；未经审核或者经审核不符合要求的，不得作为行政处罚的证据。

行政机关应当及时告知当事人违法事实，并采取信息化手段或者其他措施，为当事人查询、陈述和申辩提供便利。不得限制或者变相限制当事人享有的陈述权、申辩权。

[法条链接]《行政处罚法》第41、47条。

迷你案例

案情：2021年7月30日，某市政府更新了全市道路违章视频监控系统。新道路违章视频监控系统会自动抓拍道路交通违法行为，并生成《拟行政处罚通知书》。该通知书会详细告知当事人行政处罚的内容及事实、理由、依据，并告知当事人依法享有的陈述、申辩、要求听证等权利。根据该通知书的内容，当事人如果对拟作出的行政处罚不服，则可以通过下载市政府开发的"E市政"手机APP，查找交通部门模块，在该部门模块内提交意见。如果在规定期限内没有提交意见，系统将自动生成《行政处罚决定书》，并通过短信将《行政处罚决定书》发送给被处罚人。该市有关机关已通过新道路违章视频监控系统对多人作出行政处罚。

问题：该市有关机关作出的行政处罚是否合法？为什么？

答案：不合法。根据《行政处罚法》第41条第2、3款的规定，电子技术监控设备记录未经审核或者经审核不符合要求的，不得作为行政处罚的证据。行政机关不得限制或者变相限制当事人享有的陈述权、申辩权。新道路违章视频监控系统自动抓拍并生成《拟行政处罚通知书》，其抓拍的证据未经法制和技术审核，不得作为行政处罚的证据；被处罚当事人只有下载"E市政"手机APP才能提出意见，变相限制了当事人享有的陈述权、申辩权。

四、从旧兼从轻

实施行政处罚，适用违法行为发生时的法律、法规、规章的规定。但是，作出行政处罚决定时，法律、法规、规章已被修改或者废止，且新的规定处罚较轻或者不认为是违法的，适用新的规定。

[法条链接]《行政处罚法》第37条。

五、一事不再罚

一事不再罚是重复罚款之禁止。当事人的同一违法行为违反多个法律规范应当给予罚款处罚的，按照罚款数额高的规定执行，不得给予2次以上罚款的行政处罚。

注意：对同一违法行为不能给予2次以上罚款，但可以进行不同种类的处罚。例如，针对同一违法行为，可以同时进行罚款和吊销许可证。

一招制敌 一事不再罚要与责令改正、限期改正结合起来适用。行政机关要求当事人改正而当事人拒不改正的违法行为就不属于"同一违法行为"，因此，再次对其进行处罚不违反一事不再罚。

[法条链接]《行政处罚法》第28条第1款、第29条。

迷你案例

案情：2019年7月12日，交警大队认定李某在某路段违法停车，决定给予其200元的罚款并责令改正违法行为，但李某并没有开走汽车。2019年7月17日，交警大队以李某在该路段违法停车为由决定给予其200元的罚款。李某向法院起诉，法院受理案件。李某认为交警大队的处罚违反了一事不再罚；而交警大队则认为因李某超过一定期限没有改正违法行为而进行处罚不违反一事不再罚。

问题：交警大队实施的罚款行为是否违反了一事不再罚？

答案：不违反。2019年7月12日，交警大队认定李某在某路段违法停车，决定给予其200元的罚款并责令改正违法行为，但李某并没有开走汽车，属于能改正而没有改正违法行为。2019年7月17日，交警大队以李某在该路段违法停车为由决定给予其200元的罚款。李某长时间不改正的违法行为与违法停车行为不属于"同一违法行为"，根据《行政处罚法》第29条的规定，交警大队实施的罚款行为没有违反一事不再罚。

[指导案例] 企业事业单位和其他生产经营者堆放、处理固体废物产生的臭气浓度超过大气污染物排放标准，环境保护主管部门（现为"生态环境主管部门"）适用处罚较重的《大气污染防治法》对其进行处罚，企业事业单位和其他生产经营者主张应当适用《固体废物污染环境防治法》对其进行处罚的，人民法院不予支持。（最高人民法院指导案例139号：上海鑫晶山建材开发有限公司诉上海市金山区环境保护局环境行政处罚案）

六、陈述、申辩权保障

1. 告知权利

行政机关在作出行政处罚决定之前，应当告知当事人拟作出的行政处罚内容及事实、理由、依据，并告知当事人依法享有的陈述、申辩、要求听证等权利。

2. 听取意见

当事人有权进行陈述和申辩。行政机关必须充分听取当事人的意见，对当事人提出的事实、理由和证据，应当进行复核；当事人提出的事实、理由或者证据成立的，行政机关应当采纳。

3. 申辩不得加重处罚

行政机关不得因当事人陈述、申辩而给予更重的处罚。

[法条链接]《行政处罚法》第44、45条。

迷你案例

案情：由于影视明星赵某披露的信息存在虚假记载、误导性陈述及重大遗漏等情形，中国证监会作出《行政处罚及市场禁入事先告知书》，对赵某等人给予警告，并对其分别处以30万元罚款及5年证券市场禁入措施。

问题：中国证监会作出30万元罚款以及5年证券市场禁入措施处罚决定前，应当如何保障赵某的陈述、申辩权利？

答案：根据《行政处罚法》第9条第2、4项的规定，罚款和禁入措施都属于行政处罚。因此，中国证监会作出30万元罚款以及5年证券市场禁入措施处罚决定应当适用《行政处罚法》第44、45条的规定，即中国证监会在作出行政处罚决定之前，应当告知赵某拟作出的行政处罚内容及事实、理由、依据，并告知赵某依法享有的陈述、申辩、要求听证等权利。赵某有权进行陈述和申辩。中国证监会必须充分听取赵某的意见，对赵某提出的事实、理由和证据，应当进行复核；赵某提出的事实、理由或者证据成立的，中国证监会应当采纳。中国证监会不得因赵某陈述、申辩而给予其更重的处罚。

七、从轻或减轻处罚

为了保障被处罚当事人的正当权益，当事人有下列情形之一的，应当从轻或减轻行政处罚：①已满14周岁不满18周岁的未成年人有违法行为的；②主动消除或者减轻违法行为危害后果的；③受他人胁迫或者诱骗实施违法行为的；④主动供述行政机关尚未掌握的违法行为的；⑤配合行政机关查处违法行为有立功表现的；⑥法律、法规、规章规定其他应当从轻或者减轻行政处罚的。

[法条链接]《行政处罚法》第30、32条。

迷你案例

案情：某运输公司指派本单位司机运送白灰膏，由于泄漏，造成沿途路面大面积严重污染。司机发现后即向公司汇报，该运输公司即组织人员清扫被污染的路面。

问题：该运输公司组织人员清扫被污染的路面的行为如何认定？对该运输公司应当如何处理？

答案：该运输公司在污染事故发生后立即组织清扫，属于主动消除或者减轻违法行为危害后果的情形，根据《行政处罚法》第32条第1项的规定，应当对该运输公司从轻或者减轻处罚。

八、不予处罚

为了保障被处罚当事人的正当权益，当事人有下列情形之一的，不予行政处罚：

1. 不满14周岁的未成年人有违法行为的。
2. 精神病人、智力残疾人在不能辨认或者不能控制自己行为时有违法行为的。
3. 违法行为轻微并及时改正，没有造成危害后果的。（初次违法且危害后果轻微并及时改正的，可以不予行政处罚）
4. 违法事实不清、证据不足的。
5. 当事人有证据足以证明没有主观过错的。（法律、行政法规另有规定的除外）
6. 超出处罚时效的。

注意：行政处罚的时效要求

（1）一般违法行为在2年内未被发现的，不再给予行政处罚。

（2）涉及公民生命健康安全、金融安全且有危害后果的违法行为在5年内未被发现的，不再给予行政处罚。

（3）法律另有规定的除外。例如，《税收征收管理法》第86条规定，违反税收法律、行政法规应当给予行政处罚的行为，在5年内未被发现的，不再给予行政处罚。

（4）2年和5年的期限，从违法行为发生之日起计算；违法行为有连续或者继续状态的，从行为终了之日起计算。

[法条链接]《行政处罚法》第30、31条，第33条第1、2款，第36、40条。

迷你案例

案情：2003年，陆某租赁所在村部分土地进行养殖，并在2003年至2010年间陆续建设了办公用房、库房、羊圈等，但未取得建设工程规划手续。2015年3月16日，区城市管理综合行政执法局针对陆某违法搭建建筑物的行为立案查处。3月24日，区城市管理综合行政执法局作出《责令限期拆除决定书》，认定陆某搭建的建筑物未取得建设工程规划许可证，责令陆某于10日内自行拆除违法建筑。陆某认为，其办公用房、库房、羊圈等在2011年以前就已建成，而区城市管理综合行政执法局在2015年才认定其违反规划，超出了行政处罚的追诉时效。

问题：区城市管理综合行政执法局作出《责令限期拆除决定书》时是否超出了行政处罚的追诉时效？

答案：未超出。陆某搭建的建筑物直到区城市管理综合行政执法局作出《责令限期拆除决定书》时仍然存在，因此，陆某违法搭建建筑物的行为有继续状态，根据《行政处罚法》第36

条的规定，区城市管理综合行政执法局作出《责令限期拆除决定书》时未超出法定追诉时效。

九、处罚折抵

违法行为构成犯罪，行政机关已经给予当事人的行政拘留应当依法折抵拘役或者有期徒刑的刑期，已经给予当事人的罚款应当折抵相应罚金。

[法条链接]《行政处罚法》第 35 条。

迷你案例

案情：张某因打伤李某被公安局处以行政拘留 15 日的处罚并执行。不久后，李某向法院提起刑事自诉。法院经审理认为，张某的行为已经构成犯罪，判处其拘役 2 个月。

问题：如何确定对张某拘役的执行期限？

答案：根据《行政处罚法》第 35 条第 1 款的规定，违法行为构成犯罪，法院对当事人判处拘役时，行政机关已经给予当事人行政拘留处罚的，应当依法折抵相应刑期。因此，对张某的行政拘留 15 日应当折抵拘役 2 个月中的 15 日刑期。

十、处罚无效

行政处罚无效的两种情形：
1. 行政处罚没有依据或者实施主体不具有行政主体资格的。
2. 违反法定程序构成重大且明显违法的。

[法条链接]《行政处罚法》第 38 条。

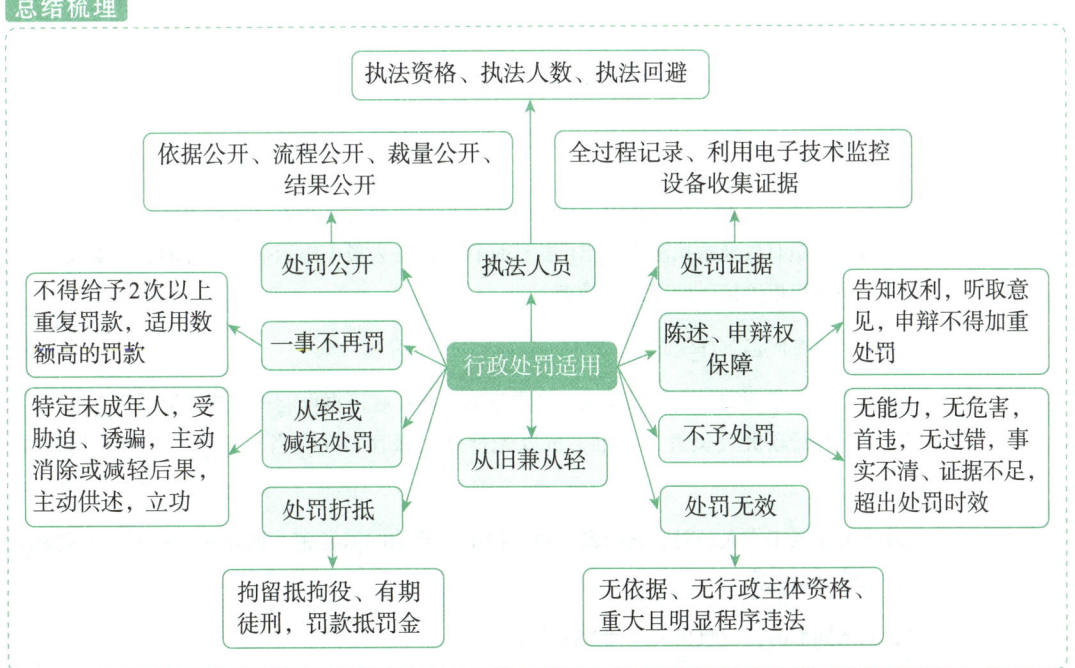

总结梳理

行政处罚适用：
- 执法人员：执法资格、执法人数、执法回避
- 处罚公开：依据公开、流程公开、裁量公开、结果公开
- 处罚证据：全过程记录、利用电子技术监控设备收集证据
- 陈述、申辩权保障：告知权利，听取意见，申辩不得加重处罚
- 一事不再罚：不得给予2次以上重复罚款，适用数额高的罚款
- 从轻或减轻处罚：特定未成年人，受胁迫、诱骗，主动消除或减轻后果，主动供述，立功
- 不予处罚：无能力，无危害，首违，无过错，事实不清、证据不足，超出处罚时效
- 从旧兼从轻
- 处罚折抵：拘留抵拘役、有期徒刑，罚款抵罚金
- 处罚无效：无依据、无行政主体资格、重大且明显程序违法

07 行政处罚的程序

一、行政处罚的决定程序

行政处罚的决定程序包括简易程序和普通程序，听证程序属于普通程序中的特殊程序。

（一）简易程序

适用条件	违法事实确凿并有法定依据，对公民处以 200 元以下、对法人或者其他组织处以 3000 元以下罚款或者警告的行政处罚的。
	法律另有规定的除外。
处罚决定	执法人员可以当场作出行政处罚决定，但应当向当事人出示执法证件，填写预定格式、编有号码的行政处罚决定书。
	行政处罚决定书应当载明：①当事人的违法行为；②行政处罚的种类和依据、罚款数额、时间、地点；③申请行政复议、提起行政诉讼的途径和期限以及行政机关名称。
	行政处罚决定书应由执法人员签名或者盖章。
	执法人员当场作出的行政处罚决定，应当报所属行政机关备案。
送达	行政处罚决定书应当当场交付当事人。当事人拒绝签收的，应当在行政处罚决定书上注明。

[法条链接]《行政处罚法》第 51、52 条。

（二）普通程序

调查、检查	执法人员在调查或者进行检查时，应当主动向当事人或者有关人员出示执法证件。当事人或者有关人员有权要求执法人员出示执法证件。执法人员不出示执法证件的，当事人或者有关人员有权拒绝接受调查或者检查。
	询问或者检查应当制作笔录。
	行政机关在收集证据时，可以采取抽样取证的方法；在证据可能灭失或者以后难以取得的情况下，经行政机关负责人批准，可以先行登记保存，并应当在 7 日内及时作出处理决定。
	行政机关及其工作人员对实施行政处罚过程中知悉的国家秘密、商业秘密或者个人隐私，应当依法予以保密。
	符合立案标准的，行政机关应当及时立案。

续表

处罚决定	调查终结，行政机关负责人应当对调查结果进行审查。对情节复杂或者重大违法行为给予行政处罚，行政机关负责人应当集体讨论决定。 作出行政处罚决定前需要进行法制审核的情形： （1）涉及重大公共利益的； （2）直接关系当事人或者第三人重大权益，经过听证程序的； （3）案件情况疑难复杂、涉及多个法律关系的； （4）法律、法规规定应当进行法制审核的其他情形。 行政处罚决定书应当载明下列事项： （1）当事人的姓名或者名称、地址； （2）违反法律、法规、规章的事实和证据； （3）行政处罚的种类和依据； （4）行政处罚的履行方式和期限； （5）申请行政复议、提起行政诉讼的途径和期限； （6）作出行政处罚决定的行政机关名称和作出决定的日期。 行政处罚决定书必须盖有作出行政处罚决定的行政机关的印章。 行政机关应当自行政处罚案件立案之日起90日内作出行政处罚决定。法律、法规、规章另有规定的，从其规定。
送 达	行政处罚决定书应当在宣告后当场交付当事人。 当事人不在场的，行政机关应当在7日内依照《民事诉讼法》的有关规定，将行政处罚决定书送达当事人。 🔔 注意：当事人同意并签订确认书的，行政机关可以采用传真、电子邮件等方式，将行政处罚决定书等送达当事人。

[法条链接]《行政处罚法》第50条、第54条第2款、第55~57条、第58条第1款、第59~61条。

考点点拨 ————————————— 普通程序与简易程序对比一览图 —

	普通程序	简易程序
适用范围不同	原则上适用	例外适用（公民200元以下、组织3000元以下的罚款；警告）
是否当场处罚	非当场处罚	当场处罚
处罚决定作出主体不同	行政机关负责人	行政执法人员
处罚决定书内容不同	行政处罚机关印章	行政执法人员签名或盖章
处罚决定书送达方式不同	宣告后交付（当事人不在场的，7日内送达）	当场交付

迷你案例

案情：某区生态环境局执法人员现场检查时，认定某药业有限责任公司存在未经生态环境主管部门批准擅自转移危险废物（废化学试剂）的行为，违反了《固体废物污染环境防治法》的规定，对其处以罚款12万元。

问题：该区生态环境局执法人员能否当场作出罚款决定？

答案：不能。根据《行政处罚法》第51条的规定，违法事实确凿并有法定依据，对法人或者其他组织处以3000元以下罚款的，可以当场作出行政处罚决定。该区生态环境局对该药业有限责任公司罚款12万元超过了规定数额，因此，该区生态环境局执法人员不能当场作出罚款决定。

（三）听证程序

听证程序，是指行政机关在作出重大行政处罚决定之前，公开举行专门会议，由行政调查人员提出指控、证据和处理建议，当事人进行申辩和质证的程序。

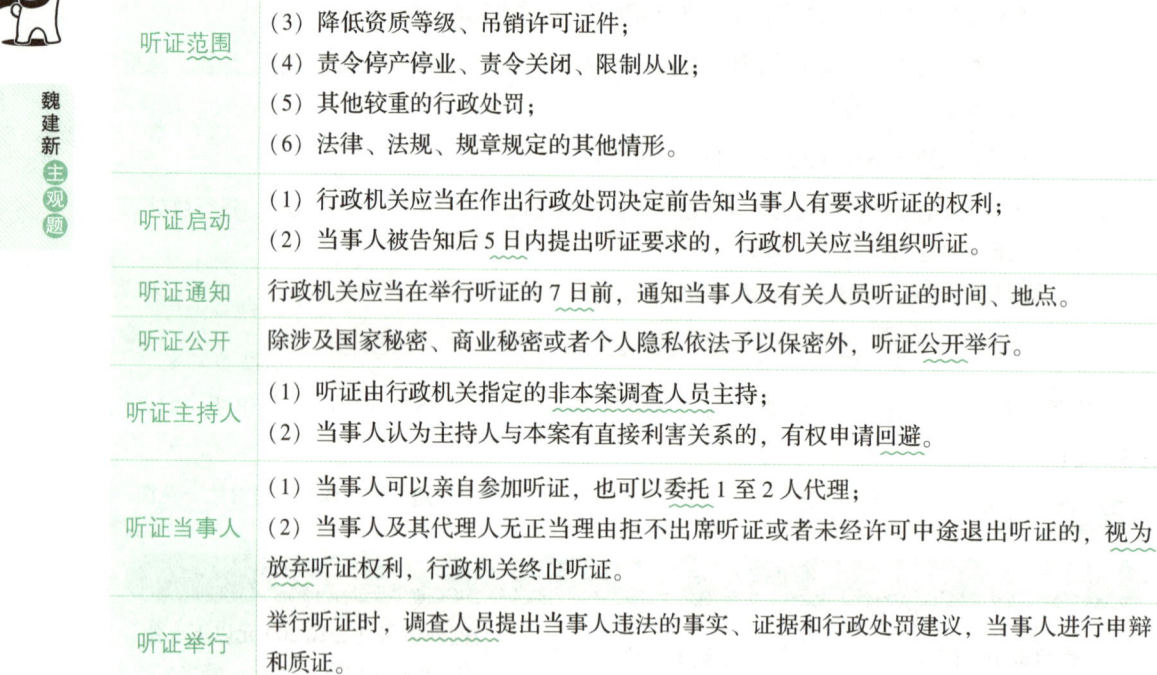

听证范围	（1）较大数额罚款； （2）没收较大数额违法所得、没收较大价值非法财物； （3）降低资质等级、吊销许可证件； （4）责令停产停业、责令关闭、限制从业； （5）其他较重的行政处罚； （6）法律、法规、规章规定的其他情形。
听证启动	（1）行政机关应当在作出行政处罚决定前告知当事人有要求听证的权利； （2）当事人被告知后5日内提出听证要求的，行政机关应当组织听证。
听证通知	行政机关应当在举行听证的7日前，通知当事人及有关人员听证的时间、地点。
听证公开	除涉及国家秘密、商业秘密或者个人隐私依法予以保密外，听证公开举行。
听证主持人	（1）听证由行政机关指定的非本案调查人员主持； （2）当事人认为主持人与本案有直接利害关系的，有权申请回避。
听证当事人	（1）当事人可以亲自参加听证，也可以委托1至2人代理； （2）当事人及其代理人无正当理由拒不出席听证或者未经许可中途退出听证的，视为放弃听证权利，行政机关终止听证。
听证举行	举行听证时，调查人员提出当事人违法的事实、证据和行政处罚建议，当事人进行申辩和质证。
听证笔录	（1）听证应当制作笔录。 （2）笔录应当交当事人或者其代理人核对无误后签字或者盖章。当事人或者其代理人拒绝签字或者盖章的，由听证主持人在笔录中注明。 （3）听证结束后，行政机关应当根据听证笔录，依法作出决定。
听证费用	当事人不承担行政机关组织听证的费用。

> **考点点拨**
> 纳入听证范围内的行政处罚行为适用听证程序。若行政处罚行为不属于法律规定的听证适用范围，则当事人无权要求听证。

[法条链接]《行政处罚法》第63~65条。

迷你案例

案情：某中等职业技术学校内发生一起2名学生死亡、多人受伤的恶性斗殴事件，引发社会强烈关注。市教育局调查后，认为该校存在管理力量、师资力量薄弱，教学秩序混乱的情况，是恶性斗殴事件发生的重要原因，遂根据《民办教育促进法》的规定，拟作出《吊销办学许可证决定》。

问题：市教育局作出《吊销办学许可证决定》是否适用听证程序？

答案：根据《行政处罚法》第63条第1款第3项的规定，市教育局作出《吊销办学许可证决定》前，应当告知该中等职业技术学校有要求听证的权利，该中等职业技术学校要求听证的，市教育局应当组织听证。

二、行政处罚的执行程序

（一）行政罚款的收缴

1. 罚缴分离

原则上，作出罚款决定的行政机关应当与收缴罚款的机构分离，作出行政处罚决定的行政机关及其执法人员不得自行收缴罚款。当事人应当自收到行政处罚决定书之日起15日内，到指定的银行或者通过电子支付系统缴纳罚款。银行应当收受罚款，并将罚款直接上缴国库。

2. 当场收缴

执法人员当场收缴罚款是例外。

（1）执法人员可以当场收缴罚款的三种情形：

❶ 依法给予100元以下罚款的；

❷ 不当场收缴事后难以执行的；

❸ 在边远、水上、交通不便地区，行政机关及其执法人员依法作出罚款决定后，当事人到指定的银行或者通过电子支付系统缴纳罚款确有困难，经当事人提出的。

（2）当事人拒绝缴纳罚款

行政机关及其执法人员当场收缴罚款的，必须向当事人出具国务院财政部门或者省、自治区、直辖市政府财政部门统一制发的专用票据；不出具财政部门统一制发的专用票据的，当事人有权拒绝缴纳罚款。

[法条链接]《行政处罚法》第67~70条。

（二）行政处罚决定的强制执行

当事人逾期不履行行政处罚决定的，作出行政处罚决定的行政机关可以采取下列措施：

1. 到期不缴纳罚款的，每日按罚款数额的 3% 加处罚款，加处罚款的数额不得超出罚款的数额。

注意：当事人申请行政复议或者提起行政诉讼的，加处罚款的数额在行政复议或者行政诉讼期间不予计算。

2. 根据法律规定，将查封、扣押的财物拍卖、依法处理或者将冻结的存款、汇款划拨抵缴罚款。

3. 根据法律规定，采取其他行政强制执行方式。

4. 依照《行政强制法》的规定申请法院强制执行。

[法条链接]《行政处罚法》第 72 条第 1 款、第 73 条第 3 款。

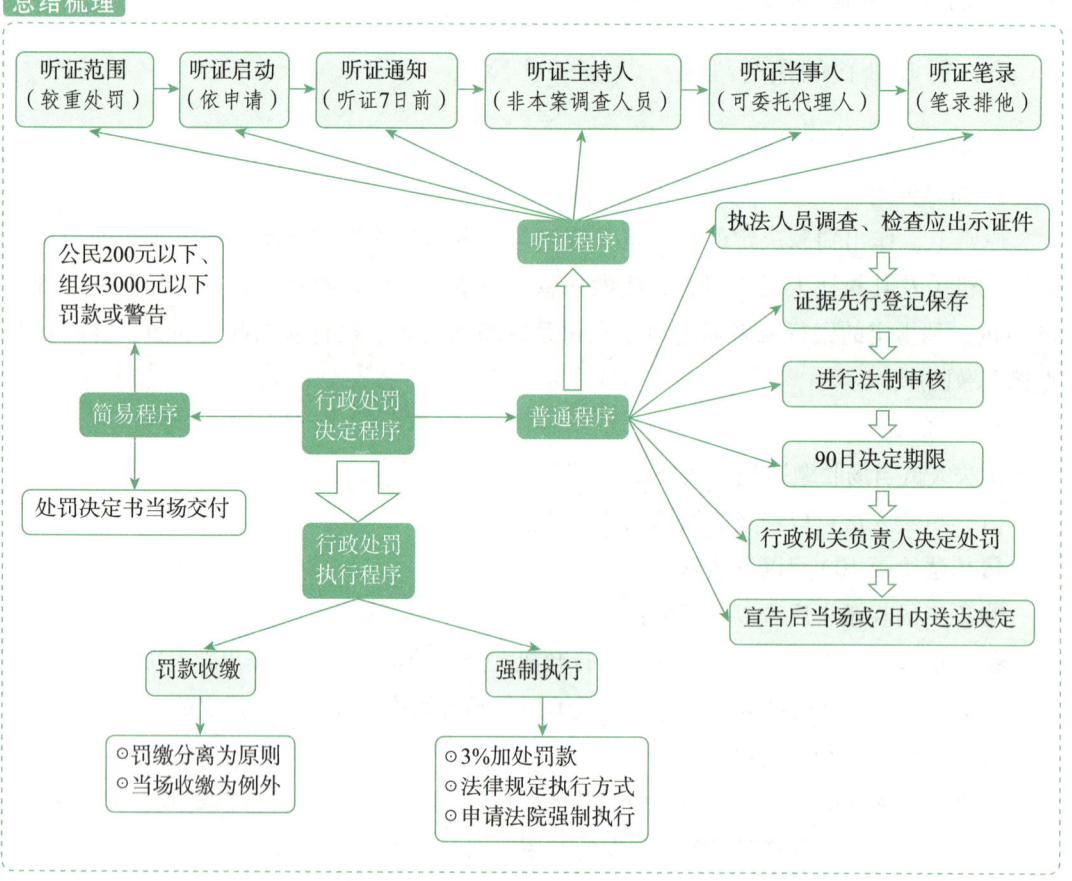

总结梳理

```
听证范围      听证启动     听证通知      听证主持人        听证当事人      听证笔录
（较重处罚）  （依申请）   （听证7日前） （非本案调查人员）（可委托代理人）（笔录排他）
                            ↓
                         听证程序
                            ↑
                                        执法人员调查、检查应出示证件
                                                  ↓
                                          证据先行登记保存
                                                  ↓
公民200元以下、                                进行法制审核
组织3000元以下                                    ↓
罚款或警告                                    90日决定期限
    ↓                                            ↓
简易程序 ← 行政处罚 → 普通程序 → 行政机关负责人决定处罚
           决定程序                              ↓
处罚决定书当场交付                        宣告后当场或7日内送达决定
              ↓
          行政处罚
          执行程序
           ↙    ↘
        罚款收缴   强制执行
        ○罚缴分离为原则   ○3%加处罚款
        ○当场收缴为例外   ○法律规定执行方式
                         ○申请法院强制执行
```

08 治安管理处罚

一、治安管理处罚的实施主体和适用

1. 治安管理处罚的实施主体：治安管理处罚由县级以上政府公安机关决定；其中警告和 500 元以下罚款可以由派出所决定。

提示 由公安机关和派出所之外的组织实施的治安管理处罚均构成主体违法。

2. 治安管理处罚的适用

不予处罚	（1）违反治安管理行为在 6 个月内没有被公安机关发现的； （2）不满 14 周岁的人违反治安管理的； （3）精神病人在不能辨认或者不能控制自己行为的时候违反治安管理的。
从轻或减轻处罚	已满 14 周岁不满 18 周岁的人违反治安管理的。
从重处罚	（1）有较严重后果的； （2）教唆、胁迫、诱骗他人违反治安管理的； （3）对报案人、控告人、举报人、证人打击报复的； （4）6 个月内曾受过治安管理处罚的。
调解与处罚	条件：因民间纠纷引起的打架斗殴或者损毁他人财物等违反治安管理行为，情节较轻的。 适用结果： 私了：经公安机关调解，当事人达成协议的，不予处罚。 公了：经调解未达成协议或者达成协议后不履行的，公安机关应当依照《治安管理处罚法》的规定对违反治安管理行为人给予处罚，并告知当事人可就民事争议依法向法院提起民事诉讼。

[法条链接]《治安管理处罚法》第 9、12、13、20 条，第 22 条第 1 款，第 91 条。

迷你案例

案情：安某放的羊吃了朱某家的玉米秸，二人发生争执。安某殴打朱某，致其左眼青紫、鼻骨骨折。由于情节较轻，在公安分局的主持下，安某与朱某达成协议，由安某向朱某赔偿 500 元。

问题：公安分局能否对安某进行治安管理处罚？

答案：不能。根据《治安管理处罚法》第 9 条的规定，安某与朱某因民间纠纷引起的打架

斗殴是违反治安管理的行为，且属于情节较轻的情形，经公安分局调解，安某与朱某就赔偿问题达成协议，公安分局对安某不予处罚。

二、治安管理处罚的程序

提示 治安管理处罚的程序，适用《治安管理处罚法》的规定；《治安管理处罚法》没有规定的，适用《行政处罚法》的规定。

（一）调查

1. 传唤。原则上应当使用传唤证传唤，即书面传唤；例外是口头传唤。适用口头传唤有三个要求：①现场发现违反治安管理的行为人；②警察出示工作证件；③在询问笔录中应当注明口头传唤。另外，公安机关应当及时将传唤的原因和处所通知被传唤人家属。

2. 询问。治安管理处罚中的询问查证时间：一般情形下不得超过8小时；特殊情形（可能适用行政拘留处罚）下不得超过24小时。

注意：对被侵害人或者其他证人的询问是"通知"其到公安机关，对违反治安管理行为人的询问是"传唤"其到公安机关。

3. 检查。公安机关检查公民住所的三个条件：①警察不得少于2人；②警察应当出示工作证件；③警察应当出示县级以上政府公安机关开具的检查证明文件。另外，检查都应当制作检查笔录。

4. 扣押。扣押的财产必须跟案件有关。对被侵害人或善意第三人合法占有的财产，不得扣押，应予以登记。

[法条链接]《治安管理处罚法》第82条第1款、第83条、第87条第1款、第88条、第89条第1款。

迷你案例

案情：公安局警察以田某等人哄抢一货车上的财物为由传唤田某，经询问查证后，对田某处以15日行政拘留处罚。

问1：公安局警察传唤田某是否应当通知田某的家属？

答案：根据《治安管理处罚法》第83条第2款的规定，公安局警察传唤田某应当及时将传唤的原因和处所通知田某的家属。

问2：公安局警察对田某询问查证的时间如何确定？

答案：公安局警察对田某处以15日行政拘留处罚，根据《治安管理处罚法》第83条第1款的规定，询问查证的时间不得超过24小时。

问3：公安局警察对田某等人哄抢的财物能否扣押？

答案：田某等人哄抢的财物是被侵害人合法占有的财产，根据《治安管理处罚法》第89条第1款的规定，公安局警察不得扣押，应当予以登记。

（二）决定

1. 简易程序与听证程序的适用条件

（1）违反治安管理行为事实清楚，证据确凿，处警告或者200元以下罚款的，可以适用简易程序，当场作出治安管理处罚决定。

（2）适用简易程序作出决定的，应当在24小时内报所属公安机关备案。

（3）吊销许可证及处2000元以上罚款的治安管理处罚决定，适用听证程序。

一招制敌 行政拘留不属于听证程序适用的法定范围：①公安机关没有义务告知被拘留人有权要求举行听证，即使被拘留人申请听证，公安机关也可以拒绝举行听证；②公安机关告知被拘留人有权要求举行听证，被拘留人申请听证的，公安机关应当举行听证。

2. 治安管理处罚决定书的送达

（1）治安管理处罚决定书无法当场向被处罚人宣告的，应当在2日内送达被处罚人；

（2）有被侵害人的，还应当将决定书副本抄送被侵害人；

（3）决定给予行政拘留处罚的，应当及时通知被处罚人的家属。

3. 办理治安案件的期限

（1）原则：自受理之日起不得超过30日；

（2）例外：案情重大、复杂的，经上一级公安机关批准，可以延长30日。

注意：为了查明案情进行鉴定的期间，不计入办理治安案件的期限。

[法条链接]《治安管理处罚法》第97~100条、第101条第3款。

（三）执行

1. 罚款的收缴

（1）原则：罚缴分离。罚款决定机关应与收缴机构（银行）分离。

（2）例外：当场收缴。可当场收缴的三种情形：①被处50元以下罚款，被处罚人对罚款无异议的；②在边远、水上、交通不便地区，公安机关及其警察依法作出罚款决定后，被处罚人向指定的银行缴纳罚款确有困难，经被处罚人提出的；③被处罚人在当地没有固定住所，不当场收缴事后难以执行的。

提示《治安管理处罚法》与《行政处罚法》规定的可以当场收缴的罚款数额不同，执法人员当场收缴的罚款数额分别是50元以下和100元以下。

2. 行政拘留的暂缓执行

行政拘留暂缓执行要求具备四个条件：①被处罚人对行政拘留处罚决定不服，申请行政复议或提起行政诉讼；②被处罚人向公安机关提出暂缓执行行政拘留的申请；③公安机关认为暂缓执行行政拘留不致发生社会危险；④被处罚人或其近亲属提出了符合条件的担保人或交纳了保证金。

注意1：担保人的要求：①与本案无牵连；②享有政治权利，人身自由未受到限制；③在当地有常住户口和固定住所；④有能力履行担保义务。担保人不履行担保义务，致使被担保人逃避行政拘留处罚的执行的，由公安机关对其处 3000 元以下罚款。

注意 2：保证金的要求：按每日 200 元的标准交纳。被决定给予行政拘留处罚的人交纳保证金，暂缓行政拘留后，逃避行政拘留处罚的执行的，保证金予以没收并上缴国库，已经作出的行政拘留决定仍应执行。行政拘留的处罚决定被撤销或行政拘留处罚开始执行的，保证金应当及时退还交纳人。

[法条链接]《治安管理处罚法》第 104、107、108 条，第 109 条第 2 款，第 110、111 条。

迷你案例

案情：李某多次发送淫秽短信，干扰他人正常生活，派出所经调查对其作出 200 元罚款的处罚决定。

问 1：派出所能否以自己的名义作出处罚决定？

答案：能。根据《治安管理处罚法》第 91 条的规定，公安派出所的法定授权是 500 元以下的罚款和警告。因此，本案中的派出所能以自己的名义作出 200 元罚款的处罚决定。

问 2：派出所能否当场作出处罚决定？

答案：能。根据《治安管理处罚法》第 100 条的规定，违反治安管理行为事实清楚，证据确凿，处警告或者 200 元以下罚款的，可以当场作出治安管理处罚决定。因此，本案中的派出所能当场作出 200 元罚款的处罚决定。

问 3：派出所能否当场收缴罚款？

答案：不能。根据《治安管理处罚法》第 104 条第 1 项的规定，被处 50 元以下罚款，被处罚人对罚款无异议的，可以当场收缴罚款。因此，本案中的派出所不能当场收缴 200 元罚款。

总结梳理

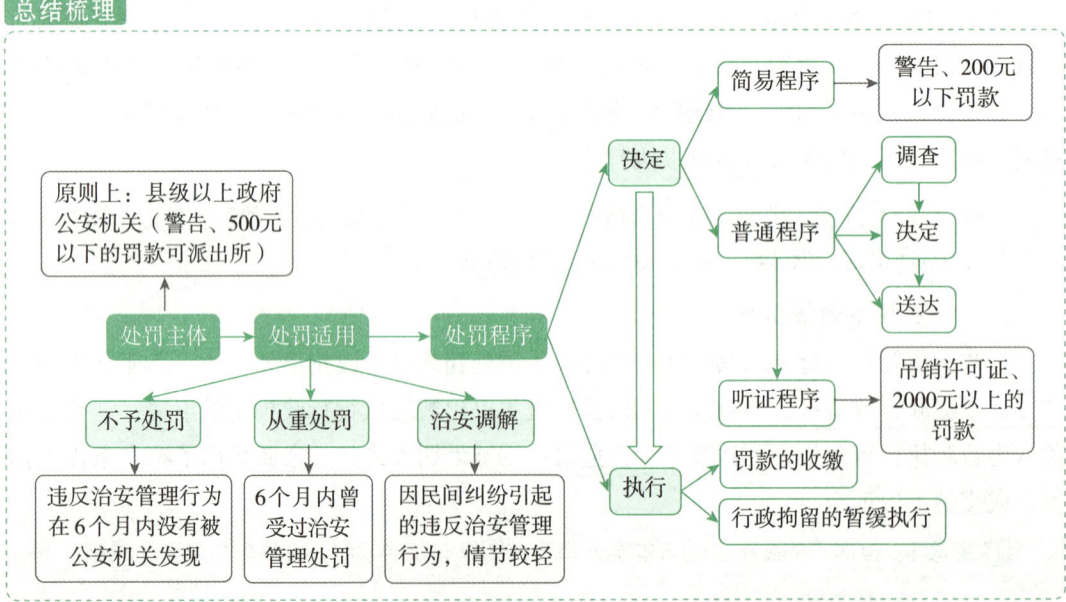

```
                                                                  ┌─ 简易程序 ──→ 警告、200元
                                                                  │             以下罚款
                                                                  │
                                                          ┌─ 决定 ┤             ┌─ 调查
                                                          │       │             │
原则上：县级以上政府                                       │       └─ 普通程序 ──┼─ 决定
公安机关（警告、500元                                      │                     │
以下的罚款可派出所）                                       │                     └─ 送达
        │                                                  │
        └─ 处罚主体 ─ 处罚适用 ─ 处罚程序 ─────────────────┤       ┌─ 听证程序 ──→ 吊销许可证、
             │          │          │                       │       │             2000元以上的
             │          │          │                       │       │             罚款
             ├─ 不予处罚 ├─ 从重处罚 ├─ 治安调解             └─ 执行 ┤
             │          │          │                               ├─ 罚款的收缴
     违反治安管理行为  6个月内曾    因民间纠纷引起                  │
     在6个月内没有被   受过治安    的违反治安管理                   └─ 行政拘留的暂缓执行
     公安机关发现      管理处罚    行为，情节较轻
```

第二讲

小综案例

案情

经市场监管部门核准,甲公司取得企业法人营业执照,经营范围为木材切片加工。甲公司与乙公司签订合同,由乙公司供应加工木材1万吨。不久后,省林业局致函甲公司,告知按照本省地方性法规的规定,新建木材加工企业必须经省林业局办理木材加工许可证后,方能向市场监管部门申请企业登记,违者将受到处罚。1个月后,省林业局以甲公司无证加工木材为由,向甲公司送达了行政处罚决定书,没收其加工的全部木片,并对其处以30万元罚款。其间,省林业公安局曾传唤甲公司的工作人员李某到公安局询问该公司木材加工情况。甲公司向法院起诉,要求撤销省林业局的行政处罚决定。

问题

1. 省地方性法规能否设定没收加工的全部木片并处以30万元罚款的行政处罚?为什么?
2. 省林业局在以甲公司无证加工木材为由,作出没收其加工的全部木片并对其处以30万元罚款的行政处罚决定前,是否应当组织听证?
3. 省林业局应当如何向甲公司送达行政处罚决定书?
4. 李某能否成为传唤对象?为什么?

答案

1. 可以设定。《行政处罚法》第12条第1款规定,地方性法规可以设定除限制人身自由、吊销营业执照以外的行政处罚。因此,本省地方性法规可以设定没收加工的全部木片并处以30万元罚款的行政处罚。
2. 应当。根据《行政处罚法》第63条第1款第1、2项的规定,没收加工的全部木片并处以30万元罚款的行政处罚属于听证的适用范围。因此,省林业局在作出该行政处罚决定前,应当告知甲公司有要求听证的权利,甲公司要求听证的,省林业局应当组织听证。
3. 根据《行政处罚法》第61条的规定,省林业局作出的行政处罚决定书应当在宣告后当场交付甲公司;甲公司相关人员不在场的,省林业局应当在7日内依照《民事诉讼法》的有关规定,将行政处罚决定书送达甲公司。甲公司相关人员同意并签订确认书的,省林业局可以采用传真、电子邮件等方式,将行政处罚决定书送达甲公司。
4. 李某不能成为传唤对象。根据《治安管理处罚法》第82条第1款的规定,治安传唤适用的对象是违反治安管理行为人。本案中,李某并未违反治安管理规定,故省林业公安局不得对李某进行治安传唤。

第3讲 LECTURE 03

行政许可

> **应试指导**
>
> 本讲在案例分析题中考查的重点是行政许可的设定权限、行政许可的实施主体和实施程序，难点是分析行政许可行为的合法性。

09 行政许可的设定

许可越多，自由越少，行政许可的设定是为了控制行政许可权的产生。

一、经常性行政许可的设定

经常性行政许可，由法律、行政法规、地方性法规来设定。尚未制定上位法的，下位法才可以设定行政许可。

注意：对于国务院行政法规设定的有关经济事务的行政许可，省级地方政府报国务院批准后，可以在本行政区域内停止实施。

二、临时性行政许可的设定

国务院可以以决定的形式，省级地方政府可以以规章的形式设定临时性行政许可。

注意1：国务院以决定形式设定临时性行政许可的条件是：①尚未制定法律；②在有必要的时候；③实施后，除了临时性行政许可事项外，国务院应当及时提请全国人大及其常委会制定法律，或者自行制定行政法规。

🔴 **注意 2**：省级地方政府以规章形式设定临时性行政许可的条件是：①尚未制定法律、行政法规和地方性法规；②因行政管理的需要，确需立即实施行政许可；③实施满 1 年需要继续实施的，应当提请本级人大及其常委会制定地方性法规。

一招制敌 行政许可的设定只能采用法律、行政法规、国务院决定和地方性法规、省级地方政府规章的形式，部门规章、市级地方政府规章、其他规范性文件一律不得设定行政许可。尚未制定上位法的，下位法可以设定行政许可；已经制定上位法但没有设定行政许可的，下位法不得设定行政许可。

[指导案例] 盐业管理的法律、行政法规没有设定工业盐准运证的行政许可，地方性法规或者地方政府规章不能设定工业盐准运证这一新的行政许可。[最高人民法院指导案例 5号：鲁潍（福建）盐业进出口有限公司苏州分公司诉江苏省苏州市盐务管理局盐业行政处罚案]

三、中央设定行政许可与地方设定行政许可

1. 在行政许可设定中，有两类事项只能由中央设定，地方是不能设定的：
（1）应当由国家统一确定资质和资格的行政许可；
（2）企业或者其他组织的设立登记及其前置性行政许可。

2. 地方设定的行政许可不得限制其他地区的个人或者企业到本地区从事生产经营和提供服务，不得限制其他地区的商品进入本地区市场。

一招制敌 地方性法规和省级地方政府规章设定行政许可的"五不得"：
（1）不得设定应当由国家统一确定的公民、法人或者其他组织的资格、资质的行政许可；
（2）不得设定企业或者其他组织的设立登记的行政许可；
（3）不得设定企业或者其他组织的设立登记的前置性行政许可；
（4）不得设定限制其他地区的个人或者企业到本地区从事生产经营和提供服务的行政许可；
（5）不得设定限制其他地区的商品进入本地区市场的行政许可。

四、行政许可的规定

行政许可的规定与行政许可的设定不同，下位法可以在上位法设定的行政许可事项范围内，对实施该行政许可作出具体规定。

🔴 **注意**：行政许可作出具体规定有三个要求：①在上位法设定的行政许可事项范围内；②不得增设行政许可；③不得增设违反上位法的其他条件。

[法条链接]《行政许可法》第 14~17 条。

迷你案例

案情：某地方性法规规定，外地人员到本地经营网吧，应当到本地电信管理部门注册。

问题：该规定是否违反《行政许可法》？

答案：根据《行政许可法》第2条的规定，经营网吧应当到本地电信管理部门注册属于行政许可行为。根据《行政许可法》第15条第2款的规定，地方性法规设定的行政许可，不得限制其他地区的个人或者企业到本地区从事生产经营和提供服务。因此，该地方性法规规定外地人员到本地经营网吧，应当到本地电信管理部门注册，是限制其他地区的个人或者企业到本地区从事生产经营和提供服务的行为，违反了《行政许可法》的规定。

总结梳理

许可设定	法　　律	只能由中央统一设定：应当由国家统一确定资格、资质的行政许可，组织的设立登记及其前置性行政许可。
	行政法规（包括国务院决定）	
	地方性法规	不得限制外地个人或企业，不得限制外地商品。
	省级地方政府规章（1年临时性许可）	
许可规定	在上位法设定的行政许可事项范围内，不得增设行政许可，不得增设违反上位法的其他条件。	

10 行政许可的实施主体

行政许可的三个实施主体：行政机关，法律、法规授权的具有管理公共事务职能的组织及受委托的行政机关。

一、行政机关

行政许可由具有行政许可权的行政机关在其法定职权范围内实施。

1. 一个窗口对外。行政许可需要行政机关内设的多个机构办理的，该行政机关应当确定一个机构统一受理行政许可申请，统一送达行政许可决定。

2. 统一办、联合办、集中办。行政许可依法由地方人民政府2个以上部门分别实施的，本级人民政府可以确定一个部门受理行政许可申请并转告有关部门分别提出意见后统一办理，或者组织有关部门联合办理、集中办理。

[例] 全国每个市、县、区都有一个行政许可服务中心。以前申请行政许可需要分别找各个行政机关，现在要求各行政许可机关都进驻行政许可服务中心，在行政许可服务中

心就能实现统一办理、联合办理、集中办理。

3. 相对集中行使行政许可权。经国务院批准，省、自治区、直辖市人民政府根据精简、统一、效能的原则，可以决定一个行政机关行使有关行政机关的行政许可权。

［例］ 现在有些地方的行政审批局集中行使了市场监管局、税务局、统计局等机关的行政许可权。

［法条链接］《行政许可法》第22、25、26条。

迷你案例

案情：某公司准备在某市郊区建一座化工厂，需要向该市规划和自然资源局、生态环境局等市政府职能部门申请有关证照。

问题：从高效便民的角度出发，市政府如何处理？

答案：根据《行政许可法》第26条第2款的规定，行政许可依法由市政府2个以上部门分别实施的，市政府可以确定一个部门受理行政许可申请并转告有关部门分别提出意见后统一办理，或者组织有关部门联合办理、集中办理。

二、被授权的组织

被授权的组织实施行政许可的两点要求：

1. 授权的依据是法律、法规。
2. 被授权的组织应当是具有管理公共事务职能的组织。

［法条链接］《行政许可法》第23条。

三、受委托的机关

受委托的机关实施行政许可的三点要求：

1. 行政机关在其法定职权范围内，依照法律、法规、规章的规定，委托其他行政机关。
2. 委托机关应当将受委托行政机关和受委托实施行政许可的内容予以公告。
3. 受委托行政机关不得再委托其他组织或者个人实施行政许可。

［法条链接］《行政许可法》第24条第1、3款。

考点点拨

1. 授权实施行政许可与授权实施行政处罚进行比较：
（1）授权的依据都是法律、法规；
（2）授权的对象都是具有管理公共事务职能的组织。

2. 委托实施行政许可与委托实施行政处罚进行比较：
（1）委托的依据都是法律、法规、规章；
（2）委托的对象不同，行政许可的委托对象是其他行政机关，行政处罚的委托对象是具有管理公共事务职能的组织。

总结梳理

```
                          ┌─ 行政机关 ──┬─ 一个窗口对外
                          │            ├─ 统一办、联合办、集中办
                          │            └─ 相对集中行使行政许可权
行政许可实施主体 ──┼─ 被授权的组织 ┬─ 法律、法规授权
                          │            └─ 授权具有管理公共事务职能的组织
                          └─ 受委托的机关 ┬─ 依照法律、法规、规章的规定
                                       └─ 委托其他行政机关
```

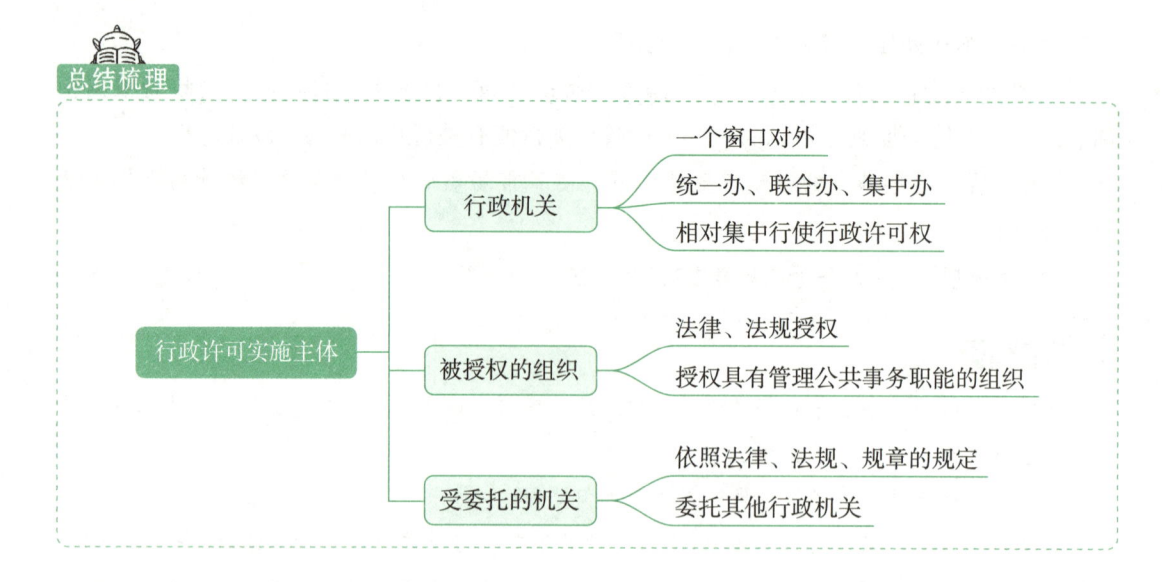

11 行政许可的实施程序

实施行政许可的程序包括申请、受理、审查（包括听证）、决定、延续等基本步骤。

一、申请

1. 书面申请。原则上应当到行政机关办公场所提出行政许可申请；但从便民的角度出发，行政许可申请可以通过信函、电报、电传、传真、电子数据交换和电子邮件等方式提出，也可以委托代理人提出。

2. 申请人在申请行政许可时的义务——对申请材料实质内容的真实性负责。

注意：

1. 提供虚假材料申请行政许可的法律后果

（1）行政机关不予受理或者不予行政许可，并给予警告；

（2）行政许可申请属于直接关系公共安全、人身健康、生命财产安全事项的，申请人在 1 年内不得再次申请该行政许可。

2. 提供虚假材料取得行政许可的法律后果

（1）行政机关应当依法给予行政处罚，撤销行政许可；

（2）取得的行政许可属于直接关系公共安全、人身健康、生命财产安全事项的，申请人在 3 年内不得再次申请该行政许可。

[法条链接]《行政许可法》第 29 条，第 31 条第 1 款，第 69 条第 2 款，第 78、79 条。

二、受理

受理属于形式审查。

1. 申请材料存在可以当场更正的错误的，应当允许申请人当场更正。

2. 申请材料不齐全或者不符合法定形式的，应当当场或者在5日内一次告知申请人需要补正的全部内容，逾期不告知的，自收到申请材料之日起即为受理。

3. 行政机关受理或者不予受理行政许可申请，应当出具加盖本行政机关专用印章和注明日期的书面凭证。

[法条链接]《行政许可法》第32条。

三、审查

审查属于实质审查，区别于受理的形式审查。

1. 根据法定条件和程序，需要对申请材料的实质内容进行核实的，行政机关应当指派2名以上工作人员进行核查。

2. 依法应当先经下级行政机关审查后报上级行政机关决定的行政许可

（1）下级行政机关应当在法定期限内将初步审查意见和全部申请材料直接报送上级行政机关。上级行政机关不得要求申请人重复提供申请材料。

（2）下级行政机关应当自其受理行政许可申请之日起20日内审查完毕。但是，法律、法规另有规定的除外。

3. 行政许可事项直接关系他人重大利益的，行政机关应当告知该利害关系人，并听取其意见。

[法条链接]《行政许可法》第34条第3款，第35、36、43条。

四、听证

听证是审查中的特殊程序。行政许可的听证程序与行政处罚的听证程序的基本规则是相同的，但存在两点不同：

1. 听证程序的启动不同。

（1）行政处罚的听证程序是依申请启动。

（2）行政许可的听证程序有两种启动方式：①行政机关根据申请人或利害关系人的申请组织听证；②行政机关依职权主动举行听证。

注意：行政机关依职权主动举行听证的两种情形：①法律、法规、规章规定实施行政许可应听证的事项；②行政机关认为需要听证的其他涉及公共利益的重大行政许可事项。

2. 依申请组织听证时，行政机关组织听证的时间不同。

（1）《行政处罚法》没有规定行政机关收到申请后组织听证的时间；

（2）行政许可机关组织听证的时间是收到申请后20日内。

[法条链接]《行政许可法》第46条、第47条第1款。

迷你案例

案情：刘某向卫健委申请在小区设立个体诊所，卫健委受理申请。小区居民陈某等人提出，诊所产生的医疗废物会造成环境污染，要求卫健委不予批准。陈某等人提出听证申请，卫健委同意并组织听证。

问题：卫健委组织听证的费用是否由陈某等人承担？

答案：否。陈某等人是卫健委实施行政许可的利害关系人，根据《行政许可法》第47条第2款的规定，利害关系人不承担行政机关组织听证的费用。

五、决定

1. 决定的形式

准予行政许可和不予行政许可的决定都应当采取书面形式。行政机关依法作出不予行政许可决定的，应当说明理由。行政机关作出的准予行政许可决定，应当予以公开，公众有权查阅。

2. 决定期限

能够当场作出行政许可决定的，行政机关应当当场作出书面的行政许可决定。

（1）行政机关办理行政许可，不能当场作出行政许可决定的，应当自受理行政许可申请之日起20日内作出行政许可决定；20日内不能作出决定的，经本行政机关负责人批准，可以延长10日，并应当将延长期限的理由告知申请人。但是，法律、法规另有规定的除外。

（2）行政许可采取统一办理或者联合办理、集中办理的，办理的时间不得超过45日；45日内不能办结的，经本级人民政府负责人批准，可以延长15日，并应当将延长期限的理由告知申请人。

一招制敌 行政许可决定的审查期限是20日，法律、法规另有规定的除外。这一规定有三层含义：①法律、法规没有规定的，都适用20日的审查期限；②法律、法规另有规定的，不管是超过20日还是少于20日，都适用法律、法规的规定；③法律、法规以外的规范性文件另有规定的，还是适用20日的审查期限。

[法条链接]《行政许可法》第34条第2款，第38、40、42条。

迷你案例

案情：根据2001年《律师法》第11条（现为第6条第3款）的规定，申请领取律师执业证书的，司法行政部门应当自收到申请之日起30日内作出是否颁发的决定。根据《行政许可法》第42条第1款的规定，除可以当场作出行政许可决定的外，行政机关应当自受理行政许可申请之日起20日内作出行政许可决定。但是，法律、法规另有规定的，依照其规定。2004年7月初，张某向省司法厅申请领取律师执业证书。

问题：省司法厅应当在多长时间内作出是否颁发的决定？

答案：30日内。根据《行政许可法》第42条第1款的规定，省司法厅应当适用《律师法》的规定，在30日内作出是否颁发的决定。

六、延续

1. 被许可人需要延续依法取得的行政许可的有效期的，应当在该行政许可有效期届满30日前向作出行政许可决定的行政机关提出申请；法律、法规、规章另有规定的除外。

2. 行政机关应当根据被许可人的申请，在该行政许可有效期届满前作出是否准予延续的决定；逾期未作决定的，视为准予延续。

[法条链接]《行政许可法》第50条。

迷你案例

案情：孙某与某村委会达成在该村采砂的协议，期限为5年。随后，孙某向甲市乙县国土资源局（现为"规划和自然资源局"）申请采矿许可，该局向孙某发放采矿许可证，载明采矿的有效期为2年，至2015年10月20日止。

2015年10月15日，乙县国土资源局通知孙某，根据甲市国土资源局日前发布的《严禁在自然保护区采砂的规定》，采矿许可证到期后不再延续，被许可人应立即停止采砂行为，撤回采砂设施和设备。

孙某以与该村委会协议未到期、投资未收回为由继续开采，并于2015年10月28日向乙县国土资源局申请延续采矿许可证的有效期。该局通知其许可证已失效，无法续期。

问题：孙某向乙县国土资源局申请延续采矿许可证的有效期有何要求？

答案：根据《行政许可法》第50条第1款的规定，孙某应在采矿许可有效期届满（即2015年10月20日）30日前向乙县国土资源局提出延续申请。

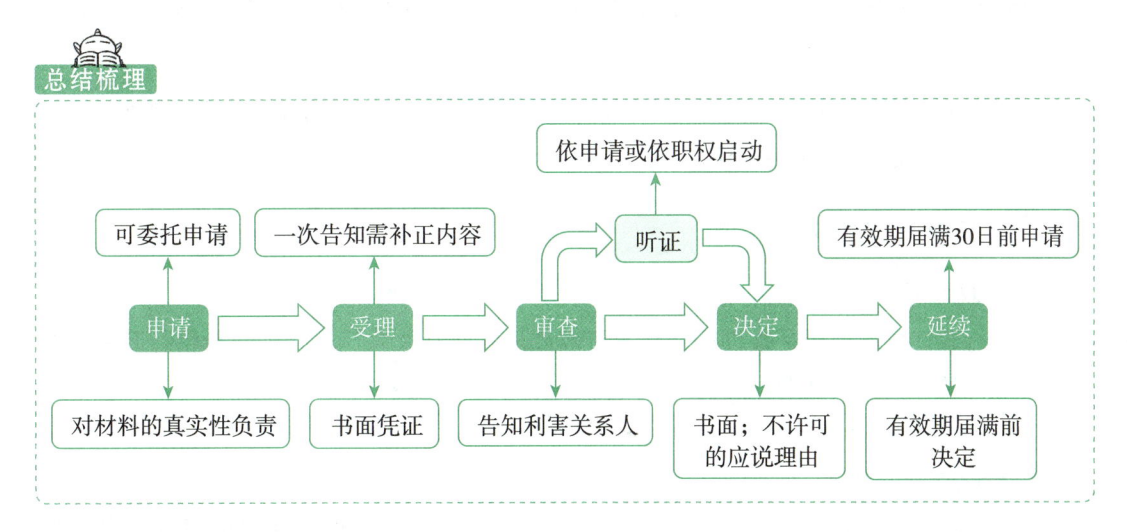

总结梳理

```
                                    依申请或依职权启动
                                           ↑
可委托申请    一次告知需补正内容         听证          有效期届满30日前申请
    ↓              ↓                    ↑↓                    ↓
  申请  →        受理   →              审查   →            决定   →   延续
    ↓              ↓                    ↓                    ↓           ↓
对材料的真实性负责  书面凭证         告知利害关系人      书面；不许可      有效期届满前
                                                      的应说理由         决定
```

12 行政许可的费用和监督管理

一、行政许可的费用

行政许可的费用方面有两个基本制度，即<u>禁止收费原则</u>和<u>法定例外收费</u>。

原则上不得收费	法定例外收费
行政机关实施行政许可和对行政许可事项进行监督检查，不得收取任何费用。	行政机关实施行政许可收取费用的，必须以法律和行政法规的规定为依据，并且应当遵守以下要求：①按照公布的法定项目和标准收费；②所收取的费用必须全部上缴国库；③财政部门不得以任何形式向行政机关返还或者变相返还实施行政许可所收取的费用。

❗ 注意：行政机关提供行政许可申请书格式文本不得收费，没有例外。

[法条链接]《行政许可法》第58条第1、2款，第59条。

迷你案例

案情：天龙房地产开发有限公司拟兴建天龙金湾小区项目，遂向市规划和自然资源局申请办理建设工程规划许可证，并提交了相关材料。

问1：如果天龙公司的申请材料不齐全，则市规划和自然资源局应如何处理？

答案：根据《行政许可法》第32条第1款第4项的规定，天龙公司的申请材料不齐全的，市规划和自然资源局应当当场或者在5日内一次告知天龙公司需要补正的全部内容。

问2：市规划和自然资源局为天龙公司提供申请书格式文本能否收取工本费？

答案：不能。根据《行政许可法》第58条第2款的规定，市规划和自然资源局为天龙公司提供申请书格式文本，不得收费。

二、行政许可的监督管理

1. 行政许可的吊销

吊销行政许可的前提是被许可人从事行政许可事项有<u>重大违法行为</u>。吊销行政许可是对被许可人的一种行政处罚。

[例] 1年内2次酒后驾车的，一律吊销驾照。

2. 行政许可的撤销

行政许可的撤销是行政许可决定机关或其上级机关，根据利害关系人的请求或依据职权使违法取得的行政许可丧失效力的处理。违法取得的行政许可有两种情况：

（1）可撤销的行政许可

❶行政机关工作人员滥用职权、玩忽职守作出的准予行政许可决定；

❷超越法定职权作出的准予行政许可决定；

❸违反法定程序作出的准予行政许可决定；

❹对不具备申请资格或者不符合法定条件的申请人作出的准予行政许可决定。

（2）应撤销的行政许可：被许可人以欺骗、贿赂等不正当手段取得的行政许可。

注意：符合可撤销、应撤销的条件，但撤销行政许可可能对公共利益造成重大损害的，不予撤销。

一招制敌 可撤销的行政许可被撤销，导致被许可人的合法权益受到损害的，行政机关应予赔偿；应撤销的行政许可被撤销的，被许可人基于行政许可取得的利益不受保护。

3. 行政许可的撤回

撤回行政许可的前提是行政许可合法。行政许可的撤回有两个条件：

（1）行政许可所依据的法律、法规、规章修改或者废止，或者准予行政许可所依据的客观情况发生重大变化的；

（2）为了公共利益的需要。

一招制敌 行政许可的撤回给公民、法人或者其他组织造成财产损失的，行政机关应予补偿。

4. 行政许可的注销

注销是对不能继续实施的行政许可进行的程序处理，不涉及被许可人的实体权利。

[例] 律师发生交通事故成为植物人，其律师执业许可应当予以注销。

注销涉及六种情形：①行政许可有效期届满未延续的；②赋予公民特定资格的行政许可，该公民死亡或者丧失行为能力的；③法人或者其他组织依法终止的；④行政许可依法被撤销、撤回，或者行政许可证件依法被吊销的；⑤因不可抗力导致行政许可事项无法实施的；⑥法律、法规规定的应当注销行政许可的其他情形。

[法条链接]《行政许可法》第8条第2款，第69、70条。

迷你案例

案情：某市应急管理局在向甲公司发放《烟花爆竹生产企业安全生产许可证》后，发现甲公司所提交的申请材料系伪造。

问题：对于该许可证应当如何处理？

答案：甲公司的《烟花爆竹生产企业安全生产许可证》是通过伪造申请材料取得的，即以欺骗的不正当手段取得的，根据《行政许可法》第69条第2款的规定，应予撤销。根据《行政许可法》第70条第4项的规定，甲公司的《烟花爆竹生产企业安全生产许可证》被撤销的，该市应急管理局应当依法办理该许可证的注销手续。

总结梳理

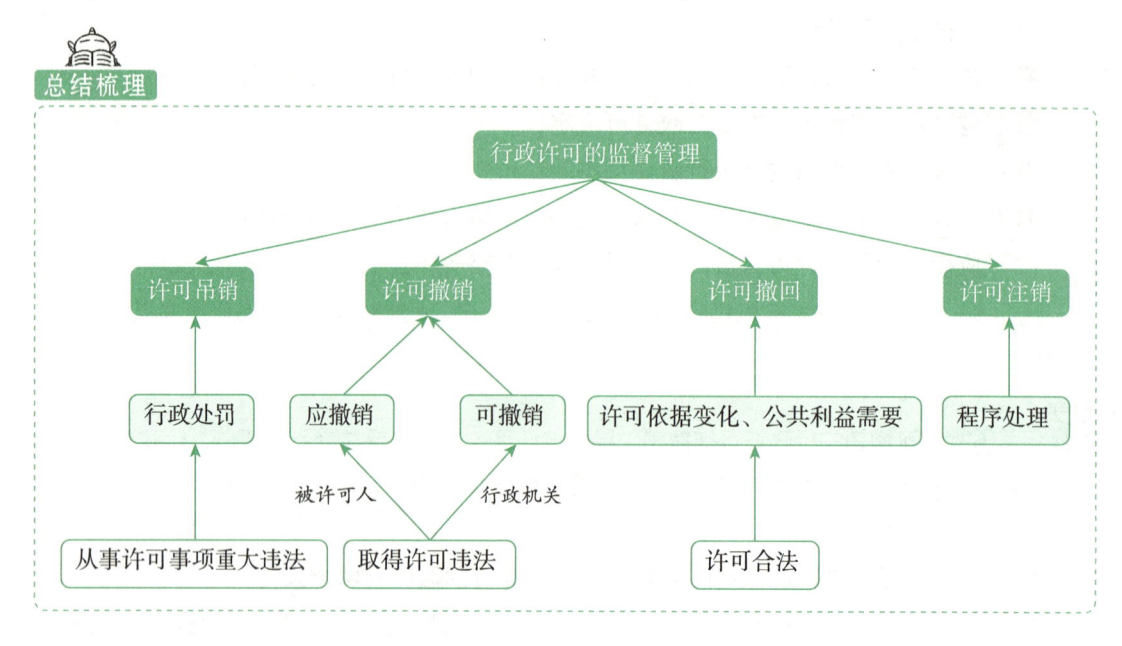

```
                          行政许可的监督管理
            ┌──────────┬──────────┬──────────┐
         许可吊销     许可撤销    许可撤回    许可注销
            ↑        ↗     ↖        ↑          ↑
         行政处罚  应撤销  可撤销  许可依据变化、  程序处理
                                  公共利益需要
                  被许可人  行政机关
                    ↑        ↑              ↑
            从事许可事项   取得许可违法    许可合法
              重大违法
```

第三讲

小综案例

案情

光大公司拟兴建生活垃圾焚烧发电 BOT 项目。2014 年，光大公司向省生态环境厅报送《环境影响报告书》《技术评估意见》《预审意见》等材料，申请环境评价行政许可。省生态环境厅受理后，先后发布受理情况及拟审批公告，并经审查作出同意项目建设的《批复》。德科公司作为案涉项目附近经营范围为化妆品添加剂制造的已处于停产状态的企业，不服该批复，向生态环境部申请行政复议。

问题

1. 省生态环境厅在作出同意项目建设的《批复》前是否应当告知德科公司并听取其意见？为什么？
2. 若省生态环境厅作出同意项目建设的《批复》后发现光大公司报送的《环境影响报告书》《技术评估意见》《预审意见》等材料系伪造，则应当如何处理？
3. 若光大公司向省生态环境厅报送的《环境影响报告书》《技术评估意见》《预审意见》等材料不齐全，则省生态环境厅应当如何处理？

答案

1. 省生态环境厅无需告知德科公司并听取其意见。根据《行政许可法》第36条的规定，行政许可事项直接关系他人重大利益的，行政机关应当告知该利害关系人并听取其意见。但本案中，德科公司处于停产状态，与案涉环境评价行政许可不存在重大利益关系。
2. 根据《行政许可法》第69条第2款、第70条第4项和第79条的规定，省生态环境厅应当对光大公司予以行政处罚，撤销《批复》并注销该环境评价行政许可，光大公司在3年内不得再次申请该环境评价行政许可。
3. 根据《行政许可法》第32条第1款第4项的规定，光大公司向省生态环境厅报送的《环境影响报告书》《技术评估意见》《预审意见》等材料不齐全的，省生态环境厅应当当场或者在5日内一次告知光大公司需要补正的全部内容。

第4讲 LECTURE 04

行政强制

应试指导

本讲在案例分析题中考查的重点是行政强制的设定权限、行政强制措施和行政强制执行的实施主体和实施程序，难点是分析行政强制措施和行政强制执行实施的合法性。

13 行政强制的设定

一、行政强制措施的设定

1. 法律的设定权

法律可以设定所有的行政强制措施。

2. 行政法规的设定权

尚未制定法律，且属于国务院行政管理职权事项的，行政法规可以设定除限制公民人身自由，冻结存款、汇款和应由法律设定的行政强制措施以外的其他行政强制措施。

3. 地方性法规的设定权

尚未制定法律、行政法规，且属于地方性事务的，地方性法规可以设定两类行政强制措施：①查封场所、设施或者财物；②扣押财物。

4. 法律、法规以外的规章、其他规范性文件不得设定行政强制措施。

一招制敌

（1）限制公民人身自由的行政强制措施和冻结存款、汇款的行政强制措施只能由法律设定；

（2）地方性法规只能设定查封和扣押的行政强制措施。

[法条链接]《行政强制法》第10条。

二、行政强制执行的设定

行政强制执行由法律设定。

一招制敌 行政强制执行只能由法律设定，行政法规、地方性法规、规章、其他规范性文件都不得设定行政强制执行。

[法条链接]《行政强制法》第13条第1款。

一招制敌

（1）行政处罚的设定主体：①法律；②行政法规；③地方性法规；④国务院部门规章和地方政府规章。

（2）行政许可的设定主体：①法律；②行政法规；③地方性法规；④省、自治区、直辖市政府规章。

（3）行政强制措施的设定主体：①法律；②行政法规；③地方性法规。

（4）行政强制执行的设定主体：法律。

总结梳理

行政强制措施的种类		可以设定该行政强制措施的规范性法律文件
限制公民人身自由		法　　律
冻结存款、汇款		
其他强制措施	法律规定的	
	法律规定以外的	行政法规（尚未制定法律，且属于国务院行政管理职权事项）
查封场所、设施或者财物		地方性法规（尚未制定法律、行政法规，且属于地方性事务）
扣押财物		

14 行政强制措施的实施

一、实施主体

1. 行政机关

行政强制措施由法律、法规规定的行政机关在法定职权范围内实施。

2. 被授权组织

法律、行政法规授权的具有管理公共事务职能的组织在法定授权范围内，以自己的名义实施行政强制措施。

3. 行政强制措施不得委托实施。

迷你案例

问题：针对农村集贸市场的伪劣商品，县市场监督管理局能否委托乡政府实施扣押？

答案：不能。因为扣押是行政强制措施，行政强制措施不得委托实施，故县市场监督管理局不能委托乡政府实施扣押。

一招制敌 行政强制措施、行政处罚和行政许可的授权与委托实施主体的比较：

（1）行政处罚和行政许可的授权实施主体都是法律、法规授权的具有管理公共事务职能的组织，行政强制措施的授权实施主体是法律、行政法规授权的具有管理公共事务职能的组织。注意授权依据不同。

（2）行政处罚可以委托具有管理公共事务职能的组织实施，行政许可可以委托其他行政机关实施，行政强制措施不得委托实施。

[法条链接]《行政强制法》第17条第1款、第70条。

二、一般程序

实施行政强制措施的一般程序，是指行政机关实施各类行政强制措施均应遵守的程序。

报告、批准	一般情况：实施前须向行政机关负责人报告并经批准。 情况紧急：需要当场实施行政强制措施的，执法人员应当在实施后24小时内向行政机关负责人报告，并补办批准手续。
执法人员	2名以上具备资格的行政执法人员，出示执法身份证件。
当事人	（1）通知当事人到场； （2）当场告知当事人采取行政强制措施的理由、依据以及当事人依法享有的权利、救济

当事人	途径； （3）听取当事人的陈述和申辩。
现场笔录	当事人到场的：由当事人和行政执法人员签名或盖章，当事人拒绝的，在笔录中予以注明。
	当事人不到场的：邀请见证人到场，由见证人和行政执法人员在现场笔录上签名或盖章。

[法条链接]《行政强制法》第17条第3款，第18、19条。

迷你案例

案情：某区公安分局执法人员以未经许可运输烟花爆竹为由，扣押孙某杂货店的烟花爆竹100件。

问1：该区公安分局执法人员能否直接采取扣押措施？

答案：不能。根据《行政强制法》第18条第1项的规定，该区公安分局执法人员在实施扣押行为前，应当向公安分局负责人报告并经批准。

问2：扣押时是否必须制作现场笔录？

答案：是。根据《行政强制法》第18条第7项的规定，该区公安分局执法人员在扣押时应当制作现场笔录。

问3：对实施扣押行为的执法人员有何要求？

答案：根据《行政强制法》第17条第3款和第18条第2项的规定，扣押应当由该区公安分局2名以上具备资格的行政执法人员实施。

三、查封、扣押的特别程序

在遵循一般程序要求的基础上，查封、扣押还应当遵循特别程序的要求。

1. 对象

查封、扣押的对象限于涉案的场所、设施或者财物，且有三个不得：

（1）不得查封、扣押与违法行为无关的场所、设施或者财物；

（2）不得查封、扣押公民个人及其所扶养家属的生活必需品；

（3）当事人的场所、设施或者财物已被其他国家机关依法查封的，不得重复查封。

2. 形式

行政机关决定实施查封、扣押的，要有两个文书：查封、扣押决定书和查封、扣押清单，具体要求是：

（1）应当制作并当场交付查封、扣押决定书和清单。

（2）查封、扣押决定书应当载明的事项：①当事人的姓名或者名称、地址；②查封、扣押的理由、依据和期限；③查封、扣押场所、设施或者财物的名称、数量等；④申请行政复议或者提起行政诉讼的途径和期限；⑤行政机关的名称、印章和日期。

（3）查封、扣押清单一式二份，由当事人和行政机关分别保存。

3. 期限

查封、扣押的期限是对行政机关的一种约束，具体要求是：

（1）查封、扣押的期限不得超过30日。法律、行政法规另有规定的除外。

（2）情况复杂的，经行政机关负责人批准，可以延长，但是延长期限不得超过30日。法律、行政法规另有规定的除外。延长查封、扣押的决定应当及时书面告知当事人，并说明理由。

4. 费用

查封、扣押还涉及两项费用：①查封、扣押期间的保管费用；②查封、扣押之后对被查封、扣押的物品进行检测、检验、检疫或者技术鉴定的费用。这两项费用由行政机关承担。

[法条链接]《行政强制法》第23~25条、第26条第3款。

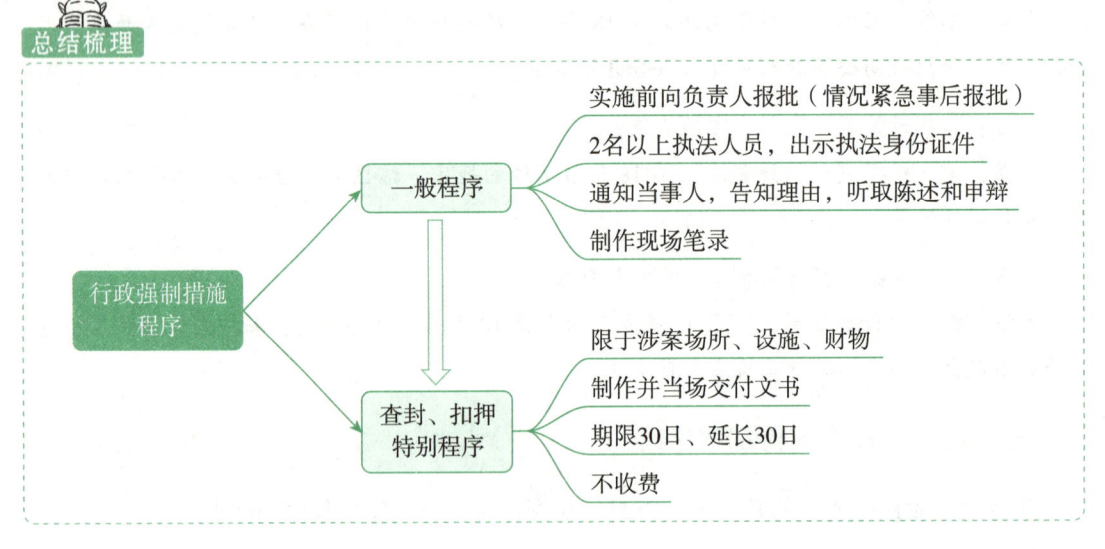

总结梳理

行政强制措施程序
- 一般程序
  - 实施前向负责人报批（情况紧急事后报批）
  - 2名以上执法人员，出示执法身份证件
  - 通知当事人，告知理由，听取陈述和申辩
  - 制作现场笔录
- 查封、扣押特别程序
  - 限于涉案场所、设施、财物
  - 制作并当场交付文书
  - 期限30日、延长30日
  - 不收费

15 行政机关自行强制执行

行政机关强制执行，包括行政机关自行强制执行和行政机关申请法院强制执行。法律没有规定由行政机关自行强制执行的，作出行政决定的行政机关应当申请法院强制执行。

一、执行权限

行政机关自行强制执行权的取得需要由全国人大及其常委会制定的法律授权。

《行政强制法》在规定法律可以授权行政机关自行强制执行时，也给予了行政机关可以自行强制执行的三项授权：

1. 对违法建筑物、构筑物、设施等进行强制拆除，其适用条件是：
（1）在程序上，行政机关应予以公告，限期当事人自行拆除；
（2）当事人在法定期限内不申请行政复议或者提起行政诉讼，又不拆除。

2. 对罚款的直接强制执行，其适用条件是：
（1）行政机关依法作出要求当事人履行金钱给付义务的行政决定；
（2）当事人逾期不履行，且在法定期限内不申请行政复议或者提起行政诉讼，经催告仍不履行；
（3）在实施行政管理过程中已经采取查封、扣押措施的行政机关，可以将查封、扣押的财物依法拍卖抵缴罚款。

3. 实施代履行，其适用条件是：
（1）行政机关依法作出要求当事人履行排除妨碍、恢复原状等义务的行政决定；
（2）当事人逾期不履行，经催告仍不履行，其后果已经或者将危害交通安全、造成环境污染或者破坏自然资源；
（3）行政机关可以代履行，或者委托没有利害关系的第三人代履行。

[法条链接]《行政强制法》第44条、第46条第3款、第50条。

迷你案例

案情：某市市场监管局发现一公司生产劣质产品，遂查封了该公司的生产厂房和设备，之后决定没收其全部劣质产品，并对其处以罚款10万元。该公司逾期不缴纳罚款。

问题：该市市场监管局能否通知该公司的开户银行划拨其存款？

答案：不能。法律并未赋予该市市场监管局划拨存款的行政强制执行权，根据《行政强制法》第47条第1款的规定，该市市场监管局无权采取通知该公司的开户银行划拨其存款的直接强制执行。

二、一般程序

1. 督促催告
（1）行政机关作出强制执行决定前，应当事先催告当事人履行义务。
（2）催告应当以书面形式作出，并载明下列事项：①履行义务的期限；②履行义务的方式；③涉及金钱给付的，应当有明确的金额和给付方式；④当事人依法享有的陈述权和申辩权。

2. 陈述与申辩
（1）当事人收到催告书后有权进行陈述和申辩；
（2）行政机关应当充分听取当事人的意见，对当事人提出的事实、理由和证据，应当进行记录、复核；

（3）当事人提出的事实、理由或者证据成立的，行政机关应当采纳。

3. 作出强制执行决定和送达

（1）经催告，当事人逾期仍不履行行政决定，且无正当理由的，行政机关可以作出强制执行决定。

（2）强制执行决定应当以书面形式作出，并载明下列事项：①当事人的姓名或者名称、地址；②强制执行的理由和依据；③强制执行的方式和时间；④申请行政复议或者提起行政诉讼的途径和期限；⑤行政机关的名称、印章和日期。

（3）催告书、行政强制执行决定书应当直接送达当事人。当事人拒绝接收或者无法直接送达当事人的，应当依照《民事诉讼法》的有关规定送达。

4. 采取强制执行措施

文书经送达后，行政机关根据执行内容、标的的不同，分别采取不同的强制执行方式，并遵循不同的程序规定。

注意：行政机关实施强制执行的限制：

（1）行政机关不得在夜间或者法定节假日实施行政强制执行。但是，情况紧急的除外。

（2）行政机关不得对居民生活采取停止供水、供电、供热、供燃气等方式迫使当事人履行相关行政决定。

[法条链接]《行政强制法》第35～38、43条。

迷你案例

案情：林某在河道内修建了"农家乐"休闲旅社。在紧急防汛期，防汛指挥机构认为需要立即清除该建筑物，林某无法清除。

问题：防汛指挥机构能否在法定节假日强制清除该建筑物？

答案：可以。紧急防汛期属于紧急情况，根据《行政强制法》第43条第1款的规定，防汛指挥机构可以在法定节假日强制清除该建筑物。

三、特别程序

针对具体强制执行，行政机关在遵循一般程序要求的基础上还应遵循特别程序要求。

（一）金钱给付义务的强制执行

1. 间接强制执行

（1）加处罚款或者滞纳金的标准应当告知当事人；

（2）加处罚款或者滞纳金的数额不得超出金钱给付义务的数额。

2. 直接强制执行

（1）行政机关实施加处罚款或者滞纳金超过30日，经催告当事人仍不履行的，具有行政强制执行权的行政机关可以强制执行，没有行政强制执行权的行政机关应当申请法院强制执行。

（2）划拨存款、汇款应当由法律规定的行政机关决定，并书面通知金融机构。金融机构接到行政机关依法作出划拨存款、汇款的决定后，应当立即划拨。

（3）依法拍卖财物，由有权的行政机关委托拍卖机构依照《拍卖法》的规定办理。

一招制敌 金钱给付义务的间接强制执行优先于直接强制执行，只有在加处滞纳金或执行罚仍难以实现金钱给付义务时，才能采取划拨和拍卖措施。

[法条链接]《行政强制法》第45条，第46条第1、3款，第47条第1款，第48条。

（二）代履行

1. 代履行的一般程序

（1）代履行前送达决定书。代履行决定书应当载明当事人的姓名或者名称、地址，代履行的理由和依据、方式和时间、标的、费用预算以及代履行人。

（2）催告履行。代履行3日前，催告当事人履行，当事人履行的，停止代履行。

（3）代履行时，作出决定的行政机关应当派员到场监督。

（4）代履行完毕，行政机关到场监督的工作人员、代履行人和当事人或者见证人应当在执行文书上签名或者盖章。

2. 立即代履行程序

（1）需要立即清除道路、河道、航道或者公共场所的遗洒物、障碍物或者污染物，当事人不能清除的，行政机关可以决定立即实施代履行；

（2）当事人不在场的，行政机关应当在事后立即通知当事人，并依法作出处理。

一招制敌 一般代履行应事前送达代履行决定书并催告，但立即代履行可事后通知当事人。

[法条链接]《行政强制法》第51条第1款、第52条。

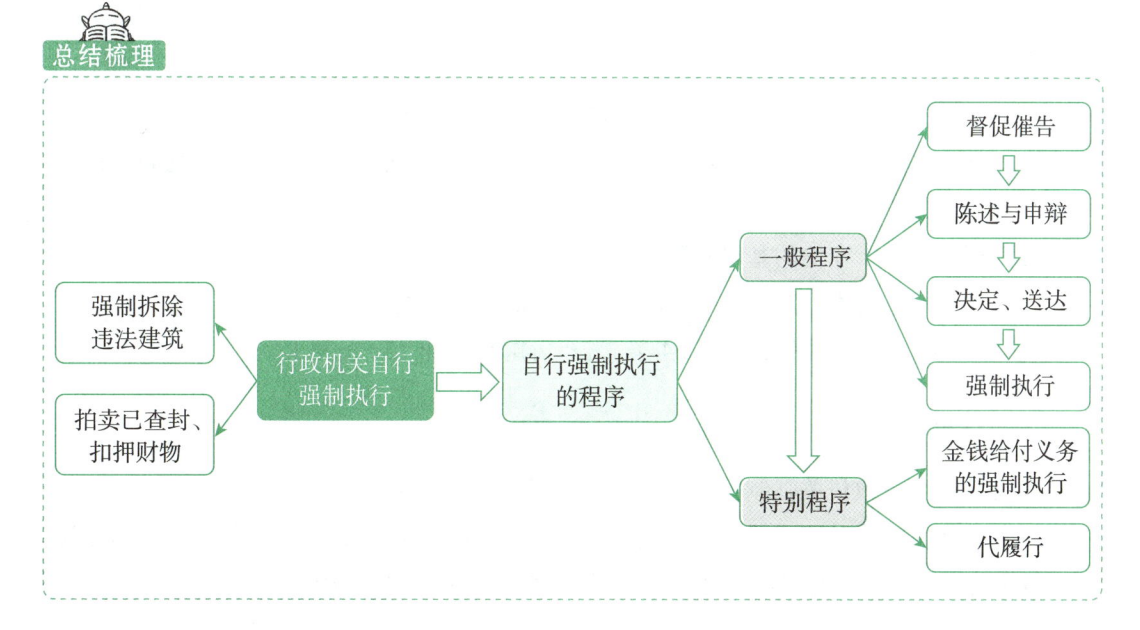

总结梳理

```
                                              ┌─→ 督促催告
                                              │    ↓
                                    ┌─→ 一般程序 ─→ 陈述与申辩
                                    │         │    ↓
强制拆除                              │         └─→ 决定、送达
违法建筑 ←─┐                          │              ↓
          行政机关自行 → 自行强制执行    │         └─→ 强制执行
拍卖已查封、 强制执行     的程序         │
扣押财物 ←─┘                          │         ┌─→ 金钱给付义务
                                    └─→ 特别程序 ─┤   的强制执行
                                              └─→ 代履行
```

16 行政机关申请法院强制执行

行政机关申请法院强制执行是非诉行政案件执行，不同于行政诉讼裁判案件执行，前者简称"非诉执行"，后者简称"诉讼执行"。

一、适用条件

1. 行政机关无强制执行权。法律明确授予行政机关自行强制执行权的，作出行政决定的行政机关不能申请法院强制执行。
2. 当事人不申请行政复议、不提起行政诉讼、不履行行政决定。
3. 申请期限为被执行人的法定起诉期限届满之日起 3 个月内。

注意： 行政协议强制执行的特别要求：

(1) 公民、法人或者其他组织未按照行政协议约定履行义务，经催告后不履行，行政机关可以作出要求其履行协议的书面决定；

(2) 公民、法人或者其他组织收到书面决定后在法定期限内未申请行政复议或者提起行政诉讼，且仍不履行，协议内容具有可执行性的，行政机关可以向法院申请强制执行。

[法条链接]《行政强制法》第 53 条；《最高人民法院关于适用〈中华人民共和国行政诉讼法〉的解释》(以下简称《行诉解释》) 第 156 条；《行政协议案件规定》第 24 条第 1 款。

二、行政机关提出申请

1. 催告

(1) 行政机关申请法院强制执行前，应当催告当事人履行义务；

(2) 催告书送达 10 日后当事人仍未履行义务的，行政机关可以申请法院强制执行。

2. 管辖法院

(1) 行政机关所在地的基层法院；

(2) 执行对象是不动产的，为不动产所在地的基层法院。

[法条链接]《行政强制法》第 54 条；《行诉解释》第 157 条第 1 款。

三、法院的受理

1. 法院接到行政机关强制执行的申请，应当在 5 日内受理。
2. 行政机关对法院不予受理的裁定有异议的，可以在 15 日内向上一级法院申请复议，上一级法院应当自收到复议申请之日起 15 日内作出是否受理的裁定。

[法条链接]《行政强制法》第 56 条。

四、法院的审查、裁定

1. 一般情况
（1）书面审查，即通过审阅书面材料的方式进行审查；
（2）审查期限为 7 日，即法院应当自受理之日起 7 日内作出执行裁定。

2. 特殊情况
法院发现行政决定的实施主体不具有行政主体资格，明显缺乏事实根据，明显缺乏法律、法规依据以及有其他明显违法并损害被执行人合法权益的：
（1）在作出裁定前可以听取被执行人和行政机关的意见；
（2）审查期限为 30 日，即法院应当自受理之日起 30 日内作出是否执行的裁定。
[法条链接]《行政强制法》第 57 条，第 58 条第 1、2 款。

五、执行费用

1. 行政机关申请法院强制执行，不缴纳申请费。
2. 强制执行的费用由被执行人承担。
[法条链接]《行政强制法》第 60 条第 1 款。

迷你案例

案情：某建筑公司雇工修建某镇农贸市场，但长期拖欠工资。县人社局作出《处理决定书》，要求该建筑公司支付工资，并加付应付工资 50% 的赔偿金。该建筑公司在法定期限内既未履行处理决定，也未申请行政复议或提起诉讼。县人社局申请法院强制执行。

问 1：县人社局申请法院强制执行的期限如何确定？
答案：根据《行诉解释》第 156 条的规定，县人社局申请法院强制执行其《处理决定书》，应当自该建筑公司的法定起诉期限届满之日起 3 个月内提出。

问 2：县人社局应当向哪个法院申请强制执行？
答案：根据《行诉解释》第 157 条第 1 款的规定，县人社局申请强制执行其《处理决定书》，应当向县人社局所在地的基层法院申请。

问 3：若法院受理申请，则审查期限如何确定？
答案：根据《行诉解释》第 160 条第 1 款的规定，法院受理申请后，应当在 7 日内对《处理决定书》的合法性进行审查，并作出是否准予执行的裁定。

问 4：若法院作出予以执行的裁定，则强制执行的费用由谁承担？
答案：根据《行政强制法》第 60 条第 1 款的规定，法院作出予以执行的裁定的，强制执行的费用由该建筑公司承担。

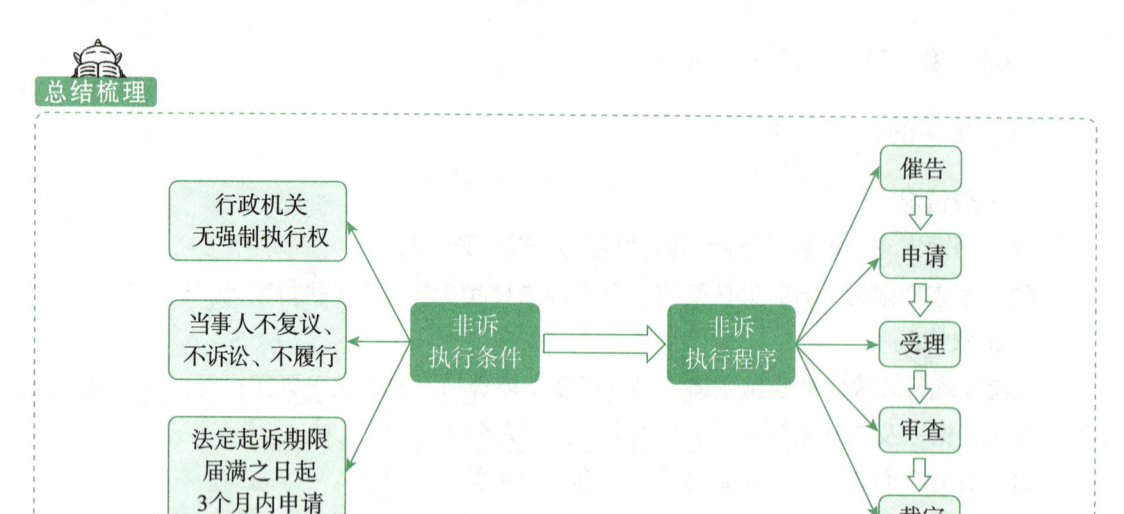

总结梳理

```
行政机关
无强制执行权  ┐
              │
当事人不复议、 ├→ 非诉执行条件 → 非诉执行程序 →┬→ 催告
不诉讼、不履行 │                                 ├→ 申请
              │                                 ├→ 受理
法定起诉期限   │                                 ├→ 审查
届满之日起     ┘                                 └→ 裁定
3个月内申请
```

第四讲 小综案例

案情

某市市场监管局执法人员发现一食品厂生产未达到国家标准的食品，当场查封了该食品厂的生产厂房和设备，执法人员在返回市场监管局后，向市场监管局负责人报告并补办了批准手续。后市场监管局决定没收该食品厂全部未达到国家标准的食品，并对其处以罚款10万元。该食品厂既不申请行政复议或提起行政诉讼，经催告后也不缴纳罚款。

问题

1. 市场监管局执法人员查封生产厂房和设备的程序是否合法？为什么？
2. 市场监管局可以采取何种强制执行措施？

答案

1. 不合法。查封属于行政强制措施，应当遵循行政强制措施实施的程序规定。根据《行政强制法》第18条第1项和第19条的规定，实施行政强制措施前须向行政机关负责人报告并经批准，紧急情况下可以事后报批。但本案不存在紧急情况，因此，执法人员应当在查封生产厂房和设备前向市场监管局负责人报批。

2. 根据《行政处罚法》第72条第1款第1项的规定，对该食品厂到期不缴纳罚款的行为，市场监管局可以每日按罚款数额的3%加处罚款,加处罚款的数额不得超出罚款的数额。根据《行政强制法》第46条第3款的规定,市场监管局可以将查封的生产厂房和设备依法拍卖抵缴罚款。

> 几乎所有事情都是越做越简单,越想越困难,越拖着越容易放弃。
>
> 致奋进中的你

第5讲 LECTURE 05

政府信息公开

应试指导

本讲在案例分析题中考查的重点是政府信息公开的范围、主体、程序以及监督，核心考点是分析政府信息公开行为的合法性。

17 政府信息公开的范围和主体

政府信息公开，是指公民、组织对行政机关在行使行政职权的过程中掌握或控制的信息拥有知情权，除法律明确规定的不予公开事项外，行政机关应当向公众和当事人公开。

一、政府信息公开的范围

1. 政府信息公开的标准：以公开为常态、不公开为例外。
2. 行政机关公开政府信息，不得危及国家安全、公共安全、经济安全和社会稳定。
3. 行政机关不得公开涉及国家秘密的政府信息。
4. 行政机关不得公开涉及商业秘密、个人隐私的政府信息。

注意：涉及商业秘密、个人隐私的政府信息，权利人同意公开或者行政机关认为不公开会对公共利益造成重大影响的，可以予以公开。

5. 行政机关的内部事务信息，包括人事管理、后勤管理、内部工作流程等方面的信息，行政机关在履行行政管理职能过程中形成的讨论记录、过程稿、磋商信函、请示报告等过程性信息以及行政执法案卷信息，可以不予公开。

🔸**一招制敌** 除法定的不予公开事项外，其他政府信息均应公开。试题中不能明确判断是否属于不予公开事项时，推定予以公开。

[法条链接]《政府信息公开条例》第5、14~16条。

二、政府信息公开的主体

政府信息公开的主体是根据政府信息的来源来确定的。

1. 行政机关制作的政府信息，由制作该政府信息的行政机关负责公开。

🔸**注意**：2个以上行政机关共同制作的政府信息，由牵头制作的行政机关负责公开。

2. 行政机关获取的政府信息有两类公开主体：

（1）行政机关从公民、法人和其他组织获取的政府信息，由保存该政府信息的行政机关负责公开；

（2）行政机关获取的其他行政机关的政府信息，由制作或者最初获取该政府信息的行政机关负责公开。

[法条链接]《政府信息公开条例》第10条第1、3款。

🔸**迷你案例**

案情：区住房和城乡建设局向某公司发放房屋拆迁许可证。被拆迁人王某向区住房和城乡建设局提出申请，要求公开该公司办理房屋拆迁许可证时所提交的区规划和自然资源局颁发的建设用地规划许可证。

问题：区住房和城乡建设局是否是建设用地规划许可证的公开主体？

答案：不是。建设用地规划许可证不是区住房和城乡建设局制作的，根据《政府信息公开条例》第10条第1款的规定，区住房和城乡建设局不是建设用地规划许可证的公开主体。

🔸**总结梳理**

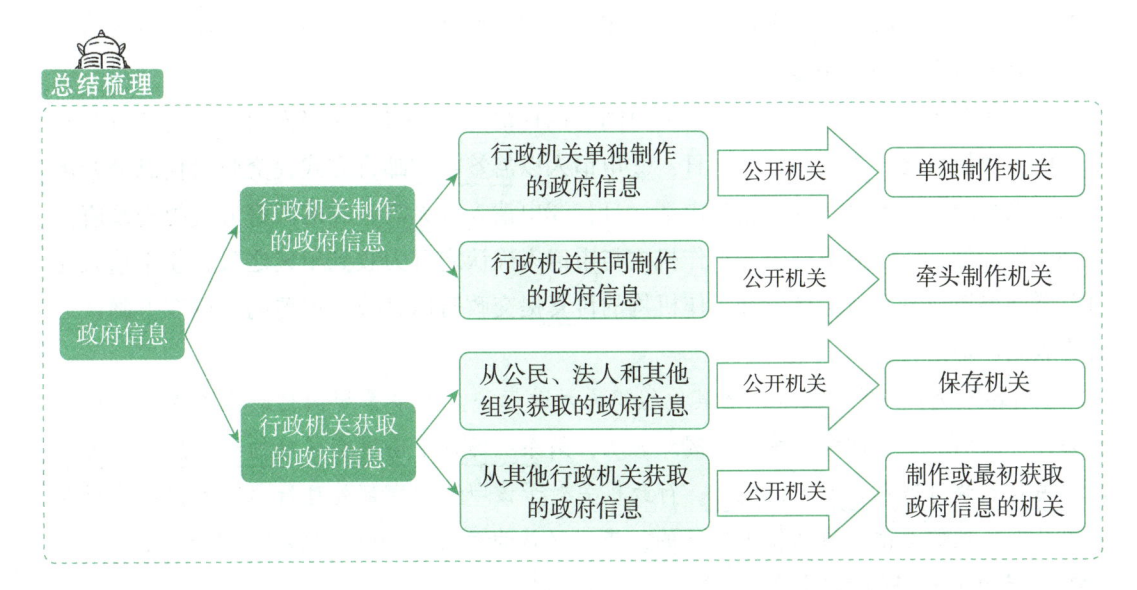

```
                    ┌─ 行政机关单独制作 ──公开机关──> 单独制作机关
         ┌─ 行政机关制作 ┤   的政府信息
         │   的政府信息  └─ 行政机关共同制作 ──公开机关──> 牵头制作机关
政府信息 ┤                   的政府信息
         │               ┌─ 从公民、法人和其他 ──公开机关──> 保存机关
         └─ 行政机关获取 ┤   组织获取的政府信息
             的政府信息  └─ 从其他行政机关获取 ──公开机关──> 制作或最初获取
                           的政府信息                      政府信息的机关
```

考点 17

18 政府信息公开的程序

政府信息公开的程序包括依职权公开（主动公开）程序和依申请公开（被动公开）程序。由于案例分析题考查依申请公开，因此需要重点掌握依申请公开的程序要求。

一、申请

1. 申请要求

（1）政府信息公开申请采用包括信件、数据电文在内的书面形式；采用书面形式确有困难的，申请人可以口头提出。

（2）政府信息公开申请应当包括：①申请人的姓名或者名称、身份证明、联系方式；②申请公开的政府信息的名称、文号或者便于行政机关查询的其他特征性描述；③申请公开的政府信息的形式要求，包括获取信息的方式、途径。

注意：2019年修订的《政府信息公开条例》明确要求，公民、法人或者其他组织申请获取政府信息的，应当提供身份证明。

一招制敌：申请公开政府信息，申请人不需要与所申请的政府信息具有利害关系，也无需说明申请公开政府信息的用途。

2. 一次性告知补正

政府信息公开申请内容不明确的，行政机关应当给予指导和释明，并自收到申请之日起7个工作日内一次性告知申请人作出补正，说明需要补正的事项和合理的补正期限。

3. 收到申请时间的确定

行政机关收到政府信息公开申请的时间有四种情况：①申请人当面提交政府信息公开申请的，以提交之日为收到申请之日；②申请人以需签收的邮寄方式提交政府信息公开申请的，以行政机关签收之日为收到申请之日；③申请人以无需签收的邮寄方式提交政府信息公开申请的，以政府信息公开工作机构与申请人确认之日为收到申请之日；④申请人通过互联网渠道或者政府信息公开工作机构的传真提交政府信息公开申请的，以双方确认之日为收到申请之日。

[指导案例] 公民、法人或者其他组织通过政府公众网络系统向行政机关提交政府信息公开申请的，如该网络系统未作例外说明，则系统确认申请提交成功的日期应当视为行政机关收到政府信息公开申请之日。行政机关对于该申请的内部处理流程，不能成为行政机关延期处理的理由，逾期作出答复的，应当确认为违法。（最高人民法院指导案例26号：李健雄诉广东省交通运输厅政府信息公开案）

[法条链接]《政府信息公开条例》第 29~31 条。

二、征求意见

依申请公开的政府信息公开会损害第三方合法权益的，行政机关应当书面征求第三方的意见。第三方应当自收到征求意见书之日起 15 个工作日内提出意见。第三方逾期未提出意见的，由行政机关依照《政府信息公开条例》的规定决定是否公开。第三方不同意公开且有合理理由的，行政机关不予公开。行政机关认为不公开可能对公共利益造成重大影响的，可以决定予以公开，并将决定公开的政府信息内容和理由书面告知第三方。

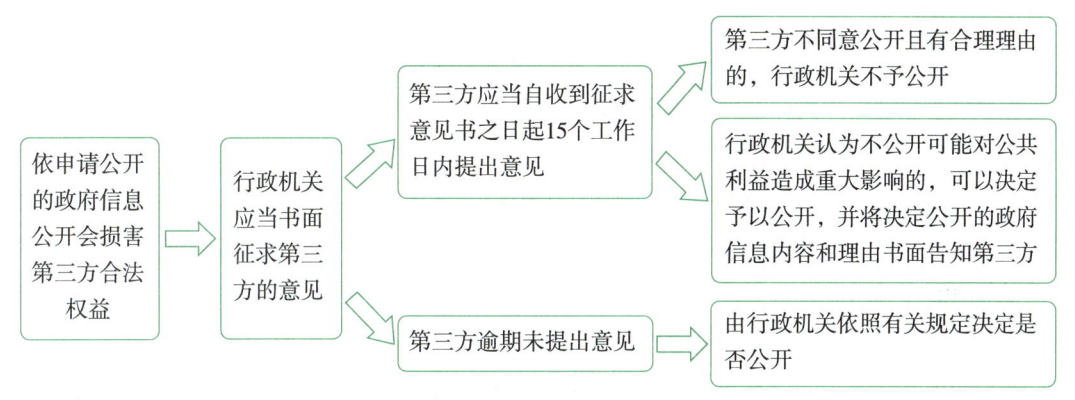

[法条链接]《政府信息公开条例》第 32 条。

三、答复

1. 答复种类

（1）所申请公开信息已经主动公开的，告知申请人获取该政府信息的方式、途径。

（2）所申请公开信息可以公开的，向申请人提供该政府信息，或者告知申请人获取该政府信息的方式、途径和时间。

（3）行政机关依法决定不予公开的，告知申请人不予公开并说明理由。

（4）经检索没有所申请公开信息的，告知申请人该政府信息不存在。

（5）所申请公开信息不属于本行政机关负责公开的，告知申请人并说明理由；能够确定负责公开该政府信息的行政机关的，告知申请人该行政机关的名称、联系方式。

（6）行政机关已就申请人提出的政府信息公开申请作出答复、申请人重复申请公开相同政府信息的，告知申请人不予重复处理。

（7）所申请公开信息属于工商、不动产登记资料等信息，有关法律、行政法规对信息的获取有特别规定的，告知申请人依照有关法律、行政法规的规定办理。

注意：申请公开的信息中含有不应当公开或者不属于政府信息的内容，但是能够作区分处理的，行政机关应当向申请人提供可以公开的政府信息内容，并对不予公开的内容说明理由。

2. 答复期限。行政机关收到政府信息公开申请，能够当场答复的，应当当场予以答复；不能当场答复的，应当自收到申请之日起 20 个工作日内予以答复。

❶ 注意：需要延长答复期限的，应当经政府信息公开工作机构负责人同意并告知申请人，延长的期限最长不得超过 20 个工作日。

3. 答复形式。行政机关依申请公开政府信息，应当根据申请人的要求及行政机关保存政府信息的实际情况，确定提供政府信息的具体形式。

❶ 注意：按照申请人要求的形式提供政府信息，可能危及政府信息载体安全或者公开成本过高的，可以通过电子数据以及其他适当形式提供，或者安排申请人查阅、抄录相关政府信息。

[法条链接]《政府信息公开条例》第 33 条第 1、2 款，第 36、37、40 条。

迷你案例

案情：某环保公益组织以一企业造成环境污染为由提起环境公益诉讼，后因诉讼需要，向县生态环境局申请公开该企业的环境影响评价报告、排污许可证信息。

问 1：对县生态环境局的答复期限有何要求？

答案：根据《政府信息公开条例》第 33 条第 1、2 款的规定，县生态环境局能够当场答复的，应当当场予以答复。县生态环境局不能当场答复的，应当自收到申请之日起 20 个工作日内予以答复；需要延长答复期限的，应当经政府信息公开工作机构负责人同意并告知该环保公益组织，延长的期限最长不得超过 20 个工作日。

问 2：若该环保公益组织申请公开的信息中含有不应当公开的内容，则县生态环境局应当如何处理？

答案：根据《政府信息公开条例》第 37 条的规定，若该环保公益组织申请公开的信息中含有不应当公开的内容，能够作区分处理的，县生态环境局应当向该环保公益组织提供可以公开的政府信息内容，并对不予公开的内容说明理由。

四、监督

1. 依职权主动监督

政府信息公开工作主管部门应当加强对政府信息公开工作的日常指导和监督检查，对行政机关未按照要求开展政府信息公开工作的，予以督促整改或者通报批评；需要对负有责任的领导人员和直接责任人员追究责任的，依法向有权机关提出处理建议。

2. 依申请被动监督

公民、法人或者其他组织认为行政机关未按照要求主动公开政府信息或者对政府信息公开申请不依法答复处理的，可以向政府信息公开工作主管部门提出。政府信息公开工作主管部门查证属实的，应当予以督促整改或者通报批评。

[法条链接]《政府信息公开条例》第 47 条。

五、特殊申请处理

1. 频繁申请（申请公开政府信息的数量、频次明显超过合理范围）的处理：①行政机关可以要求申请人说明理由；②行政机关认为申请理由不合理的，告知申请人不予处理；③行政机关认为申请理由合理，但是无法在规定的期限内答复申请人的，可以确定延迟答复的合理期限并告知申请人；④行政机关可以收取信息处理费。

一招制敌 行政机关依申请提供政府信息，不收取费用。但是，申请人申请公开政府信息的数量、频次明显超过合理范围的，行政机关可以收取信息处理费。

2. 申请更正政府信息

（1）申请：公民、法人或者其他组织有证据证明行政机关提供的与其自身相关的政府信息记录不准确的，可以要求行政机关更正。

（2）处理：有权更正的行政机关审核属实的，应当予以更正并告知申请人；不属于本行政机关职能范围的，行政机关可以转送有权更正的行政机关处理并告知申请人，或者告知申请人向有权更正的行政机关提出。

[法条链接]《政府信息公开条例》第35、41条，第42条第1款。

迷你案例

案情：田某认为区人社局记载的有关他的社会保障信息有误，要求更正。

问1：田某应当向区人社局提供哪些材料？

答案：根据《政府信息公开条例》第41条的规定，田某应当向区人社局提供能够证明该局记载的有关他的社会保障信息不准确的材料。

问2：区人社局应当如何处理？

答案：根据《政府信息公开条例》第41条的规定，区人社局审核属实的，应当予以更正并告知田某；不属于区人社局职能范围的，区人社局可以转送有权更正的行政机关处理并告知田某，或者告知田某向有权更正的行政机关提出。

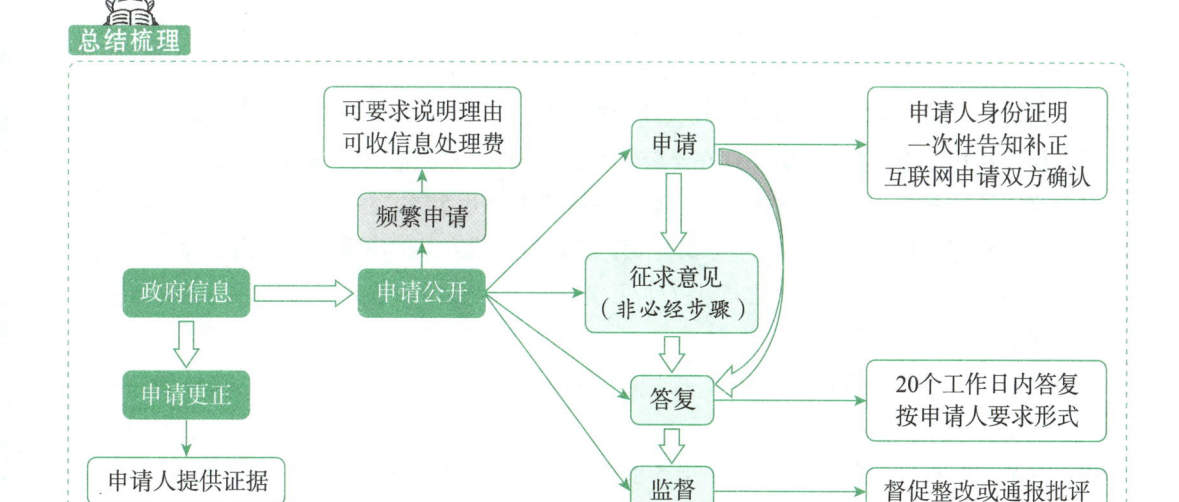

总结梳理

```
                              可要求说明理由
                              可收信息处理费        申请 ──→ 申请人身份证明
                                    ↑                        一次性告知补正
                                 频繁申请                     互联网申请双方确认
                                    ↑              ↓
政府信息 ──→ 申请公开 ─────────→ 征求意见
    │                           （非必经步骤）
    ↓                                ↓
 申请更正                          答复 ──→ 20个工作日内答复
    ↓                                ↓        按申请人要求形式
 申请人提供证据                    监督 ──→ 督促整改或通报批评
```

第五讲 小综案例

案情

某乡属企业多年未归还向方某所借资金，双方发生纠纷。方某得知乡政府曾发过 5 号文件和 210 号文件，处分了该企业的资产，遂向乡政府递交申请，要求公开两份文件。乡政府不予公开，理由是 5 号文件涉及第三方，且已口头征询其意见，其答复是该文件涉及商业秘密，不同意公开，而 210 号文件不存在。

问题

1. 方某申请时是否应当出示有效身份证明或者证明文件？
2. 对所申请公开的政府信息，方某是否具有申请人资格？
3. 乡政府不公开 5 号文件是否合法？
4. 若乡政府认为方某的申请内容不明确，应当如何处理？
5. 若 210 号文件不存在，则乡政府应当如何答复？
6. 若方某申请公开的信息不属于乡政府负责公开，则乡政府应当如何处理？
7. 若乡政府依方某申请提供政府信息，则乡政府是否可以向方某收取信息处理费？

答案

1. 应当。根据《政府信息公开条例》第 29 条第 2 款第 1 项的规定，方某申请政府信息公开，应当出示有效身份证明。

2. 方某具有申请人资格。《政府信息公开条例》的立法目的就是保障公民、法人和其他组织依法获取政府信息的权利，方某当然具有申请政府信息公开的申请人资格。

3. 不合法。根据《政府信息公开条例》第 32 条的规定，对涉及商业秘密的政府信息不公开，至少需要具备三个条件：①该信息确实涉及商业秘密；②书面征求第三方的意见，第三方不同意公开且有合理理由；③不存在不公开可能对公共利益造成重大影响的情形。本案中，乡政府的答复不满足上述三个条件，因此，乡政府不公开 5 号文件不合法。

4. 根据《政府信息公开条例》第 30 条的规定，乡政府认为方某的申请内容不明确的，应当给予指导和释明，并自收到申请之日起 7 个工作日内一次性告知方某作出补正，说明需要补正的事项和合理的补正期限。

5. 根据《政府信息公开条例》第 36 条第 4 项的规定，乡政府经检索没有 210 号文件的，应告知方某 210 号文件不存在。

6. 根据《政府信息公开条例》第 36 条第 5 项的规定，方某申请公开的信息不属于乡政府负责公开的，乡政府应当告知方某并说明理由；能够确定负责公开该政府信息的行政机关的，告知方某该行政机关的名称、联系方式。
7. 不可以。方某向乡政府申请公开政府信息的数量、频次没有明显超过合理范围，根据《政府信息公开条例》第 42 条第 1 款的规定，乡政府提供政府信息，不得收取信息处理费。

每一次努力，
都是幸运的伏笔。

致奋进中的你

第6讲 LECTURE 06

行 政 复 议

应试指导

行政复议和行政诉讼都属于"民告官"的行政救济，都要化解行政争议，特别是 2023 年 9 月 1 日修订的《行政复议法》提出的"发挥行政复议化解行政争议的主渠道作用"。本讲在案例分析题中考查的重点是行政复议的范围、主体和程序，难点是确定行政复议机关和分析行政复议程序的合法性。

19 行政复议的范围和主体

行政复议的范围是指确定行政复议机关受理案件的范围。行政复议的主体包括行政复议当事人和行政复议机关。行政复议当事人是指行政复议申请人、行政复议被申请人和行政复议第三人。

一、行政复议的范围

（一）确立行政复议范围的标准

1. 行政行为标准

公民、法人或者其他组织认为行政行为侵犯其合法权益的，可以向行政复议机关提出行政复议申请。2023 年修订后的《行政复议法》第 2 条第 1 款将"具体行政行为"标准修改为"行政行为"标准。

2. 合法性、适当性的审查标准

行政复议机关审查被申请复议的行政行为是否合法与适当。

一招制敌 行政行为的合法性和适当性都属于行政复议的审查范围,而行政诉讼针对行政行为只能进行合法性审查。

[法条链接]《行政复议法》第 1 条、第 2 条第 1 款。

(二) 行政复议的受理事项与排除事项

受理事项	(1) 行政处罚行为; (2) 行政强制行为; (3) 行政许可行为; (4) 行政确权行为; (5) 行政征收征用及补偿行为:行政机关作出的征收征用决定及其补偿决定; (6) 行政赔偿行为:行政机关作出的赔偿决定或者不予赔偿决定; (7) 工伤认定的行政行为:行政机关作出的不予受理工伤认定申请的决定或者工伤认定结论; (8) 侵犯经营自主权或者农村土地承包经营权、农村土地经营权的行政行为; (9) 行政垄断行为; (10) 要求履行义务的行政行为; (11) 行政不作为; (12) 行政给付行为; (13) 行政协议行为:行政机关不依法订立、不依法履行、未按照约定履行或者违法变更、解除政府特许经营协议、土地房屋征收补偿协议等行政协议的行为; (14) 政府信息公开行为:行政机关在政府信息公开工作中侵犯公民、法人或者其他组织合法权益; (15) 其他侵犯公民、法人或者其他组织合法权益的行政行为。
排除事项	(1) 国家行为:国防、外交等国家行为; (2) 抽象行政行为; (3) 内部行政行为; (4) 行政调解行为。

一招制敌 行政征收征用及补偿行为、行政赔偿行为、工伤认定的行政行为、行政协议行为、政府信息公开行为是 2023 年修订后的《行政复议法》新增到复议范围内的行为。

[法条链接]《行政复议法》第 11、12 条。

(三) 行政复议中附带审查抽象行政行为

申请人在对行政行为申请行政复议的同时,可以对该行政行为所依据的部分抽象行行为申请一并审查。具体有三个要求：

1. 申请人申请审查抽象行政行为的附带要求

申请人直接对抽象行政行为申请复议，复议机关不受理，申请人对行政行为申请复议时一并申请审查抽象行政行为。

2. 申请人申请审查抽象行政行为的依据要求

抽象行政行为必须是被申请复议的行政行为的依据，若抽象行政行为不是行政行为的依据，申请人也不能对抽象行政行为申请附带审查。

3. 申请人申请审查抽象行政行为的范围要求

不是所有的抽象行政行为都能作为附带审查的对象，只能是部分抽象行政行为，具体包括：国务院部门的规范性文件，县级以上地方各级人民政府及其工作部门的规范性文件，乡、镇人民政府的规范性文件，法律、法规、规章授权的组织的规范性文件，即规章以下（不含规章）的行政规范性文件。

一招制敌 申请人不得单独对行政规范性文件申请行政复议，但可以对被申请复议的行政行为所依据的行政规范性文件申请一并审查。

[法条链接]《行政复议法》第13条。

迷你案例

案情：2019年1月23日，樵某通过电子平台检举某贸易有限公司涉嫌未缴相关税款。某区税务局对该公司未按规定开具发票行为予补征税款168.21元。樵某向该区税务局提出奖励要求，该区税务局对樵某作出奖励通知，根据《税收征收管理法》及《检举纳税人税收违法行为奖励暂行办法》（国家税务总局、财政部令第18号发布）的有关规定，决定颁发检举奖金人民币1.84元。樵某以奖励通知中的奖金数额不当为由，向某市税务局申请行政复议，一并请求审查《检举纳税人税收违法行为奖励暂行办法》的合法性。

问1：樵某能否对奖励通知申请行政复议？

答案：可以。奖励通知属于《行政复议法》第11条第15项规定的其他侵犯樵某合法权益的行政行为，属于行政复议的范围，樵某可以对奖励通知申请行政复议。

问2：樵某能否一并请求审查《检举纳税人税收违法行为奖励暂行办法》的合法性？

答案：不可以。根据《行政复议法》第13条第2款的规定，《检举纳税人税收违法行为奖励暂行办法》作为部门规章，不属于附带审查的规范性文件范围，樵某不能一并请求审查《检举纳税人税收违法行为奖励暂行办法》的合法性。

问3：该市税务局能否审查奖励通知中奖金数额的适当性？

答案：可以。根据《行政复议法》第1条的规定，行政复议是为了防止和纠正违法的或者不当的行政行为，该市税务局可以审查奖励通知中奖金数额的适当性。

二、行政复议当事人

（一）行政复议申请人

行政复议申请人，是指依法申请行政复议的公民、法人或者其他组织。

委托代理人	申请人可以委托1~2名律师、基层法律服务工作者或者其他代理人代为参加行政复议。
	申请人委托代理人的，应当向行政复议机构提交授权委托书、委托人及被委托人的身份证明文件。授权委托书应当载明委托事项、权限和期限。
	公民在特殊情况下无法书面委托的，可以口头委托。
	申请人解除或者变更委托的，应当书面报告行政复议机构。
众多申请人的代表	同一行政复议案件申请人超过5人的，推选1~5名代表参加行政复议。
	代表人参加行政复议的行为对其所代表的申请人发生效力，但是代表人变更行政复议请求、撤回行政复议申请、承认第三人请求的，应当经被代表的申请人同意。
资格转移	公民死亡引起的申请权转移，由其近亲属承受。
	法人或者其他组织终止引起的申请权转移，由承受其权利义务的法人或者其他组织承受。

【一招制敌】掌握行政复议申请人的代表的两个要点：①申请人超过5人；②1~5名代表。

[法条链接]《行政复议法》第14、15、17条；《行政复议法实施条例》第8、10条。

【迷你案例】

案情：甲市乙区政府决定征收某村集体土地100亩。该村有50户村民不服，申请行政复议。

问题：该50户村民是否需要推选复议代表？若需要推选复议代表，则应推选几名代表？

答案：需要推选复议代表。根据《行政复议法实施条例》第8条的规定，该50户村民申请复议属于同一行政复议案件申请人超过5人的情形，故应推选1~5名代表参加行政复议。

（二）行政复议被申请人

原则上，作出行政行为的行政机关为行政复议的被申请人，但有以下特殊情况：

案件类型	被申请人的确定
授权行政案件	法律、法规、规章授权的组织作出行政行为的，被授权组织为被申请人。
委托行政案件	委托的行政机关为被申请人。
共同作出行政行为案件	共同作出行政行为的行政机关为被申请人。

续表

案件类型	被申请人的确定
行政机关设立的派出机构、内设机构或其他组织实施行政行为的案件	经法律、法规、规章授权，对外以自己名义作出行政行为的，<u>派出机构、内设机构或者其他组织</u>为被申请人。
	未经法律、法规、规章授权，对外以自己名义作出行政行为的，<u>该行政机关</u>为被申请人。
经上级行政机关批准的案件	下级行政机关依照法律、法规、规章规定，经上级行政机关批准作出行政行为的，<u>批准机关</u>为被申请人。
资格转移	作出行政行为的行政机关被撤销或者职权变更的，<u>继续行使其职权的行政机关</u>为被申请人。

注意：申请人提出行政复议申请时错列被申请人的，行政复议机构应当告知申请人变更被申请人。

[法条链接]《行政复议法》第19条；《行政复议法实施条例》第13、14、22条。

迷你案例

案情：肖某提出农村宅基地用地申请，乡政府审核后报县政府审批。肖某收到批件后，不满批件所核定的面积，遂申请行政复议。

问题：本案中，谁为被申请人？

答案：根据《行政复议法实施条例》第13条的规定，经上级行政机关批准作出行政行为的，批准机关为被申请人。本案中，乡政府审核后报县政府审批，因此，县政府为被申请人。

（三）行政复议第三人

行政复议第三人，是指申请人以外的同被申请行政复议的行政行为或者行政复议案件处理结果有利害关系的公民、法人或者其他组织。

参加复议途径	申请人以外的公民、法人或者其他组织与被申请行政复议的行政行为或者行政复议案件处理结果有利害关系的，可以作为第三人申请参加行政复议。
	行政复议机构认为申请人以外的公民、法人或者其他组织与被申请行政复议的行政行为或者行政复议案件处理结果有利害关系的，可以通知其作为第三人参加行政复议。
不参加行政复议	第三人不参加行政复议，不影响行政复议案件的审理。

一招制敌：行政复议第三人委托代理人、在行政复议中查阅材料、不履行行政复议决定被强制执行的要求，与行政复议申请人相同。

[法条链接]《行政复议法》第16、17、47、78条。

> **迷你案例**
>
> 案情：甲取得了县房产局颁发的扩大原地基和建筑面积的建房许可证，阻碍了邻居乙的正常通行。乙与甲协商未果，遂提起行政复议。行政复议机构通知甲参加行政复议。
>
> 问题：甲不参加行政复议是否会影响行政复议案件的审理？
>
> 答案：不影响。根据《行政复议法》第16条的规定，甲与县房产局颁发的建房许可证有利害关系，因此，行政复议机构通知甲作为第三人参加行政复议，甲不参加行政复议的，不影响行政复议案件的审理。

三、行政复议机关（行政复议管辖）

（一）地方行政复议机关的确定

	行政复议被申请人	行政复议机关
政府复议	县级以上地方政府工作部门	本级地方政府
	地方政府（不包括省级地方政府）	上一级地方政府
	县级以上地方政府设立的派出机关	设立派出机关的政府
	县级以上地方政府或者其工作部门管理的法律、法规、规章授权的组织	本级地方政府
	县级以上地方政府工作部门设立的派出机构（直辖市、设区的市政府工作部门按照行政区划设立的派出机构）	本级地方政府（直辖市、设区的市政府或者派出机构所在地的政府）
	省级地方政府	省级地方政府（自我复议）
垂直复议	海关、金融、外汇管理等实行垂直领导的行政机关、税务和国家安全机关	上一级主管部门
选择复议	县级以上地方政府司法行政部门	本级地方政府或者上一级司法行政部门

> **一招制敌** 地方复议机关的确定——以政府管辖为原则，以部门管辖为例外。

（二）国务院部门作为复议机关

1. 对本部门作出的行政行为不服的案件——自我复议。

注意：对省、自治区、直辖市政府（自我复议）和国务院部门（自我复议）作出的行政复议决定不服的，可以向法院提起行政诉讼；也可以向国务院申请裁决，国务院依法作出最终裁决。

2. 对本部门依法设立的派出机构依照法律、行政法规、部门规章规定，以派出机构的名义作出的行政行为不服的案件。

3. 对本部门管理的法律、行政法规、部门规章授权的组织作出的行政行为不服的案件。

4. 对省、自治区、直辖市的司法行政部门作出的行政行为不服的案件，司法部作为复议机关。

一招制敌 地方政府部门作为被申请人时，行政复议机关有三种情形：

（1）司法行政部门为被申请人，本级政府或上一级司法行政部门为复议机关；（双重复议）

（2）税务、国家安全机关为被申请人，上一级主管部门为复议机关；（垂直复议）

（3）其他政府部门为被申请人，本级政府为复议机关。（政府复议）

（三）被申请人被撤销案件的行政复议机关

对被撤销的行政机关在撤销前所作出的行政行为不服的，由继续行使其职权的行政机关的上一级行政机关作为复议机关。

[法条链接]《行政复议法》第24~28条。

迷你案例

1. 案情：甲市乙区公安分局所辖派出所以李某制造噪声干扰他人正常生活为由，对其处以500元罚款。李某不服，申请复议。

问题：如何确定本案的行政复议机关？

答案：根据《行政复议法》第24条第1款第4项的规定，李某对乙区公安分局所辖派出所作出的500元罚款不服，应当向乙区政府申请行政复议。

2. 案情：某省司法厅、某省税务局和某省市场监管局联合对某律师事务所进行执法检查，检查中发现该律师事务所存在诸多违法行为。该省司法厅以该律师事务所从事法律服务以外的经营活动为由，责令其停业整顿1个月；该省税务局以该律师事务所未按照规定将其全部银行账号向税务机关报告为由，责令其限期改正，并处罚款5000元；该省市场监管局以该律师事务所编造虚假信息损害竞争对手的商业信誉为由，责令其停止违法行为、消除影响，并处罚款20万元。该律师事务所不服，申请行政复议。

问题：哪些机关可以成为行政复议机关？

答案：该律师事务所对该省司法厅的责令停业整顿1个月申请复议的，根据《行政复议法》第28条的规定，该省司法厅的本级政府——该省政府或者该省司法厅的上一级司法行政部门——司法部为行政复议机关。

该律师事务所对该省税务局的责令限期改正，并处罚款5000元申请复议的，根据《行政复议法》第27条的规定，该省税务局的上一级主管部门——国家税务总局为行政复议机关。

该律师事务所对该省市场监管局的责令停止违法行为、消除影响，并处罚款20万元申请复议的，根据《行政复议法》第24条第1款第1项的规定，该省市场监管局的本级政府——该省政府为行政复议机关。

总结梳理

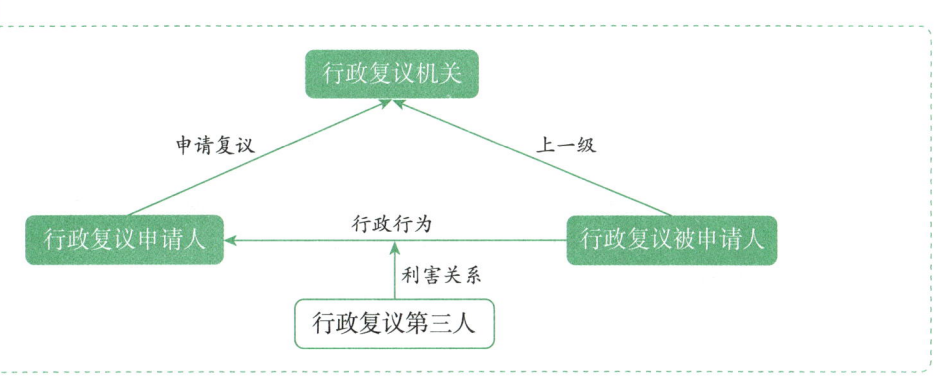

```
                    行政复议机关
                   ↗           ↖
            申请复议              上一级
           ↗                          ↖
   行政复议申请人  ←── 行政行为 ──  行政复议被申请人
           ↖ 利害关系
            行政复议第三人
```

20 行政复议的程序

一、行政复议的申请和受理

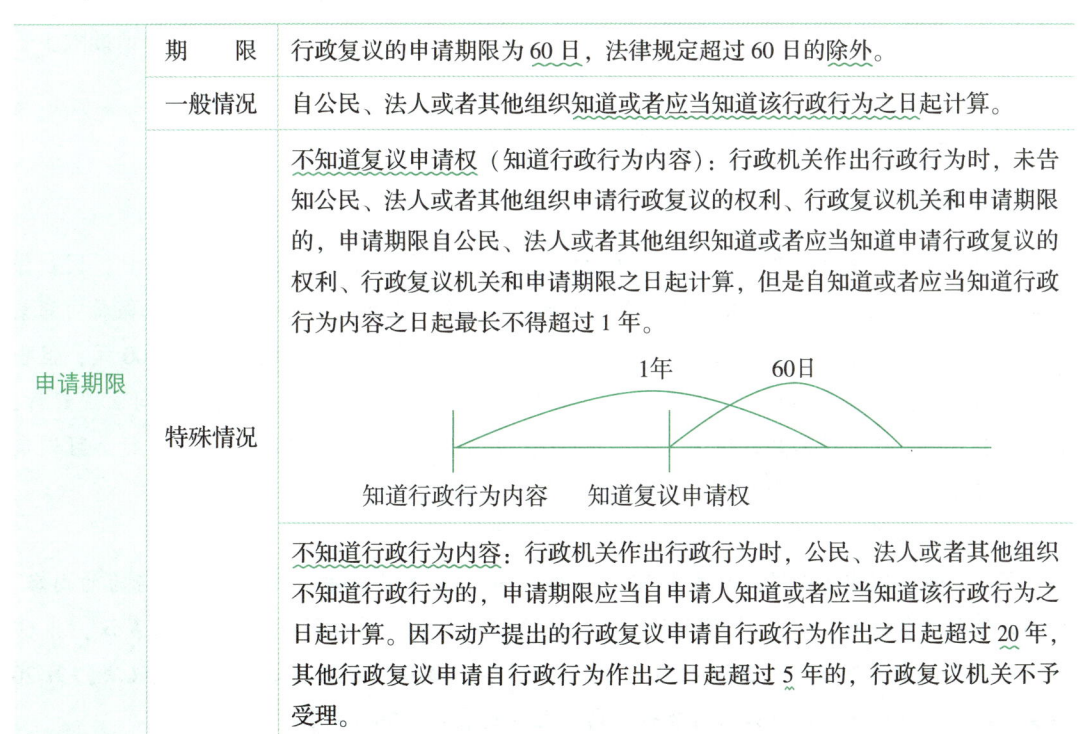

（一）行政复议的申请

申请期限	期　　限	行政复议的申请期限为 60 日，法律规定超过 60 日的除外。
	一般情况	自公民、法人或者其他组织知道或者应当知道该行政行为之日起计算。
	特殊情况	不知道复议申请权（知道行政行为内容）：行政机关作出行政行为时，未告知公民、法人或者其他组织申请行政复议的权利、行政复议机关和申请期限的，申请期限自公民、法人或者其他组织知道或者应当知道申请行政复议的权利、行政复议机关和申请期限之日起计算，但是自知道或者应当知道行政行为内容之日起最长不得超过 1 年。 （图示：知道行政行为内容起 1 年；知道复议申请权起 60 日） 不知道行政行为内容：行政机关作出行政行为时，公民、法人或者其他组织不知道行政行为的，申请期限应当自申请人知道或者应当知道该行政行为之日起计算。因不动产提出的行政复议申请自行政行为作出之日起超过 20 年，其他行政复议申请自行政行为作出之日起超过 5 年的，行政复议机关不予受理。

续表

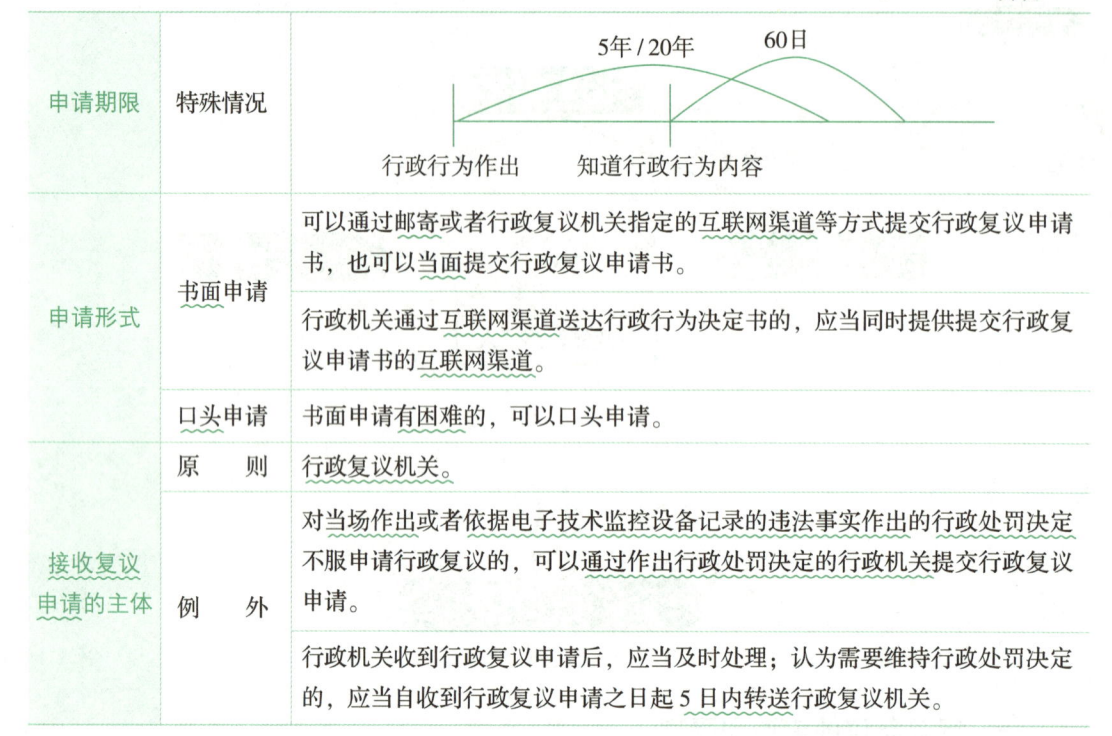

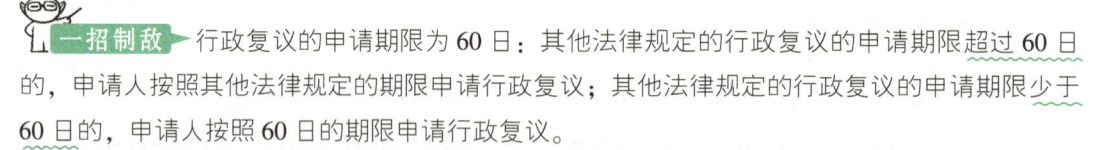

申请期限	特殊情况	5年/20年　　60日 行政行为作出　知道行政行为内容
申请形式	书面申请	可以通过邮寄或者行政复议机关指定的互联网渠道等方式提交行政复议申请书，也可以当面提交行政复议申请书。
		行政机关通过互联网渠道送达行政行为决定书的，应当同时提供提交行政复议申请书的互联网渠道。
	口头申请	书面申请有困难的，可以口头申请。
接收复议申请的主体	原则	行政复议机关。
	例外	对当场作出或者依据电子技术监控设备记录的违法事实作出的行政处罚决定不服申请行政复议的，可以通过作出行政处罚决定的行政机关提交行政复议申请。
		行政机关收到行政复议申请后，应当及时处理；认为需要维持行政处罚决定的，应当自收到行政复议申请之日起5日内转送行政复议机关。

一招制敌 行政复议的申请期限为60日；其他法律规定的行政复议的申请期限超过60日的，申请人按照其他法律规定的期限申请行政复议；其他法律规定的行政复议的申请期限少于60日的，申请人按照60日的期限申请行政复议。

[法条链接]《行政复议法》第20~22、32条。

迷你案例

案情：郑某因某厂欠缴其社会养老保险费，向区社保局举报。2023年9月22日，区社保局向该厂送达《决定书》，要求其为郑某缴纳养老保险费1万元。同月30日，区社保局向郑某送达告知书，称其举报一事属实，并要求其缴纳养老保险费（个人缴纳部分）2000元，但告知书未告知郑某申请行政复议的权利。郑某不服区社保局作出的《决定书》，遂向法院起诉，法院的生效判决未支持郑某的请求。2024年3月19日，郑某从新闻媒体获知行政行为可以申请行政复议，当日即针对告知书，向区政府申请行政复议。

问题：郑某提出的行政复议申请是否超过申请期限？

答案：未超过申请期限。郑某于2023年9月30日收到告知书，知道该行政行为的内容，但不知道行政复议的权利，于2024年3月19日知道行政复议的权利后即申请行政复议，其60日的行政复议申请期限应从2024年3月19日起计算，该日期也未超过《行政复议法》第20条第3款规定的知道或应当知道行政行为内容之日起最长1年的期限。

（二）行政复议的受理

复议申请审查期限	行政复议机关收到行政复议申请后，应当在5日内进行审查。 审查期限届满，行政复议机关未作出不予受理决定的，审查期限届满之日起视为受理。
复议的受理条件	（1）有明确的申请人和符合规定的被申请人； （2）申请人与被申请行政复议的行政行为有利害关系； （3）有具体的行政复议请求和理由； （4）在法定申请期限内提出； （5）属于行政复议范围； （6）属于本机关的管辖范围； （7）未作为行政复议受理且未作为行政诉讼案件受理：复议机关未受理过该申请人就同一行政行为提出的行政复议申请，且法院未受理过该申请人就同一行政行为提起的行政诉讼。
复议申请的补正	行政复议申请材料不齐全或者表述不清楚的，行政复议机关应当自收到申请之日起5日内书面通知申请人补正。补正通知应当一次性载明需要补正的事项。
不予受理决定	对不符合受理条件的，行政复议机关应当在审查期限内决定不予受理并说明理由；不属于本机关管辖的，还应当在不予受理决定中告知申请人有管辖权的行政复议机关。
驳回申请决定	行政复议机关受理行政复议申请后，发现不符合受理条件的，应当决定驳回申请并说明理由。

注意：行政复议机关受理行政复议申请，不得向申请人收取任何费用。

一招制敌 不予受理决定与驳回申请决定都是针对行政复议申请不符合受理条件作出的处理决定：行政复议机关在审查期限内发现复议申请不符合受理条件的，作出不予受理决定；行政复议机关受理行政复议申请后发现不符合受理条件的，作出驳回申请决定。

[法条链接]《行政复议法》第30、31、33、87条。

迷你案例

案情：县市场监督管理局认定某公司使用超过保质期的食品原料生产食品，根据《食品安全法》的规定，没收其违法生产的食品和违法所得，并处5万元罚款。该公司不服，申请行政复议。

问题：若该公司行政复议申请材料不齐全，则行政复议机关如何处理？

答案：根据《行政复议法》第31条第1款的规定，该公司行政复议申请材料不齐全的，行政复议机关应当自收到申请之日起5日内书面通知该公司补正。补正通知应当一次性载明需要补正的事项。

二、行政复议的审理

（一）普通程序

被申请人答复	转送期限	行政复议机构应当自行政复议申请受理之日起 7 日内，将行政复议申请书副本或者行政复议申请笔录复印件发送被申请人。
	答复期限	被申请人应当自收到行政复议申请书副本或者行政复议申请笔录复印件之日起 10 日内，提出书面答复，并提交作出行政行为的证据、依据和其他有关材料。
听取意见	原则	行政复议机构应当当面或者通过互联网、电话等方式听取当事人的意见，并将听取的意见记录在案。
	例外	因当事人原因不能听取意见的，可以书面审理。
听证	适用范围	审理重大、疑难、复杂的行政复议案件，行政复议机构应当组织听证。
		行政复议机构认为有必要听证，或者申请人请求听证的，行政复议机构可以组织听证。
	听证人员	听证由 1 名行政复议人员任主持人，2 名以上行政复议人员任听证员，1 名记录员制作听证笔录。
	听证通知	行政复议机构组织听证的，应当于举行听证的 5 日前将听证的时间、地点和拟听证事项书面通知当事人。
	被申请人	被申请人的负责人应当参加听证。
		被申请人的负责人不能参加听证的，应当说明理由并委托相应的工作人员参加听证。
	听证笔录	经过听证的行政复议案件，行政复议机关应当根据听证笔录、审查认定的事实和证据，依法作出行政复议决定。
咨询意见	适用范围	（1）案情重大、疑难、复杂的行政复议案件； （2）专业性、技术性较强的行政复议案件； （3）省、自治区、直辖市政府管辖的对本机关作出的行政行为不服的行政复议案件； （4）行政复议机构认为有必要提出咨询意见的行政复议案件。
	程序	行政复议机构应当提请行政复议委员会提出咨询意见。
	地位	行政复议机关应当将咨询意见作为作出行政复议决定的重要参考依据。
审理期限	原则	行政复议机关应当自受理申请之日起 60 日内作出行政复议决定。
	例外	法律规定的行政复议期限少于 60 日的除外。
	特殊	经行政复议机构的负责人批准，书面告知当事人，延长期限最多不得超过 30 日。

一招制敌 比较行政复议的申请期限和审查期限：申请期限为知道或应当知道行政行为之日起 60 日内，法律规定超过 60 日的除外；审查期限为受理行政复议申请之日起 60 日内，法律规定少于 60 日的除外。

[法条链接]《行政复议法》第 48~52、61、62 条。

迷你案例

案情：某市市场监督管理局对美誉公司未取得出版物经营许可证即销售电子出版物 100 套的行为，作出罚款 6000 元的决定。美誉公司申请复议，行政复议机关受理案件。

问 1：本案能否书面审理？

答案：根据《行政复议法》第 49 条的规定，本案适用普通程序审理，行政复议机构应当当面或者通过互联网、电话等方式听取美誉公司的意见，并将听取的意见记录在案。因美誉公司原因不能听取意见的，可以书面审理。

问 2：本案审理时是否应当组织听证？

答案：根据《行政复议法》第 50 条第 1、2 款的规定，若本案属于重大、疑难、复杂的行政复议案件，行政复议机构应当组织听证。若行政复议机构认为有必要听证，或者美誉公司请求听证，行政复议机构可以组织听证。

（二）简易程序

适用范围	法定可适用	事实清楚、权利义务关系明确、争议不大。 （1）被申请行政复议的行政行为是当场作出； （2）被申请行政复议的行政行为是警告或者通报批评； （3）案件涉及款额 3000 元以下； （4）属于政府信息公开案件。
	约定可适用	当事人各方同意适用。
程序简易性	被申请人答复	行政复议机构应当自受理行政复议申请之日起 3 日内，将行政复议申请书副本或者行政复议申请笔录复印件发送被申请人。
		被申请人应当自收到行政复议申请书副本或者行政复议申请笔录复印件之日起 5 日内，提出书面答复，并提交作出行政行为的证据、依据和其他有关材料。
	审理方式	适用简易程序审理的行政复议案件，可以书面审理。
	审理期限	行政复议机关应当自受理申请之日起 30 日内作出行政复议决定。
程序转换		适用简易程序审理的行政复议案件，行政复议机构认为不宜适用简易程序的，经行政复议机构的负责人批准，可以转为普通程序审理。

考点 20

一招制敌 行政复议普通程序与简易程序的不同：①以适用普通程序为原则，以适用简易程序为例外；②普通程序一般进行听取意见审理，简易程序一般进行书面审理；③普通程序7日内转送行政复议申请书副本，简易程序3日内转送行政复议申请书副本；④普通程序中被申请人10日内提出书面答复，简易程序中被申请人5日内提出书面答复；⑤普通程序的审理期限为60日，简易程序的审理期限为30日。

[法条链接]《行政复议法》第53~55、62条。

迷你案例

案情：公安局以刘某偷拍他人隐私为由对其处以500元罚款。刘某不服，申请行政复议，行政复议机关受理案件。

问题：本案能否适用简易程序审理？

答案：根据《行政复议法》第53条第1款第3项的规定，本案涉及款额3000元以下，行政复议机关认为事实清楚、权利义务关系明确、争议不大的，可以适用简易程序。

根据《行政复议法》第53条第2款的规定，公安局和刘某同意适用简易程序的，可以适用简易程序。

（三）行政行为不停止执行

原则	行政复议期间行政行为不停止执行。
例外	行政复议期间行政行为停止执行。
	（1）被申请人认为需要停止执行；
	（2）行政复议机关认为需要停止执行；（依职权）
	（3）申请人、第三人申请停止执行，行政复议机关认为其要求合理，决定停止执行；（依申请）
	（4）法律、法规、规章规定停止执行的其他情形。

一招制敌 在行政复议期间，行政复议机关决定停止执行行政行为，可以依职权决定，也可以依申请人、第三人申请决定。

[法条链接]《行政复议法》第42条。

迷你案例

案情：某县市场监督管理局认定某公司使用超保质期的食品原料生产食品，根据《食品安全法》的规定，没收其违法生产的食品和违法所得，并处以5万元罚款。该公司不服，向县政府申请行政复议，县政府受理案件。

问题：行政复议期间罚款决定是否停止执行？

答案：根据《行政处罚法》第73条第1款和《行政复议法》第42条的规定，原则上，行政复议期间罚款决定不停止执行；但是有下列情形之一的，罚款决定应当停止执行：①该县市场监督管理局认为需要停止执行；②县政府认为需要停止执行；③该公司申请停止执行，县政府认为其要求合理，决定停止执行。

（四）行政复议的审理依据

法律依据	行政复议机关依照法律、法规、规章审理行政复议案件。
被申请人举证	被申请人对其作出的行政行为的合法性、适当性负有举证责任。被申请人未在法定期限内提交作出行政行为的证据的，视为该行政行为没有证据，但是行政行为涉及第三人合法权益，第三人提供证据的除外。
	原则：行政复议期间，被申请人不得自行向申请人和其他有关单位或者个人收集证据；自行收集的证据不作为认定行政行为合法性、适当性的依据。
	例外：行政复议期间，申请人或者第三人提出被申请行政复议的行政行为作出时没有提出的理由或者证据的，经行政复议机构同意，被申请人可以补充证据。
申请人举证	申请人认为被申请人不履行法定职责的，提供曾经要求被申请人履行法定职责的证据，但是被申请人应当依职权主动履行法定职责或者申请人因正当理由不能提供的除外。
	申请人提出行政赔偿请求的，提供受行政行为侵害而造成损害的证据，但是因被申请人原因导致申请人无法举证的，由被申请人承担举证责任。
复议机关调查取证	行政复议机关有权向有关单位和个人调查取证，查阅、复制、调取有关文件和资料，向有关人员进行询问。
	调查取证时，行政复议人员不得少于2人，并应当出示行政复议工作证件。

注意：行政复议期间，申请人、第三人及其委托代理人可以按照规定查阅、复制被申请人提出的书面答复、作出行政行为的证据、依据和其他有关材料，除涉及国家秘密、商业秘密、个人隐私或者可能危及国家安全、公共安全、社会稳定的情形外，行政复议机构应当同意。

一招制敌——行政复议期间，被申请人原则上不得补充证据。但是，申请人或者第三人提出被申请行政复议的行政行为作出时没有提出的理由或者证据的，经行政复议机构同意，被申请人可以补充证据。

[法条链接]《行政复议法》第37、44~47条。

迷你案例

案情：某区文化广播影视局在例行检查中发现雾城影院存有大量未经公开发行的音像资料，因而认定这些音像资料是非法出版物，对雾城影院进行了罚款，并没收其存有的音像资料。雾城影院申请行政复议，提出证据证明其存有的音像资料是某工厂委托他们录制的本厂文娱晚会视频资料，只是暂时存放在雾城影院。

问题：该区文化广播影视局能否在行政复议期间补充证据？

答案：根据《行政复议法》第46条第2款的规定，行政复议期间，雾城影院提出的证据属于该区文化广播影视局罚款和没收决定作出时没有提出的理由或者证据的，经行政复议机构同意，该区文化广播影视局可以补充证据。

（五）行政复议的和解与调解

复议和解	当事人在行政复议决定作出前可以自愿达成和解。
	和解内容不得损害国家利益、社会公共利益和他人合法权益，不得违反法律、法规的强制性规定。
	当事人达成和解后，由申请人向行政复议机构撤回行政复议申请。行政复议机构准予撤回行政复议申请、行政复议机关决定终止行政复议的，申请人不得再以同一事实和理由提出行政复议申请。但是，申请人能够证明撤回行政复议申请违背其真实意愿的除外。
复议调解	行政复议机关办理行政复议案件，可以进行调解。
	调解应当遵循合法、自愿的原则，不得损害国家利益、社会公共利益和他人合法权益，不得违反法律、法规的强制性规定。
	当事人经调解达成协议的，行政复议机关应当制作行政复议调解书，经各方当事人签字或者签章，并加盖行政复议机关印章，即具有法律效力。调解未达成协议或者调解书生效前一方反悔的，行政复议机关应当依法审查或者及时作出行政复议决定。

一招制敌 行政复议案件都可以和解和调解，但应当遵循合法、自愿的原则，不得损害国家利益、社会公共利益和他人合法权益，不得违反法律、法规的强制性规定。

[法条链接]《行政复议法》第5、73、74条。

迷你案例

案情：某村土地被征收，用于高速公路入城道路建设。经多次协商，县规划和自然资源局未与某养猪专业合作社就各种补偿、补助费金额达成补偿协议。县规划和自然资源局向该养猪专业合作社送达了《责令交回土地决定书》。该养猪专业合作社不服，申请行政复议。

问题：行政复议机关能否进行调解？

答案：可以。根据《行政复议法》第5条第1款的规定，行政复议机关办理行政复议案件，可以进行调解。

（六）行政行为依据的附带审查

行政复议附带审查被复议行政行为的依据包括两个方面：①根据申请人的申请对行政行为依据的行政规范性文件进行的审查处理；②依职权发现行政行为的依据（包括法律、法规、规章、行政规范性文件）不合法进行的审查处理。

	申请人一并提出审查申请 (依申请审查行政规范性文件)	申请人没有一并提出或依法不能提出审查申请 (依职权审查依据)
行政复议机关 有权处理	行政复议机构应当自行政复议中止之日起3日内，书面通知规范性文件或者依据的制定机关就相关条款的合法性提出书面答复。制定机关应当自收到书面通知之日起10日内提交书面答复及相关材料。	
	行政复议机关应当在30日内依法处理。	
	行政复议机关认为相关条款合法的，在行政复议决定书中一并告知；认为相关条款超越权限或者违反上位法的，决定停止该条款的执行，并责令制定机关予以纠正。	
行政复议机关 无权处理	应当在7日内转送有权处理的行政机关处理。	应当在7日内转送有权处理的国家机关处理。
	接受转送的行政机关、国家机关应当自收到转送之日起60日内，将处理意见回复转送的行政复议机关。	

一招制敌 行政复议中依申请附带审查和依职权附带审查的不同：①依申请附带审查行政行为依据的是规章以下行政规范性文件（不含规章），依职权附带审查行政行为依据的是所有法律规范和规范性文件（包括法律、法规、规章、行政规范性文件）；②行政复议机关无权处理时，依申请审查的程序是转送有权处理的行政机关依法处理，依职权审查的程序是转送有权处理的国家机关依法处理。

[法条链接]《行政复议法》第56~60条。

迷你案例

案情：某区市场监督管理局对违法占道经营的商家甲依据市政府的规章作出罚款的处罚。甲不服，向区政府申请行政复议。区政府在审查的过程中，发现市政府的规章有某些规定可能不合法。

问题：区政府如何处理市政府的规章？

答案：区政府无权处理市政府的规章，根据《行政复议法》第57条的规定，区政府应当在7日内转送有权处理的国家机关依法处理。

（七）行政复议的中止与终止

复议中止	(1) 作为申请人的公民死亡，其近亲属尚未确定是否参加行政复议； (2) 作为申请人的公民丧失参加行政复议的行为能力，尚未确定法定代理人参加行政复议； (3) 作为申请人的公民下落不明； (4) 作为申请人的法人或者其他组织终止，尚未确定权利义务承受人； (5) 申请人、被申请人因不可抗力或者其他正当理由，不能参加行政复议；

复议中止	(6) 依法进行调解、和解，申请人和被申请人同意中止； (7) 行政复议案件涉及的法律适用问题需要有权机关作出解释或者确认； (8) 行政复议案件审理需要以其他案件的审理结果为依据，而其他案件尚未审结； (9) 处理被申请行政行为依据的有关规范性文件或者其他依据的。
复议终止	(1) 申请人撤回行政复议申请，行政复议机构准予撤回； (2) 作为申请人的公民死亡，没有近亲属或者其近亲属放弃行政复议权利； (3) 作为申请人的法人或者其他组织终止，没有权利义务承受人或者其权利义务承受人放弃行政复议权利； (4) 申请人对行政拘留或者限制人身自由的行政强制措施不服申请行政复议后，因同一违法行为涉嫌犯罪，被采取刑事强制措施； (5) 因公民死亡、公民丧失行为能力、法人或其他组织终止情形中止行政复议满60日，行政复议中止的原因仍未消除。

提示 行政复议中止与行政复议终止的区别：①行政复议中止，是指在行政复议过程中，因发生特殊情况而中途停止复议程序的一种法律制度，具有暂时性；②行政复议终止，是指在行政复议过程中，因发生特殊情况而结束正在进行的复议程序的一种法律制度，具有终结性。

一招制敌

(1) 行政复议期间被申请人改变原行政行为的，不影响行政复议案件的审理。但是，申请人依法撤回行政复议申请，行政复议机构准予撤回的，行政复议终止。

(2) 撤回行政复议申请对提起行政诉讼的影响：①复议前置的案件，撤回行政复议申请就不得提起行政诉讼；②复议、诉讼自由选择案件，撤回行政复议申请不影响提起行政诉讼。

[法条链接]《行政复议法》第39条第1、2款，第41条；《行政复议法实施条例》第39条。

迷你案例

1. 案情：县生态环境局认定个体加工厂孙某未按照国家有关规定缴纳排污费，决定对孙某征收排污费2万元。孙某向县政府申请行政复议。行政复议期间，县生态环境局将征收的排污费由2万元变更为1万元。

问题：行政复议程序应当如何进行？

答案：行政复议期间，县生态环境局将征收的排污费由2万元变更为1万元，属于被申请人改变原行政行为，根据《行政复议法》第41条第1项和《行政复议法实施条例》第39条的规定，不影响行政复议案件的审理。若申请人孙某撤回行政复议申请，县政府准予撤回的，行政复议终止。

2. 案情：房东田某至租赁房屋处与转租租客陈某就房屋租赁问题进行交涉，后发生肢体冲突。某公安分局根据《治安管理处罚法》第43条第1款的规定，决定对陈某处以行政拘留5日的处罚。陈某申请行政复议。在复议案件审理过程中，该公安分局根据《刑事诉讼法》第115条的规定，对陈某以涉嫌寻衅滋事罪为由进行刑事拘留。

问题：行政复议程序应当如何进行？

答案：陈某针对行政拘留申请行政复议后，行政拘留变更为刑事拘留，根据《行政复议法》第41条第4项的规定，行政复议终止。

三、行政复议的决定和执行

（一）行政复议决定

行政复议机关依法审理行政复议案件，由行政复议机构对行政行为进行审查，提出意见，经行政复议机关的负责人同意或者集体讨论通过后，以行政复议机关的名义作出行政复议决定。

复议决定种类	适用情形
变更决定	(1) 行政行为事实清楚，证据确凿，适用依据正确，程序合法，但是内容不适当； (2) 行政行为事实清楚，证据确凿，程序合法，但是未正确适用依据； (3) 行政行为事实不清、证据不足，经行政复议机关查清事实和证据。 ⚠注意：行政复议机关不得作出对申请人更为不利的变更决定，但是第三人提出相反请求的除外。
撤销决定	①行政行为主要事实不清、证据不足；②行政行为违反法定程序；③行政行为适用的依据不合法；④行政机关超越职权或者滥用职权。 ⚠注意：行政复议机关决定撤销或者部分撤销被申请行政复议的行政行为，并责令被申请人在一定期限内重新作出行政行为的，被申请人不得以同一事实和理由作出与被申请行政复议的行政行为相同或者基本相同的行政行为，但是行政复议机关以违反法定程序为由决定撤销或者部分撤销的除外。
履行决定	被申请人不履行法定职责。
确认违法决定	(1) 行政行为依法应予撤销，但是撤销会给国家利益、社会公共利益造成重大损害； (2) 行政行为程序轻微违法，但是对申请人权利不产生实际影响； (3) 行政行为违法，但是不具有可撤销内容； (4) 被申请人改变原违法行政行为，申请人仍要求撤销或者确认该行政行为违法； (5) 被申请人不履行或者拖延履行法定职责，责令履行没有意义。
确认无效决定	行政行为有实施主体不具有行政主体资格或者没有依据等重大且明显违法情形，申请人申请确认行政行为无效。
维持决定	行政行为认定事实清楚，证据确凿，适用依据正确，程序合法，内容适当。
驳回请求决定	行政复议机关受理申请人认为被申请人不履行法定职责的行政复议申请后，发现被申请人没有相应法定职责或者在受理前已经履行法定职责。

总结梳理

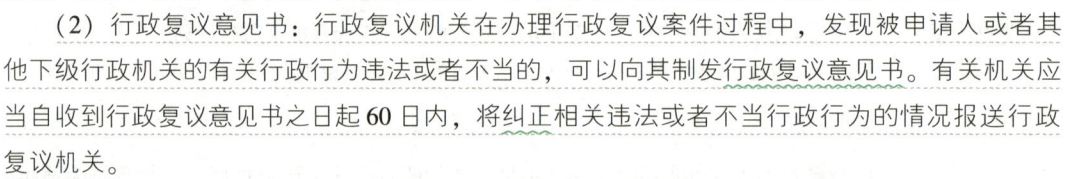

```
                            ┌─ 一般违法 ──┬─ 变更决定
                            │            ├─ 撤销决定 ─── 确认违法决定
                    ┌─ 作为 ─┤            
                    │       └─ 重大且明显违法 ── 确认无效决定
            ┌─ 违法 ─┤
            │       └─ 不作为 ── 履行决定 ── 确认违法决定
   行政行为 ─┤
            │       ┌─ 作为 ── 维持决定
            └─ 合法 ─┤
                    └─ 不作为 ── 驳回请求决定
```

注意：

（1）行政复议决定书：行政复议机关对被申请复议的行政行为进行审查，应当制作行政复议决定书，并加盖行政复议机关印章。行政复议决定书一经送达，即发生法律效力。

（2）行政复议意见书：行政复议机关在办理行政复议案件过程中，发现被申请人或者其他下级行政机关的有关行政行为违法或者不当的，可以向其制发行政复议意见书。有关机关应当自收到行政复议意见书之日起60日内，将纠正相关违法或者不当行政行为的情况报送行政复议机关。

一招制敌 驳回申请决定与驳回请求决定的区别：

（1）适用情形不同：驳回申请决定属于程序性驳回，适用的情形是受理行政复议申请后发现该行政复议申请不符合法律规定的受理条件；驳回请求决定属于实体性驳回，适用的情形是申请人认为行政机关不履行法定职责申请行政复议，行政复议机关受理后发现该行政机关没有相应法定职责或者在受理前已经履行法定职责。

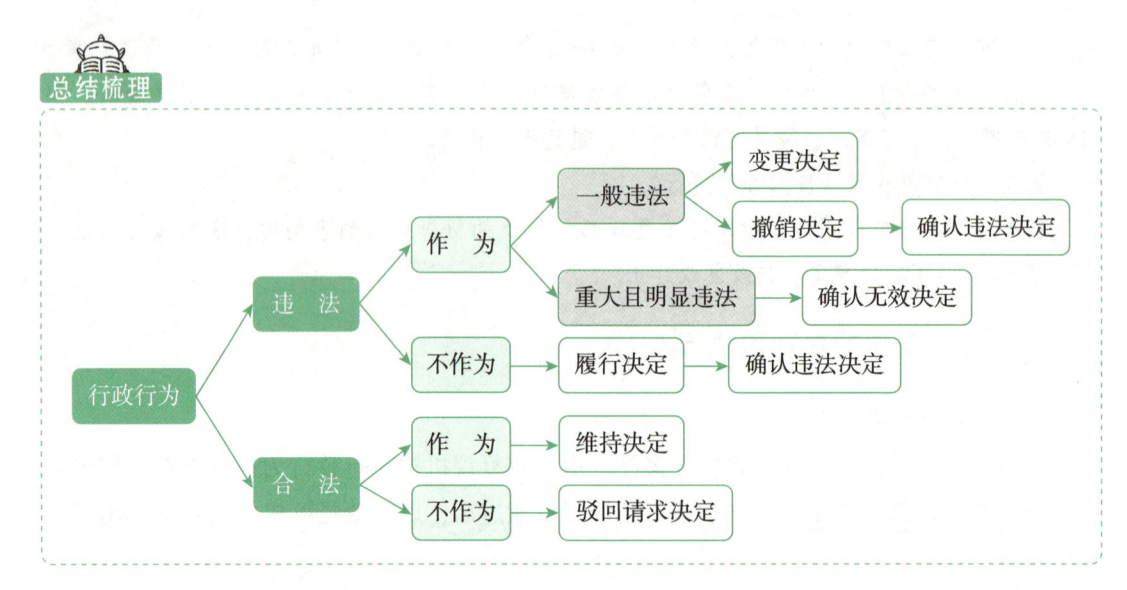

（2）在行政诉讼中的地位不同：申请人对驳回申请决定提起行政诉讼的，视为复议不作为案件；申请人对驳回请求决定提起行政诉讼的，视为复议维持案件。

特别提示：题目中容易出现的陷阱——驳回申请决定与驳回请求决定相互混用，不要被表面的用词所迷惑，要根据适用情形来确定。

[法条链接]《行政复议法》第61条第1款，第63~68、75、76条。

迷你案例

1. 案情：王某向区政府申请信息公开，内容为"某市发（1983）20号《关于处理私有出租房屋社会主义改造遗留问题的通知》是什么时间清理与失效或有效的记录信息"。该通知文件头为"中共某市委文件"，落款署名单位为"中共某市委员会、某市人民政府"。区政府作出《政府信息公开申请答复书》，答复内容为："由于您申请公开的文件是原中共某市委的文件，因此不属于本机关公开职责权限范围。"王某不服，以区政府不作为为由提出行政复议申请。市政府认为，申请人申请公开的文件是原中共某市委的文件，不属于区政府信息公开职责范围，区政府已经对此进行了公开答复。

问题：市政府应当作出何种复议决定？

答案：驳回请求决定。根据《行政复议法》第69条的规定，王某以区政府不作为为由申请行政复议，市政府认为区政府已经履行法定职责，应当决定驳回王某的行政复议请求。

2. 案情：县计生委认定孙某违法生育二胎，决定对孙某征收社会抚养费40 000元。孙某向县政府申请行政复议，要求撤销该决定。县政府维持该决定，并在征收总额中补充列入遗漏的3000元未婚生育社会抚养费。

问题：县政府的行政复议决定是否违法？

答案：违法。县政府在征收总额中补充列入遗漏的费用，属于作出了对申请人更为不利的变更决定，违反了《行政复议法》第63条第2款的规定。

（二）行政复议的执行

不履行情形	强制执行措施
被申请人不履行或者无正当理由拖延履行行政复议决定书、调解书、意见书	行政复议机关或者有关上级行政机关应当责令其限期履行，并可以约谈被申请人的有关负责人或者予以通报批评。
申请人、第三人逾期不起诉又不履行行政复议决定书、调解书	维持行政行为的行政复议决定书：由作出行政行为的行政机关依法强制执行，或者申请法院强制执行。
	变更行政行为的行政复议决定书：由行政复议机关依法强制执行，或者申请法院强制执行。
	行政复议调解书：由行政复议机关依法强制执行，或者申请法院强制执行。

一招制敌 确定行政复议决定的执行方式，首先要区分是申请人、第三人不履行行政复议决定，还是被申请人不履行行政复议决定。这两种情况下的执行方式完全不同：申请人、第三人不履行行政复议决定的，是行政强制执行；被申请人不履行行政复议决定的，是基于上下级领导监督关系的执行。

[法条链接]《行政复议法》第77条第2款、第78条。

迷你案例

案情：某县政府依田某的申请作出行政复议决定，撤销某县公安局对田某车辆的错误登记，责令其在30日内重新登记。

问题：该县公安局拒绝进行重新登记的，应当如何处理？

答案：根据《行政复议法》第77条第2款的规定，复议被申请人该县公安局不履行行政复议决定的，由该县政府责令该县公安局限期重新登记，并可以约谈该县公安局的有关负责人或者予以通报批评。

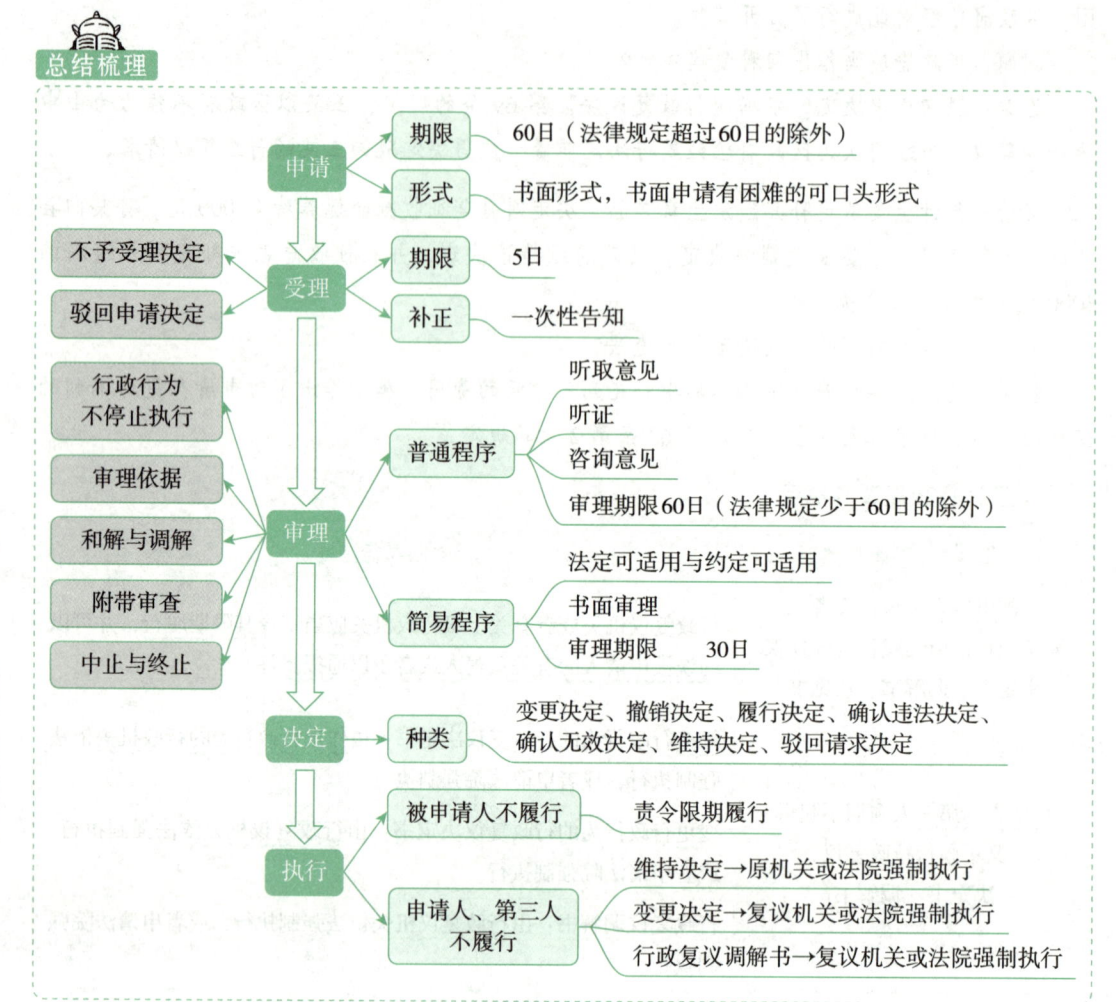

总结梳理

```
申请 ──┬── 期限 ── 60日（法律规定超过60日的除外）
       └── 形式 ── 书面形式，书面申请有困难的可口头形式
  ↓
受理 ──┬── 期限 ── 5日
       └── 补正 ── 一次性告知
  
不予受理决定
驳回申请决定

  ↓
审理 ──┬── 普通程序 ──┬── 听取意见
       │              ├── 听证
       │              ├── 咨询意见
       │              └── 审理期限60日（法律规定少于60日的除外）
       │
       └── 简易程序 ──┬── 法定可适用与约定可适用
                      ├── 书面审理
                      └── 审理期限 30日

行政行为不停止执行
审理依据
和解与调解
附带审查
中止与终止

  ↓
决定 ── 种类 ── 变更决定、撤销决定、履行决定、确认违法决定、
               确认无效决定、维持决定、驳回请求决定
  ↓
执行 ──┬── 被申请人不履行 ── 责令限期履行
       │
       └── 申请人、第三人不履行 ──┬── 维持决定→原机关或法院强制执行
                                   ├── 变更决定→复议机关或法院强制执行
                                   └── 行政复议调解书→复议机关或法院强制执行
```

第六讲 小综案例

案情

王某向市国土局递交《违法用地行为查处申请书》，申请市国土局依法对某公司在未取得国有土地使用权的情况下，违法占用土地进行建设的行为进行查处，并作出书面

答复。市国土局于 2024 年 1 月 22 日对王某作出《不予受理告知书》,理由是市国土局对违法用地行为不具有查处职权,但未告知王某申请行政复议的权利、行政复议机关和申请期限。王某不服,申请行政复议。在行政复议期间,市国土局于 2024 年 3 月 21 日作出《关于撤销不予受理告知书的通知》,并于同年 3 月 22 日作出《市国土资源信访事项转送书》,将王某的申请书转送至某区政府。王某未撤回行政复议申请。

问题

1. 如何确定本案的行政复议机关?
2. 王某的行政复议申请期限如何确定?
3. 该公司能否参加行政复议?
4. 本案中的行政复议程序如何进行?
5. 若行政复议机关审理后认为市国土局对违法用地行为具有查处职权,应当作出何种复议决定?

答案

1. 根据《行政复议法》第 24 条第 1 款第 1 项的规定,对市国土局作出的行政行为不服申请行政复议的,由市政府管辖,市政府为本案的行政复议机关。
2. 市国土局于 2024 年 1 月 22 日对王某作出《不予受理告知书》,但未告知王某申请行政复议的权利、行政复议机关和申请期限。根据《行政复议法》第 20 条第 3 款的规定,王某的行政复议申请期限自其知道或者应当知道申请行政复议的权利、行政复议机关和申请期限之日起计算,但是自 2024 年 1 月 22 日知道行政行为内容之日起最长不得超过 1 年。
3. 该公司能参加行政复议。根据《行政复议法》第 16 条第 1 款的规定,该公司与被申请行政复议的行政行为有利害关系,可以作为第三人申请参加行政复议,或者由行政复议机构通知其作为第三人参加行政复议。
4. 本案属于被申请人市国土局在行政复议期间改变原行政行为的情形,根据《行政复议法实施条例》第 39 条的规定,不影响行政复议案件的审理,行政复议机关应当对市国土局对王某作出的《不予受理告知书》进行审理。
5. 根据《行政复议法》第 65 条第 2 款第 2 项的规定,市国土局改变原违法行政行为——《不予受理告知书》,王某未撤回行政复议申请,行政复议机关应当作出确认《不予受理告知书》违法的复议决定。

第7讲 LECTURE 07

行政诉讼受案范围

应试指导

行政诉讼受案范围是指人民法院可以依法受理行政争议的种类。本讲在案例分析题中考查的重点是行政诉讼的受案标准、应予受理的案件和不予受理的案件，难点是运用法律规范分析判断案件是否属于行政诉讼受案范围。

21 行政诉讼受理的案件

一、行政诉讼的受案标准

法院审理行政案件，对行政行为是否合法进行审查。

一招制敌 法院审查的对象是行政行为，既包括具体行政行为，也包括行政协议行为。对具体行政行为的判断是认定行政诉讼受案范围的关键。

[法条链接]《行政诉讼法》第2、6条；《行诉解释》第1条第1款。

迷你案例

案情：某市经济发展局根据A公司的申请，作出"鉴于B公司自愿放弃其在某合营公司的股权，退出该合营公司，恢复A公司在该合营公司的股东地位"的批复。B公司不服，向法院提起诉讼。

问题：该市经济发展局的批复是否属于行政诉讼受案范围？

答案：属于。该市经济发展局的批复是对B公司的权利义务进行具体处理的行为，是具体行政行为，属于行政诉讼受案范围。

二、行政诉讼应予受理的案件

应予受理的案件包括：①行政处罚案件；②行政强制案件；③行政许可案件；④行政确权案件；⑤行政征收、征用案件；⑥不履行法定职责案件；⑦侵犯法律规定的经营自主权或者农村土地承包经营权、农村土地经营权的案件；⑧侵犯公平竞争权案件；⑨违法要求履行义务案件；⑩行政给付案件；⑪政府信息公开案件；⑫行政协议案件。

一招制敌 行政协议案件的考试陷阱：行政机关认为公民、法人或者其他组织不依法履行、未按照约定履行行政协议而提起行政诉讼的，不属于行政诉讼受案范围，行政机关可以依法实施行政强制执行。

[法条链接]《行政诉讼法》第12条第1款。

迷你案例

案情：区住房和城乡建设局以王某不履行双方签订的房屋征收补偿协议为由向法院起诉。

问题：本案是否属于行政诉讼受案范围？

答案：不属于。根据《行政诉讼法》第12条第1款第11项的规定，行政机关不依法履行房屋征收补偿协议的行为属于行政诉讼受案范围，但王某不履行房屋征收补偿协议的行为不属于前述规定情形，故本案不属于行政诉讼受案范围。

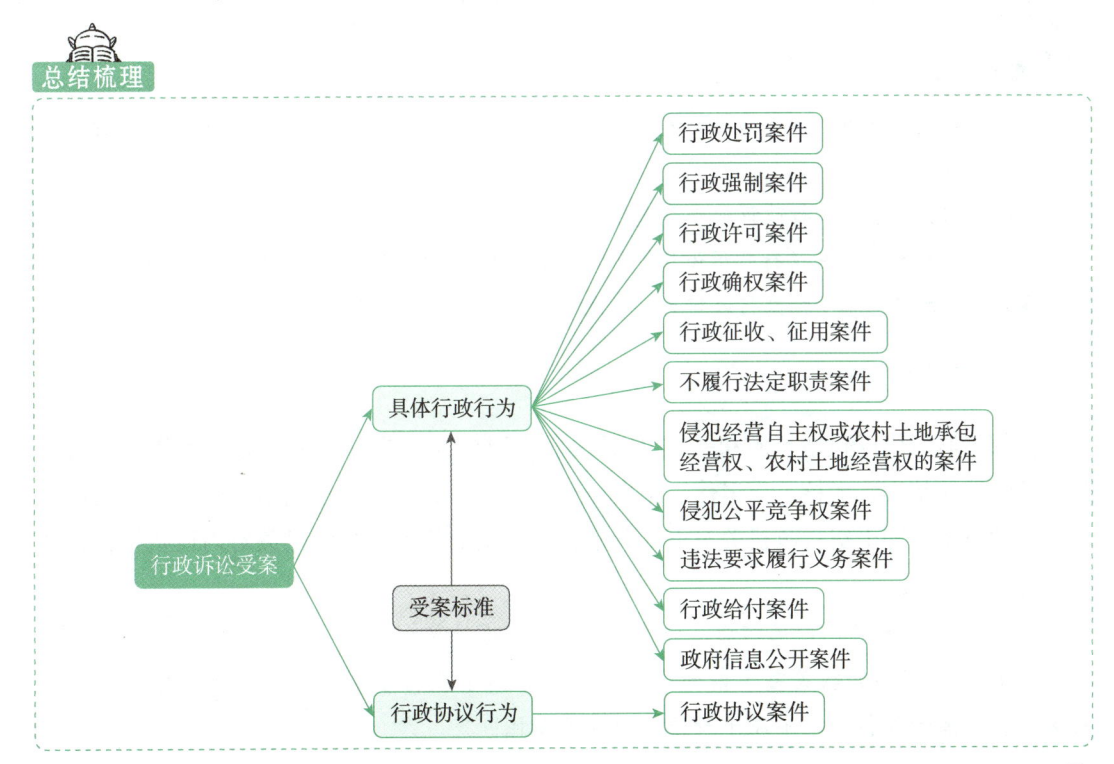

总结梳理

```
                                              ┌─ 行政处罚案件
                                              ├─ 行政强制案件
                                              ├─ 行政许可案件
                                              ├─ 行政确权案件
                                              ├─ 行政征收、征用案件
                            ┌─ 具体行政行为 ──┼─ 不履行法定职责案件
                            │                 ├─ 侵犯经营自主权或农村土地承包
                            │                 │   经营权、农村土地经营权的案件
            行政诉讼受案 ──┤                 ├─ 侵犯公平竞争权案件
                            │      ↕          ├─ 违法要求履行义务案件
                            │   受案标准      ├─ 行政给付案件
                            │                 └─ 政府信息公开案件
                            └─ 行政协议行为 ── 行政协议案件
```

22 行政诉讼不予受理的案件

一、国家行为

国家行为，是指特定国家机关根据宪法和法律的授权，以国家的名义实施的有关国防和外交事务的行为，以及经宪法和法律授权的国家机关宣布紧急状态、实施戒严和总动员等行为。

一招制敌 从行为主体来判断国家行为：国务院、中央军委、国防部、外交部。

二、抽象行政行为

抽象行政行为，是指行政机关制定行政法规、行政规章和制定、发布具有普遍约束力的决定、命令的行为。

注意：行政诉讼法虽然赋予公民、法人或者其他组织申请法院对抽象行政行为中的规章以下行政规范性文件（不含规章）审查的权利，但只是附带申请审查，而不是直接起诉规章以下行政规范性文件，抽象行政行为仍然不属于行政诉讼受案范围。

迷你案例

案情：县政府发布全县征地补偿安置标准的文件。村民万某以文件确定的补偿标准过低为由向法院起诉。

问题：本案是否属于行政诉讼受案范围？

答案：不属于。根据《行政诉讼法》第13条第2项的规定，县政府发布全县征地补偿安置标准的文件的行为属于抽象行政行为，不属于行政诉讼受案范围。

三、内部行政行为

内部行政行为既包括行政机关的内部人事管理行为，即行政机关对其工作人员的奖惩、任免以及培训、考核、离退休、工资、休假等方面的决定，也包括行政机关、行政机构之间的行为，即上级行政机关对下级行政机关作出的行为、行政机关对内设机构作出的行为等。

［例1］行政机关的内部沟通、会签意见、内部报批等行为，不属于行政诉讼受案范围。

［例2］上级行政机关基于内部层级监督关系对下级行政机关作出的听取报告、执法检查、督促履责等行为，不属于行政诉讼受案范围。

> **一招制敌** 内部行政行为不属于行政诉讼受案范围；外部行政行为一般是具体行政行为，属于行政诉讼受案范围。内部行政行为就是对行政系统内的下级行政机关、内设机构、工作人员所作的行为；外部行政行为就是对行政系统外的公民、法人或者其他组织所作的行为。

四、最终裁决行为

行政机关最终裁决的行政行为只能由法律规定，这里的"法律"仅限于全国人大及其常委会制定、通过的规范性文件。

五、刑事侦查行为

刑事侦查行为，是指公安、国家安全等机关以刑事侦查机关身份实施的行为。

注意： 刑事侦查行为只能是公安、国家安全等机关在《刑事诉讼法》的明确授权范围内实施的行为。

[例] 讯问刑事犯罪嫌疑人，询问证人，检查、搜查、扣押物品（物证、书证），冻结存款、汇款，通缉，拘传，取保候审，保外就医，监视居住，刑事拘留，执行逮捕，等等。

> **一招制敌** 公安、国家安全等机关在《刑事诉讼法》授权范围之外所实施的行为一般都推定为具体行政行为，属于行政诉讼受案范围。

> **迷你案例**
> 案情：方某在妻子失踪后向公安局报案，要求立案侦查，遭拒绝后向法院起诉请求确认公安局的行为违法。
> 问题：本案是否属于行政诉讼受案范围？
> 答案：不属于。根据《行诉解释》第1条第2款第1项的规定，公安局的拒绝立案侦查行为属于"公安、国家安全等机关依照刑事诉讼法的明确授权实施的行为"，不属于行政诉讼受案范围。

六、行政调解行为和仲裁行为

1. 行政调解，是指行政机关劝导发生民事争议的当事人自愿达成协议的一种行政活动。

> **一招制敌** ①行政机关借调解之名，违背当事人的意志作出具有强制性的决定，视为行政裁决行为；②行政机关在调解过程中实施了具体行政行为，如采取了强制措施。这两种情形都属于行政诉讼受案范围。

2. 行政仲裁，是指行政机关下设的仲裁机构以中立身份按照法定程序对平等主体之间的民事纠纷作出有法律拘束力的裁决。

> **一招制敌** 当事人一方不服行政仲裁裁决的，可以依法提起民事诉讼，但不能提起行政诉讼。

七、行政指导行为

行政指导行为，是指行政机关以倡导、示范、建议、咨询等方式，引导公民自愿配合而达到行政管理目的的行为。

一招制敌 如果行政机关在实施行政指导时带有强制性，那么这种"假指导，真强制"的行为就属于行政诉讼受案范围。

八、重复处理行为

重复处理行为，是指行政机关根据公民的申请或者申诉，对原有的生效行政行为作出的没有任何改变的二次决定。

注意："申诉"不是指申请行政复议行为，而是指当事人在超过行政复议申请期限和行政诉讼起诉期限的情况下，对已经生效的行政行为不服而向有关行政机关提出的申诉。

迷你案例

案情：某区房屋租赁管理办公室向甲公司颁发了房屋租赁许可证，乙公司以此证办理程序不合法为由，要求该办公室撤销房屋租赁许可证，但被拒绝。后乙公司又致函该办公室，要求撤销房屋租赁许可证，该办公室作出"房屋租赁许可证有效，不予撤销"的书面答复。乙公司向法院起诉，要求撤销该书面答复。

问题：本案是否属于行政诉讼受案范围？

答案：不属于。该区房屋租赁管理办公室对乙公司的致函作出"房屋租赁许可证有效，不予撤销"的书面答复属于重复处理行为，根据《行诉解释》第1条第2款第4项的规定，不属于行政诉讼受案范围。

九、执行生效裁判行为

执行生效裁判行为，是指行政机关根据法院的生效裁判、协助执行通知书作出的执行行为。

一招制敌 行政机关执行生效裁判时，扩大执行范围或者采取违法方式实施的行为，属于行政诉讼受案范围。

十、对公民、法人或者其他组织权利义务不产生实际影响的行为

对公民、法人或者其他组织权利义务不产生实际影响的行为，是指行政机关在作出行政行为之前实施的各种准备行为、阶段性行为、过程性行为。

注意："实际影响"，是指使公民、法人或者其他组织的权利义务发生了变化，如限制、减少权利，增加、免除、减少义务等；"没有实际影响"意味着行政活动没有使公民、法人或

者其他组织的权利义务发生实在的变动。

[例1] 行政机关为作出行政行为而实施的准备、论证、研究、层报、咨询等行为，属于行政过程性行为，不属于行政诉讼受案范围。

[例2] 行政机关对信访事项作出的登记、受理、交办、转送、承办、协调处理、监督检查、指导等行为，不属于行政诉讼受案范围。

一招制敌▶ 行政许可过程中的告知申请人补正申请材料、听证等通知行为，不属于行政诉讼受案范围；但是若告知补正申请材料、听证等通知行为对于申请人或利害关系人具有事实上的最终性，则属于行政诉讼受案范围。

迷你案例

案情：市场监管局向申请餐饮服务许可证的李某通知补正申请材料，李某认为通知内容违法，遂起诉。

问题：本案是否属于行政诉讼受案范围？

答案：不属于。市场监管局通知李某补正申请材料不会导致许可程序对李某事实上终止，补正申请材料的通知作为过程性行为，根据《最高人民法院关于审理行政许可案件若干问题的规定》（以下简称《行政许可案件规定》）第3条的规定，不属于行政诉讼受案范围。

一招制敌▶ 公民、法人或者其他组织认为行政机关不依法履行主动公开政府信息义务时：①直接向法院提起诉讼的，不属于行政诉讼受案范围；②向行政机关申请获取相关政府信息后，对行政机关的答复或者逾期不予答复不服，向法院提起诉讼的，属于行政诉讼受案范围。

迷你案例

案情：黄某要求市政府提供公开发行的2010年市政府公报，遭拒绝后向法院起诉。

问题：本案是否属于行政诉讼受案范围？

答案：不属于。公开发行的2010年市政府公报属于公开出版物，根据《政府信息公开案件规定》第2条第2项的规定，黄某要求市政府提供公开出版物，市政府拒绝提供的行为不属于行政诉讼受案范围。

[指导案例]

1. 地方人民政府对其所属行政管理部门的请示作出的批复，一般属于内部行政行为，不可对此提起诉讼。但行政管理部门直接将该批复付诸实施并对行政相对人的权利义务产生了实际影响，行政相对人对该批复不服提起诉讼的，人民法院应当依法受理。（最高人民法院指导案例22号：魏永高、陈守志诉来安县人民政府收回土地使用权批复案）

2. 当事人认为行政机关作出的程序性行政行为侵犯其人身权、财产权等合法权益，对其权利义务产生明显的实际影响，且无法通过提起针对相关的实体性行政行为的诉讼获得救济，而对该程序性行政行为提起行政诉讼的，人民法院应当依法受理。（最高人民法院

指导案例69号：王明德诉乐山市人力资源和社会保障局工伤认定案）

3. 行政机关对与举报人有利害关系的举报仅作出告知性答复，未按法律规定对举报进行处理，不属于《行诉解释》第1条第2款第10项规定的"对公民、法人或者其他组织权利义务不产生实际影响的行为"，因而具有可诉性，属于人民法院行政诉讼的受案范围。(最高人民法院指导案例77号：罗镕荣诉吉安市物价局物价行政处理案）

[法条链接]《行政诉讼法》第13条；《行诉解释》第1条第2款，第2条第1、4款；《行政许可案件规定》第3条；《政府信息公开案件规定》第2、3条。

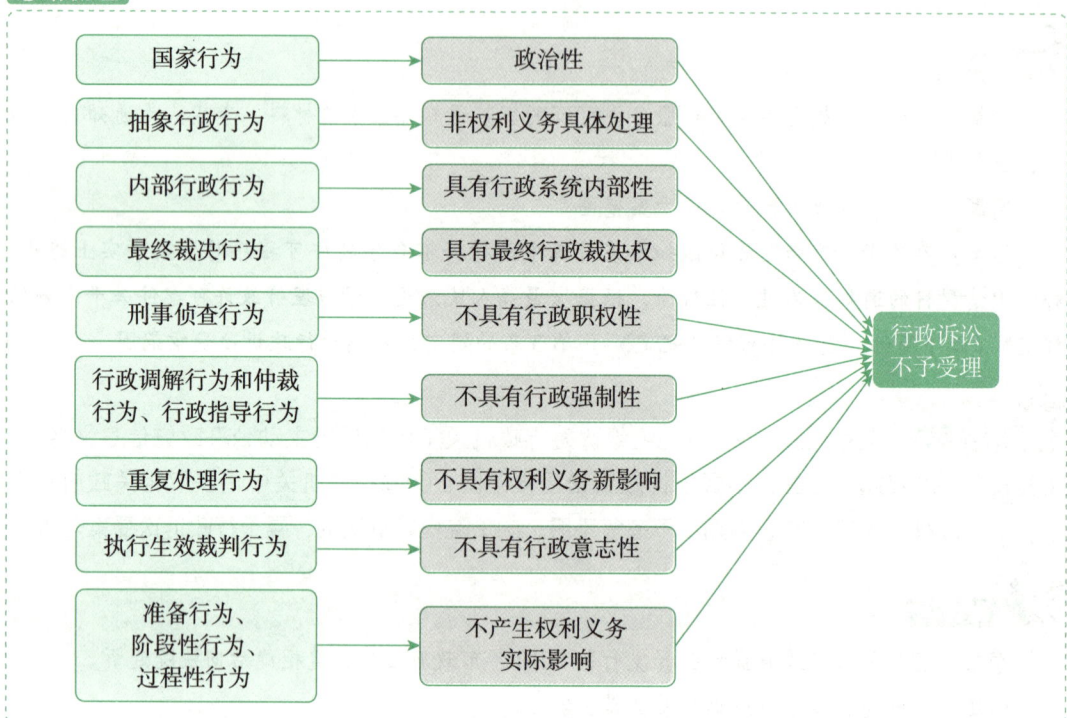

总结梳理

行为	理由	结果
国家行为	政治性	行政诉讼不予受理
抽象行政行为	非权利义务具体处理	
内部行政行为	具有行政系统内部性	
最终裁决行为	具有最终行政裁决权	
刑事侦查行为	不具有行政职权性	
行政调解行为和仲裁行为、行政指导行为	不具有行政强制性	
重复处理行为	不具有权利义务新影响	
执行生效裁判行为	不具有行政意志性	
准备行为、阶段性行为、过程性行为	不产生权利义务实际影响	

第七讲 小综案例

[案情]

市林业局接到关于孙某毁林采矿的举报，遂致函当地县政府，要求调查。县政府召开专题会议形成会议纪要：由县林业局、矿产资源管理局与应急管理局负责调查处理。

经调查并与孙某沟通，三部门形成处理意见：要求孙某合法开采，如发现有毁林或安全事故，将依法查处。再次接到举报后，三部门共同发出责令孙某立即停止违法开采，并对被破坏的生态进行整治的通知。

问题

1. 市林业局的致函是否具有可诉性？
2. 县政府的会议纪要是否具有可诉性？
3. 三部门共同发出的通知是否具有可诉性？

答案

1. 不具有。市林业局向县政府的致函是行政机关之间的事务处理，未涉及对孙某采矿事务的处置，属于不产生外部法律效力的内部行政行为。根据《行诉解释》第1条第2款第5项的规定，市林业局的致函不具有可诉性。
2. 不具有。县政府的会议纪要是对行政机关处置举报的分工和安排，属于不产生外部法律效力的内部行政行为。根据《行诉解释》第1条第2款第5项的规定，县政府的会议纪要不具有可诉性。
3. 具有。三部门共同发出的通知直接影响到孙某的权利义务，属于具体行政行为，具有可诉性。

第8讲 LECTURE 08

行政诉讼当事人

> **应试指导**
>
> 本讲在案例分析题中考查的重点是行政诉讼的原告、被告、第三人、共同诉讼人的确认规则，难点是分析判断案例中的原告和被告资格。

23 行政诉讼的原告

行政行为的相对人以及其他与行政行为有利害关系的公民、法人或者其他组织，有权提起行政诉讼。

一、利害关系人的原告资格

（一）相邻权人的原告资格

相邻权，是指不动产的占有人在行使其物权时，对相邻的他人不动产所享有的特定支配权，主要包括截水、排水、通行、通风、采光等权利。行政行为侵害其相邻权的，相邻权人有权提起行政诉讼。

迷你案例

案情：某公司向规划和自然资源局缴纳一定费用后获得了该局发放的建设用地规划许可

证。刘某的房屋紧邻该许可规划用地。刘某认为该建筑工程完工后将影响其房屋采光，遂向法院起诉，请求撤销该许可证。

问题：刘某是否具有原告资格？

答案：具有。规划和自然资源局发放给该公司建设用地规划许可证，该公司的建筑工程完工后会影响刘某的相邻权，根据《行政诉讼法》第25条第1款和《行诉解释》第12条第1项的规定，刘某作为该许可证的利害关系人，有权提起行政诉讼，其具有原告资格。

（二）公平竞争权人的原告资格

公民、法人或者其他组织认为行政机关滥用行政权力排除或者限制竞争的，有权提起行政诉讼。

迷你案例

案情：甲市人民政府在召集有关职能部门、城市公共交通运营公司（以下简称"城市公交公司"）召开协调会后，下发了甲市人民政府《会议纪要》，明确：城市公交公司的运营范围界定在经批准的城市规划区内；城市公交公司在城市规划区内开通的线路要保证正常运营，免缴交通规费。田某、孙某和王某是经交通部门批准的三家运输经营户，他们的运营线路与《会议纪要》规定免缴交通规费的城市公交公司的两条运营线路重叠，但依《会议纪要》的规定，三人不能享受免缴交通规费的优惠。三人不服，向法院提起诉讼，要求撤销《会议纪要》中关于城市公交公司免缴交通规费的规定。

问题：田某、孙某和王某三人是否具有原告资格？为什么？

答案：田某、孙某和王某三人具有原告资格。根据《行政诉讼法》第25条第1款和《行诉解释》第12条第1项的规定，甲市人民政府的决定直接影响到了田某、孙某和王某三人的公平竞争权，因此，三人具有原告资格。

（三）受害人的原告资格

受害人，是指受到其他公民（加害人）违法行为侵害的人。受害人有权要求行政机关追究加害人责任，有权对行政机关的处理行为提起行政诉讼。

提示 ①加害人或者受害人中起诉的一方是原告，没有起诉的一方是第三人；②加害人认为行政处罚过重而起诉，受害人认为行政处罚过轻也同时起诉的，受害人和加害人都是原告，但他们不是共同原告。

迷你案例

案情：A市李某驾车送人前往B市，在B市甲区与乙区居民范某的车相撞，并将后者打伤。B市甲区公安分局决定扣留李某的汽车，对其拘留5日并处罚款300元。

问题：范某是否有权提起行政诉讼？

答案：有权。根据《行政诉讼法》第25条第1款和《行诉解释》第12条第3项的规定，范某作为受害人，与B市甲区公安分局对李某作出的拘留5日并处罚款300元的决定有利害关系，有权提起行政诉讼。

（四）营利法人投资人和非营利法人出资人、设立人的原告资格

1. 营利法人投资人的原告资格

联营企业、中外合资企业、中外合作企业的联营、合资、合作各方，认为联营、合资、合作企业权益或者自己一方合法权益受行政行为侵害的，有权以自己的名义提起行政诉讼。

2. 非营利法人出资人、设立人的原告资格

事业单位、社会团体、基金会、社会服务机构等非营利法人的出资人、设立人认为行政行为损害法人合法权益的，有权以自己的名义提起行政诉讼。

迷你案例

案情：某市市场监管部门发现，某中外合资游戏软件开发公司生产的一种软件带有暴力和色情内容，决定没收该软件，并对该公司处以3万元罚款。中方投资者接受处罚，但外方投资者认为该处罚决定既损害了公司的利益，也侵害了自己的权益，遂向法院提起行政诉讼。

问题：外方投资者是否具有原告资格？

答案：具有。根据《行诉解释》第16条第2款的规定，该中外合资游戏软件开发公司的外方投资者认为该市市场监管部门的处罚决定既损害了公司的利益，也侵害了自己的权益，可以自己的名义提起行政诉讼。

（五）非国有企业的原告资格

非国有企业被行政机关注销、撤销、合并、强令兼并、出售、分立或者改变企业隶属关系的，该企业或者其法定代表人有权提起行政诉讼。

> **提示** 非国有企业的法定代表人起诉时是以自己的名义，而不是以企业的名义，法定代表人具有原告资格。

（六）投诉、举报人的原告资格

为维护自身合法权益向行政机关投诉，具有处理投诉职责的行政机关作出或者未作出处理的，公民、法人或者其他组织具有原告资格。

一招制敌 并非为了维护自身合法权益或者与被投诉事项没有关联的"职业打假人"或"投诉专业户"，不具有原告资格。

[指导案例] 举报人就其自身合法权益受侵害向行政机关进行举报的，与行政机关的举报处理行为具有法律上的利害关系，具备行政诉讼原告主体资格。（最高人民法院指导案例77号：罗镕荣诉吉安市物价局物价行政处理案）

（七）债权人的原告资格

债权人一般不具有行政诉讼原告资格，债权人以行政机关对债务人所作的行政行为损

害债权实现为由提起行政诉讼的，法院应当告知其就民事争议提起民事诉讼。若行政机关作出行政行为时依法应予保护或者考虑债权人的债权，但是没有保护或者考虑，则债权人具有行政诉讼原告资格。

[例] 保险合同的投保人、受益人认为保险监管部门对保险公司的接管行为没有保护其合法权益的，有权提起行政诉讼。

（八）涉及业主共有利益行政案件的原告资格

对于行政机关作出的涉及业主共有利益的行政行为，业主委员会具有原告资格。业主委员会不起诉的，专有部分占建筑物总面积过半数或者占总户数过半数的业主具有原告资格。

（九）个体工商户的原告资格

行政行为涉及个体工商户合法权益，个体工商户提起行政诉讼的，以营业执照上登记的经营者为原告。有字号的，以营业执照上登记的字号为原告，并应当注明该字号经营者的基本信息。

（十）行政协议案件中的原告资格

行政协议案件中的原告一般是行政协议的相对人，行政协议的利害关系人也具有原告资格。

行政协议的利害关系人的原告资格有以下两种情形：

1. 公平竞争权人的原告资格。参与招标、拍卖、挂牌等竞争性活动，认为行政机关应当依法与其订立行政协议但行政机关拒绝订立，或者认为行政机关与他人订立行政协议损害其合法权益的公民、法人或者其他组织，有权提起行政诉讼。

2. 用益物权人、公房承租人的原告资格。认为征收征用补偿协议损害其合法权益的被征收征用土地、房屋等不动产的用益物权人、公房承租人，有权提起行政诉讼。

二、原告资格的转移

1. 公民原告资格的转移
（1）有权提起诉讼的公民死亡；
（2）其近亲属可以提起诉讼；
（3）近亲属包括配偶、父母、子女、兄弟姐妹、祖父母、外祖父母、孙子女、外孙子女和其他具有扶养、赡养关系的亲属。

2. 法人或者其他组织原告资格的转移
（1）有权提起诉讼的法人或者其他组织终止；
（2）承受其权利的法人或者其他组织可以提起诉讼。

迷你案例

案情：经王某请求，国家专利复审机构宣告授予李某的专利权无效，并于2011年5月20日向李某送达决定书。6月10日，李某因交通事故意外死亡。李某的妻子不服决定，向法院提起行政诉讼。

问题：李某的妻子是否具有原告资格？

答案：具有。根据《行政诉讼法》第25条第2款和《行诉解释》第14条第1款的规定，李某因交通意外死亡，李某的妻子作为其近亲属，可以提起行政诉讼。

[法条链接]《行政诉讼法》第25条第1~3款；《行诉解释》第12、13条，第14条第1款，第15条第2款，第16条第2、3款，第17、18条；《行政协议案件规定》第5条。

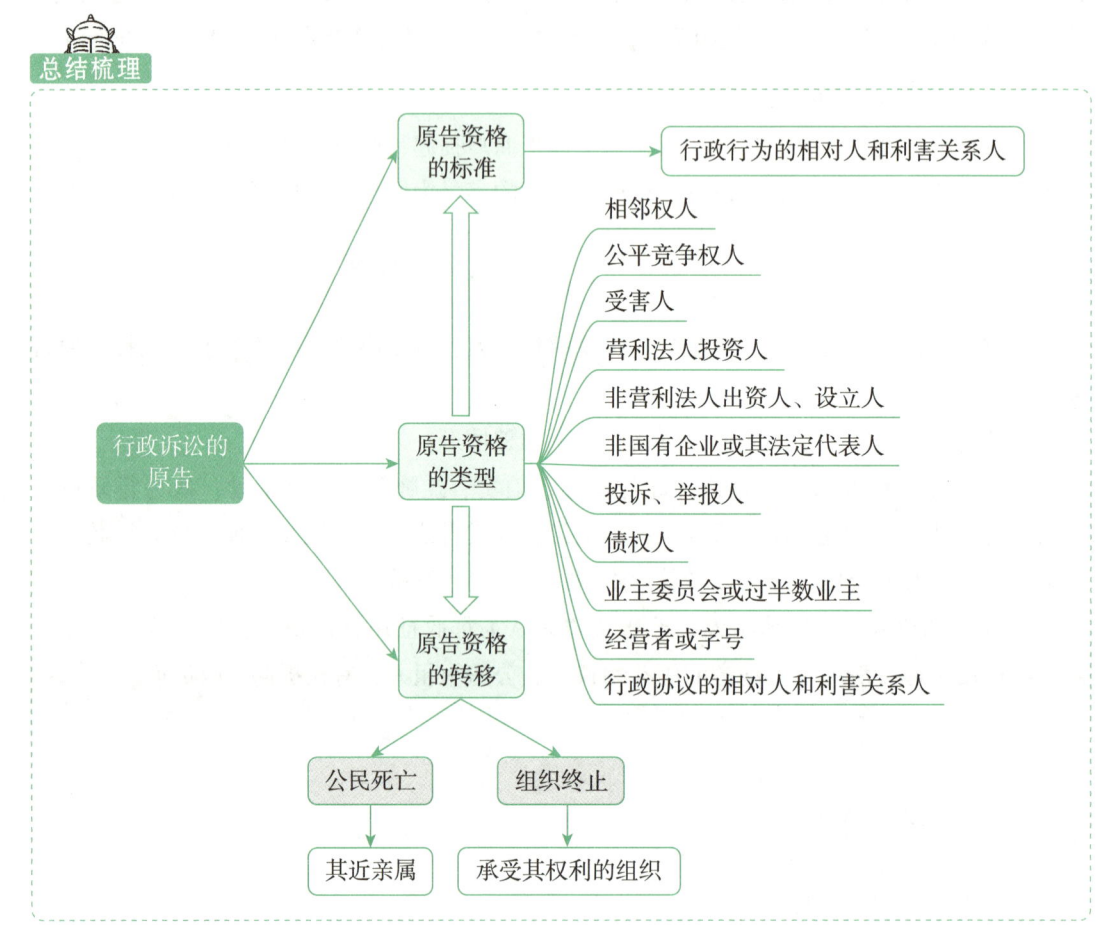

总结梳理

行政诉讼的原告
- 原告资格的标准 → 行政行为的相对人和利害关系人
- 原告资格的类型
  - 相邻权人
  - 公平竞争权人
  - 受害人
  - 营利法人投资人
  - 非营利法人出资人、设立人
  - 非国有企业或其法定代表人
  - 投诉、举报人
  - 债权人
  - 业主委员会或过半数业主
  - 经营者或字号
  - 行政协议的相对人和利害关系人
- 原告资格的转移
  - 公民死亡 → 其近亲属
  - 组织终止 → 承受其权利的组织

24 行政诉讼的被告

行政诉讼的被告，是指由原告指控其行政行为违法，侵犯原告的合法权益，经法院通知应诉的行政机关或法律、法规、规章授权的组织。

一、一般情况下的被告

原则上，作出行政行为的行政机关是被告。特殊情形有：

（一）授权行政与委托行政中的被告

在授权行政中，被授权组织是被告；在委托行政中，委托的行政机关是被告。

1. 授权行政

（1）当事人对村民委员会或者居民委员会依据法律、法规、规章的授权履行行政管理职责的行为不服提起诉讼的，以村民委员会或者居民委员会为被告；

（2）当事人对高等学校等事业单位以及律师协会、注册会计师协会等行业协会依据法律、法规、规章的授权实施的行政行为不服提起诉讼的，以该事业单位、行业协会为被告。

2. 委托行政

（1）当事人对村民委员会、居民委员会受行政机关委托作出的行为不服提起诉讼的，以委托的行政机关为被告；

（2）当事人对高等学校等事业单位以及律师协会、注册会计师协会等行业协会受行政机关委托作出的行为不服提起诉讼的，以委托的行政机关为被告。

注意1：市、县级人民政府确定的房屋征收部门组织实施房屋征收与补偿工作过程中作出行政行为，被征收人不服提起诉讼的，以房屋征收部门为被告。

注意2：征收实施单位受房屋征收部门委托，在委托范围内从事的行为，被征收人不服提起诉讼的，应当以房屋征收部门为被告。

一招制敌 "授权"只有法律授权、法规授权、规章授权三种形式，规章以下的规范性文件"授权"都视为委托。

迷你案例

案情：甲县政府设立的临时机构基础设施建设指挥部认定小区有10户居民的自建围墙及附属房系违法建筑，指令乙镇政府具体负责强制拆除。该10户居民对此决定不服而起诉。

问题：如何确定本案被告？

答案：基础设施建设指挥部作为甲县政府设立的临时机构，不具有独立承担法律责任的能力，该10户居民对基础设施建设指挥部作出的决定不服而起诉，根据《行诉解释》第20条第1款的规定，应当以设立基础设施建设指挥部的甲县政府为被告。

（二）不作为案件中的被告

不作为案件被告的确认标准有两个：

1. 形式标准，即公民是否提出了申请，以及是哪个行政机关接到了申请。在公民提出了申请的情况下，行政机关未作出任何法律行为的，以接到申请的行政机关为被告。

2. 实质标准，即接到申请的行政机关是否有作为的职责。只有具备法定作为职责的行政机关才能做被告。

通常的做法是以实质标准为主、形式标准为辅。

（三）经上级机关批准而作出行政行为的被告

具体行政行为的作出或者生效需要经上级行政机关批准的行政诉讼案件，以在对外发生法律效力的文书上署名的机关为被告。

一招制敌 经上级机关批准而作出行政行为的案件中，行政诉讼的被告与行政复议的被申请人的不同：行政诉讼中，以署名机关为被告；行政复议中，以上级行政机关（即批准机关）为被申请人。

迷你案例

案情：A企业经拍卖取得某块国有土地使用权后，长期未予开发建设。市自然资源局以A企业浪费土地资源为由向市政府申请收回该块国有土地使用权，市政府作出批准市自然资源局收回A企业土地使用权的批复，市自然资源局直接把市政府的批复交由市土地储备中心执行。A企业不服，针对市政府的批复提起诉讼。

问题：如何确定本案被告？

答案：市政府作出批准市自然资源局收回A企业土地使用权的批复，在对外发生法律效力的文书上署名的机关是市政府，根据《行诉解释》第19条的规定，本案被告是市政府。

[法条链接]《行政诉讼法》第26条第1、5款；《行诉解释》第19条，第20条第1、3款，第24、25条。

二、行政机构案件的被告

有无授权	名义	是否越权	被告
无	行政机构	—	所属行政机关
有		没有超出授权范围	行政机构
		超出授权范围	

［例1］公安局的内设机构——治安科没有罚款授权，其实施治安罚款的，被告是公安局。

［例2］公安局的派出机构——派出所有500元以下罚款的授权，其在授权范围内作出行政行为（罚款200元）的，被告是派出所；超出授权范围作出行政行为（罚款1000元）的，被告是派出所。

[法条链接]《行诉解释》第20条第1、2款。

三、开发区案件的被告

开发区种类		作出行政行为的主体	被　　告
开发区管理机构有行政主体资格	由国务院、省级政府批准设立的开发区	开发区管理机构	开发区管理机构
		开发区管理机构所属职能部门	开发区管理机构所属职能部门
	其他开发区	开发区管理机构	开发区管理机构
		开发区管理机构所属职能部门	
开发区管理机构没有行政主体资格		开发区管理机构	设立开发区管理机构的地方政府
		开发区管理机构所属职能部门	

[法条链接]《行诉解释》第 21 条。

迷你案例

案情：王某与曹某曾为夫妻，二人在不符合二胎生育条件的情况下，于 2011 年又生育一女孩。运河经济开发区管理委员会社会事务管理局（以下简称"运河管委会社管局"）作出社会抚养费征收决定书。王某与曹某不服该决定，向法院提起行政诉讼。法院受理案件后查明：运河经济开发区是由省政府批准设立的省级开发区。

问题：如何确定本案被告？

答案：运河经济开发区是由省政府批准设立的省级开发区，运河管委会社管局是运河经济开发区所属职能部门，因此，王某与曹某对运河管委会社管局作出的社会抚养费征收决定不服，提起行政诉讼，根据《行诉解释》第 21 条的规定，应当以运河管委会社管局为被告。

四、经复议案件的被告

经过复议的案件有两种情形：复议不作为和复议作为。确定经复议案件的被告的关键在于诉什么行为。

（一）行政复议不作为案件

行政复议不作为案件，由原告选择被诉行为，根据被诉行为确定被告。因此，在复议不作为案件中，由原告选择被告：①原告认为复议机关不履行法定复议职责，诉复议机关不作为的，被告是复议机关；②原告诉原行政行为的，被告是作出原行政行为的行政机关。

迷你案例

案情：镇政府确认了甲对某块土地的承包经营权，乙以侵犯其土地承包经营权为由向县政府申请复议，县政府以超出法定申请期限为由驳回了乙的复议申请。乙提起诉讼，请求法院确认镇政府的行为违法。

问题：如何确定本案被告？

答案：复议机关县政府以超出法定申请期限为由驳回了乙的复议申请，根据《行诉解释》第133条的规定，本案应当为行政复议不作为案件。乙提起诉讼，请求法院确认镇政府的行为违法，属于起诉原行政行为，根据《行政诉讼法》第26条第3款的规定，应当以作出原行政行为的行政机关即镇政府为被告。

（二）行政复议作为案件

行政复议作为案件中，行政复议决定有两种情形：复议改变决定和复议维持决定。原告提起行政诉讼时，被诉行政行为不由原告选择，被告也不由原告选择：①复议改变的，原告只能诉复议改变决定，不能诉原行政行为，被告是复议机关，不能是原行为机关。②复议维持的，原告既要诉原行政行为，又要诉复议维持决定，原行为机关和复议机关为共同被告。注意，这里的被告必须是共同被告。原告只起诉原行为机关或者复议机关的，法院应当告知原告追加被告。原告不同意追加的，法院应当将另一机关列为共同被告。

注意：复议改变案件、复议维持案件、复议不作为案件的区分

案件类型		具体情形
复议作为案件	复议改变案件	（1）复议机关改变原行政行为的处理结果； （2）复议机关确认原行政行为违法（以违反法定程序为由确认原行政行为违法的除外）； （3）复议机关确认原行政行为无效。
	复议维持案件	（1）复议机关改变原行政行为所认定的主要事实和证据、改变原行政行为所适用的规范依据，但未改变原行政行为处理结果； （2）复议机关以违反法定程序为由确认原行政行为违法； （3）行政复议决定既有维持原行政行为内容，又有改变原行政行为内容或者不予受理申请内容； （4）复议机关驳回复议请求。（实体性驳回决定）
复议不作为案件		复议机关驳回复议申请。（程序性驳回决定）

[法条链接]《行政诉讼法》第26条第2、3款；《行诉解释》第22、133条，第134条第1、2款。

五、行政许可案件中的被告

案件情形		被告
下级行政机关作出行政许可 （须经上级行政机关批准）	对行政许可决定不服	下级行政机关
	对批准或者不批准行为不服	下级行政机关与上级行政机关为共同被告

续表

案件情形		被告
上级行政机关作出行政许可（须经下级行政机关初步审查并上报）	对不予初步审查或者不予上报不服	下级行政机关
多个行政机关统一办理行政许可		对当事人作出具有实质影响的不利行为的机关

[法条链接]《行政许可案件规定》第4、5条。

迷你案例

案情：根据国家规定，有关生物遗传研究的行政许可需先经省、自治区、直辖市科技厅初步审查，然后由省、自治区、直辖市科技厅上报科技部批准。某生物科技公司申请生物遗传研究，向某省科技厅提出申请，该省科技厅审查后上报科技部，科技部不予批准。该生物科技公司提起诉讼。

问题：如何确定本案被告？

答案：根据《行政许可案件规定》第4条的规定，本案的被告有三种情况：①若科技部作出不予许可决定，则以科技部为被告。②若该省科技厅作出不予许可决定，则以该省科技厅为被告；该生物科技公司对科技部的不批准行为不服一并提起诉讼的，以科技部和该省科技厅为共同被告。③若该省科技厅没有上报科技部，则以该省科技厅为被告。

六、政府信息公开案件中的被告

案件情形		被告
依申请公开政府信息行政行为	作出答复	作出答复的机关
	逾期未作出答复	受理申请的机关
主动公开政府信息行政行为		公开该政府信息的机关
政府信息公开与否的答复依法报经有权机关批准		在对外发生法律效力的文书上署名的机关
政府信息是否可以公开系由国家保密行政管理部门或者省、自治区、直辖市保密行政管理部门确定		
行政机关在公开政府信息前与有关行政机关进行沟通、确认		

[法条链接]《政府信息公开案件规定》第4条第1、2、4款。

迷你案例

案情：某银行以某集体所有制企业未偿还贷款为由向法院起诉，法院终审判决认定其请求已过诉讼时效，予以驳回。该银行向某县政府申请公开该企业的相关信息，该县政府受理申请后，逾期未作出答复。该银行向法院起诉，请求该县政府履行职责。

问题：该县政府是否具有被告资格？

答案：具有。该县政府受理该银行的申请后逾期未作出答复，根据《政府信息公开案件规定》第4条第1款的规定，该银行应当以受理申请的该县政府为被告。

七、行政协议案件中的被告

委托的行政机关	因行政机关委托的组织订立的行政协议发生纠纷的，委托的行政机关是被告。
不得反诉	法院受理行政协议案件后，被告不得就该协议的订立、履行、变更、终止等提起反诉。

[法条链接]《行政协议案件规定》第4条第2款、第6条。

迷你案例

案情：因公共利益需要，甲市乙区政府发布了01号《国有土地上房屋征收决定公告》，决定对汽车贸易城项目范围内的国有土地上的房屋实施征收。黄某开办的塑料厂处于征收范围内。汽车贸易城项目范围内的国有土地位于甲市经济技术开发区。甲市经济技术开发区管委会（以下简称"开发区管委会"）与黄某签订了《资产收购协议书》，约定补偿黄某3 099 865元。黄某领取了协议约定的补偿款后，以补偿金额过低为由向法院提起诉讼，请求确认《资产收购协议书》无效。法院查明：开发区管委会系甲市政府设置的派出机构。甲市乙区政府与开发区管委会签订《国有土地上房屋征收工作授权书》，将开发区范围内国有土地上的房屋征收工作授权给开发区管理委员会行使。

问题：如何确定本案被告？

答案：本案中，开发区管委会作为甲市政府的派出机构，与甲市乙区政府签订授权书，甲市乙区政府将开发区范围内国有土地上的房屋征收工作授权给开发区管委会行使，由于甲市乙区政府授权开发区管委会没有相应的法律依据，根据《行诉解释》第20条第3款的规定，应视为开发区管委会是受甲市乙区政府委托行使相应职权。根据《行政诉讼法》第26条第5款和《行政协议案件规定》第4条第2款的规定，开发区管委会受甲市乙区政府委托与黄某签订《资产收购协议书》，黄某应当以委托的行政机关即甲市乙区政府为被告。

八、区分县级以上地方政府与其职能部门的被告资格

政府行政行为	被起诉行为	被告
法律、法规、规章规定属于县级以上地方政府职能部门的行政职权，县级以上地方政府通过听取报告、召开会议、组织研究、下发文件等方式进行指导	县级以上地方政府的指导行为	以具体实施行政行为的职能部门为被告

续表

政府行政行为	被起诉行为	被告
县级以上地方政府根据《城乡规划法》的规定，责成有关职能部门对违法建筑实施强制拆除	强制拆除行为	有强制拆除决定书的，以作出强制拆除决定的行政机关为被告
		没有强制拆除决定书的，以具体实施强制拆除行为的职能部门为被告
有证据证明系县级以上地方政府具体实施集体土地征收中强制拆除房屋等行为	集体土地征收中强制拆除房屋等行为	以县级以上地方政府为被告
没有证据证明系县级以上地方政府具体实施集体土地征收中强制拆除房屋等行为		有强制拆除决定书的，以作出强制拆除决定的行政机关为被告
		没有强制拆除决定书的，以具体实施强制拆除等行为的行政机关为被告
县级以上地方政府已经作出国有土地上房屋征收与补偿决定	具体实施房屋征收与补偿工作中的强制拆除房屋等行为	有强制拆除决定书的，以作出强制拆除决定的行政机关为被告
		没有强制拆除决定书的，以县级以上地方政府确定的房屋征收部门为被告
公民、法人或者其他组织向县级以上地方政府申请履行法定职责或者给付义务，法律、法规、规章规定该职责或者义务属于下级政府或者相应职能部门的行政职权，县级以上地方政府已经转送下级政府或者相应职能部门处理并告知申请人	要求履行法定职责或者给付义务	以下级政府或者相应职能部门为被告
县级以上地方政府确定的不动产登记机构或者其他实际履行该职责的职能部门按照《不动产登记暂行条例》的规定办理不动产登记	不动产登记	以不动产登记机构或者实际履行该职责的职能部门为被告
《不动产登记暂行条例》实施之前由县级以上地方政府作出的不动产登记行为		以继续行使其职权的不动产登记机构或实际履行该职责的职能部门为被告
县级以上地方政府根据《政府信息公开条例》的规定，指定具体机构负责政府信息公开日常工作，该指定机构以自己名义所作的政府信息公开行为	政府信息公开行为	以该指定机构为被告

一招制敌 县级以上地方政府与其职能部门的被告资格区分：部门被告为原则，政府被告为例外。

[法条链接]《最高人民法院关于正确确定县级以上地方人民政府行政诉讼被告资格若干问题的规定》第 1~6 条。

九、行政诉讼被告资格的转移

作出行政行为的行政机关被撤销或者职权变更的：

1. 继续行使其职权的行政机关是行政诉讼的被告。
2. 没有继续行使其职权的行政机关的，以其所属的政府为被告；实行垂直领导的，以垂直领导的上一级行政机关为被告。

[法条链接]《行政诉讼法》第 26 条第 6 款；《行诉解释》第 23 条。

十、行政机关负责人出庭应诉

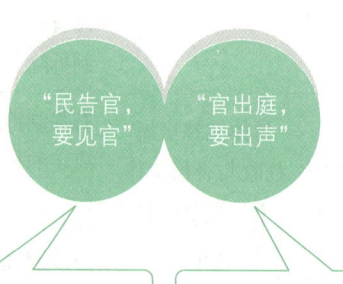

"民告官，要见官"

"官出庭，要出声"

被诉行政机关负责人应当出庭而不能出庭的，应当委托行政机关相应的工作人员出庭，不得仅委托律师出庭。

行政机关负责人或者行政机关委托的相应工作人员在庭审过程中应当就案件情况进行陈述、答辩、提交证据、辩论、发表最后意见，对所依据的规范性文件进行解释说明。行政机关负责人出庭应诉的，应当就实质性解决行政争议发表意见。

[法条链接]《行政诉讼法》第 3 条第 3 款；《行诉解释》第 128 条第 2 款；《最高人民法院关于行政机关负责人出庭应诉若干问题的规定》第 11 条第 2、3 款。

迷你案例

案情：王某以区规划和自然资源局为被告向法院提起诉讼，请求确认区规划和自然资源局拆除房屋行为违法，并赔偿其损失。法院受理案件并通知区规划和自然资源局负责人出庭应诉。

问题：在一审开庭时，区规划和自然资源局负责人没有出庭应诉，只委托城管执法大队的相关工作人员和律师出庭，法庭是否应予准许？为什么？

答案：法庭不予准许。根据《行政诉讼法》第 3 条第 3 款和《行诉解释》第 128 条第 2 款的规定，本案属于法院通知行政机关负责人出庭应诉的案件，区规划和自然资源局负责人没有出庭应诉，只委托城管执法大队的相关工作人员和律师出庭的，不符合法律规定，法庭不予准许。

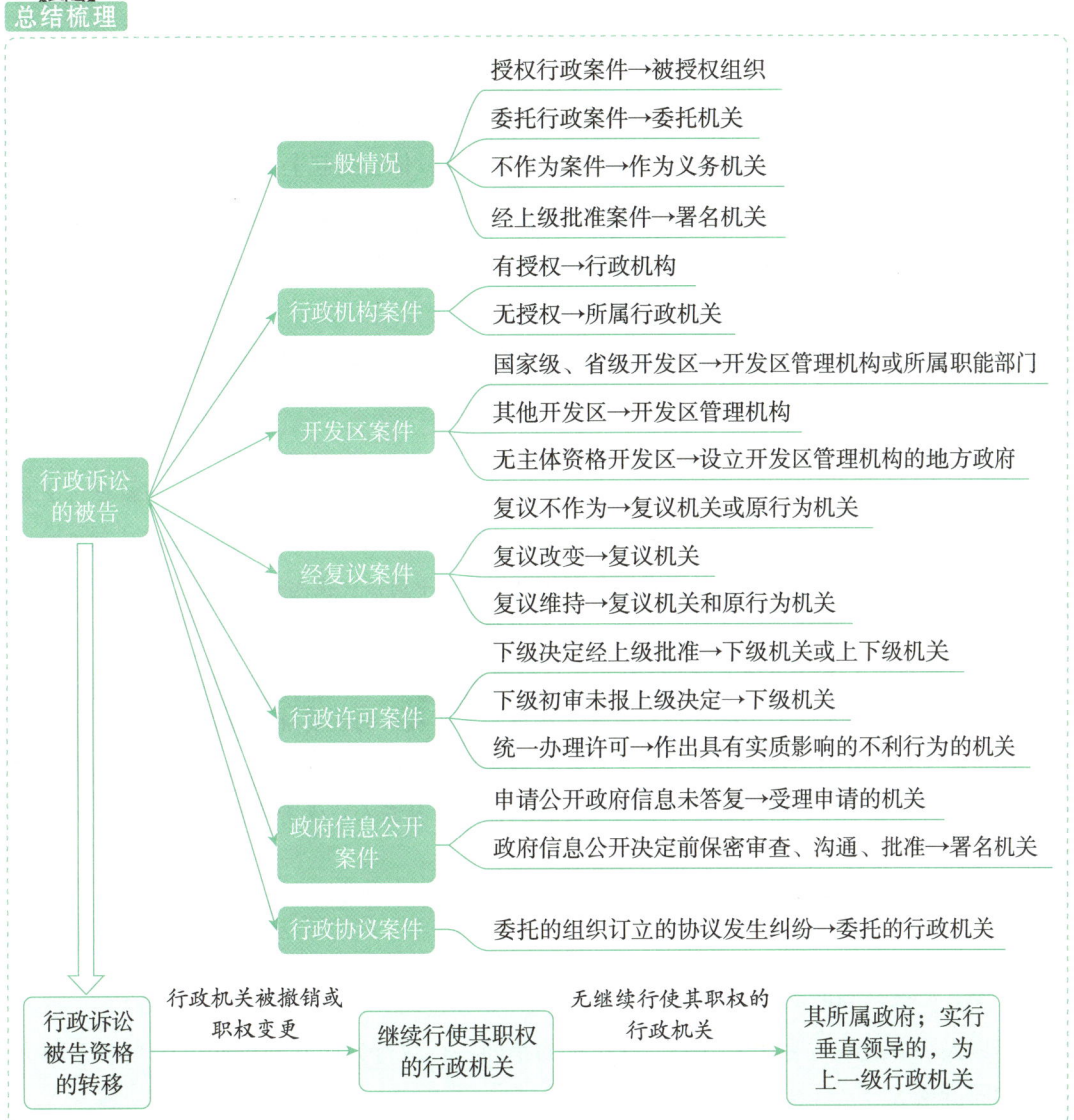

总结梳理

行政诉讼的被告

- **一般情况**
  - 授权行政案件→被授权组织
  - 委托行政案件→委托机关
  - 不作为案件→作为义务机关
  - 经上级批准案件→署名机关

- **行政机构案件**
  - 有授权→行政机构
  - 无授权→所属行政机关

- **开发区案件**
  - 国家级、省级开发区→开发区管理机构或所属职能部门
  - 其他开发区→开发区管理机构
  - 无主体资格开发区→设立开发区管理机构的地方政府

- **经复议案件**
  - 复议不作为→复议机关或原行为机关
  - 复议改变→复议机关
  - 复议维持→复议机关和原行为机关

- **行政许可案件**
  - 下级决定经上级批准→下级机关或上下级机关
  - 下级初审未报上级决定→下级机关
  - 统一办理许可→作出具有实质影响的不利行为的机关

- **政府信息公开案件**
  - 申请公开政府信息未答复→受理申请的机关
  - 政府信息公开决定前保密审查、沟通、批准→署名机关

- **行政协议案件**
  - 委托的组织订立的协议发生纠纷→委托的行政机关

行政诉讼被告资格的转移：行政机关被撤销或职权变更 → 继续行使其职权的行政机关 → 无继续行使其职权的行政机关 → 其所属政府；实行垂直领导的，为上一级行政机关

25 行政诉讼的第三人和共同诉讼人

一、行政诉讼的第三人

1. 第三人与行政诉讼有利害关系，既包括与被诉行政行为有利害关系，也包括与诉讼结果有利害关系。

2. 第三人不是通过起诉参加到行政诉讼中，而是在原、被告提起的行政诉讼审理程序已经开始但尚未结束时，申请参加诉讼或者被法院通知参加诉讼。法院应当（而不是可以）通知第三人参加诉讼而不通知的，构成诉讼主体的遗漏。

3. 第三人有独立的诉讼地位，既不依附原告也不依附被告，可以提出自己的请求。法院判决第三人承担义务或者减损第三人权益的，第三人有权依法提起上诉或者申请再审。

提示 复议维持案件，原行为机关和复议机关为共同被告。原告只起诉原行为机关或者复议机关的，法院应当告知原告追加被告。原告不同意追加的，法院应当将另一机关列为共同被告。原行为机关和复议机关都不能成为第三人。

[法条链接]《行政诉讼法》第29条;《行诉解释》第30条第2款、第134条第1款。

迷你案例

案情：村民甲带领乙、丙等人与造纸厂协商污染赔偿问题。因对造纸厂提出的赔偿方案不满，甲、乙、丙等人阻止对方生产，并将工人李某打伤。公安局接到造纸厂厂长举报，调查后决定对甲拘留15日、乙拘留5日，但未对其他人作出处罚。甲向法院提起行政诉讼，法院受理。

问题：乙、丙、李某、造纸厂厂长能否成为本案第三人？

答案：根据《行政诉讼法》第29条第1款的规定，李某作为受害人，与被诉的处罚决定有利害关系，能成为第三人。造纸厂厂长只是举报人，与被诉的处罚决定没有利害关系，不能成为第三人。乙、丙都参与了违法行为，但结果却不同，乙受到了处罚，而丙未受到处罚，因此，受到处罚的乙与被诉的处罚决定有利害关系，能成为第三人；没有受到处罚的丙与被诉的处罚决定没有利害关系，不能成为第三人。

二、共同诉讼人

（一）必要共同诉讼人

当事人一方或双方为2人以上，诉讼标的是同一行政行为的共同诉讼中的当事人即为必要共同诉讼人。

[例1] 2个以上的当事人，因共同违法而被一个行政机关在一个处罚决定书中分别予以处罚的，起诉的2个以上当事人为共同原告。

[例2] 法人或其他组织因违法而被处罚，该法人或组织的负责人或直接行为人同时被一个处罚决定处罚的，起诉的法人或组织及其负责人或直接行为人为共同原告。

[例3] 2个以上共同受害人，对行政机关的同一行政行为均表示不服并提起诉讼的，起诉的共同受害人为共同原告。

注意：诉讼代表人的确定：①当事人一方为10人以上；②应当推选2~5名代表人参加诉讼；③当事人推选不出的，可由法院在起诉的当事人中指定代表人；④代表人的诉讼行为对其所代表的当事人发生效力，但代表人变更、放弃诉讼请求或者承认对方当事人的诉讼请求，应当经被代表的当事人同意。

（二）普通共同诉讼人

普通共同诉讼人，是指诉讼标的是同类行政行为，法院认为可以合并审理且当事人同意合并审理的 2 个以上参加诉讼的当事人。

普通共同诉讼的行政案件有以下三种情形：

- **01** 2 个以上行政机关分别对同一事实作出行政行为，公民、法人或者其他组织不服向同一法院起诉的
- **02** 行政机关就同一事实对若干公民、法人或者其他组织分别作出行政行为，公民、法人或者其他组织不服分别向同一法院起诉的
- **03** 在诉讼过程中，被告对原告作出新的行政行为，原告不服向同一法院起诉的

注意：普通共同诉讼的程序启动：①可以由共同诉讼的当事人向法院提出申请，要求并案审理，法院经审查认为可以合并的，进行并案审理；②也可以由法院主动审查，认为宜于并案的，经当事人同意进行并案审理。

[法条链接]《行政诉讼法》第 27、28 条；《行诉解释》第 27 条第 3 款，第 29、73 条。

迷你案例

案情：因某市某区花园小区进行旧城改造，该区政府作出《关于做好花园小区旧城改造房屋拆迁补偿安置工作的通知》。王某等 205 户被拆迁户对该通知不服，向法院提起诉讼。

问题：本案是否需要确定诉讼代表人？若需要，应如何确定？

答案：本案需要确定诉讼代表人。根据《行政诉讼法》第 28 条的规定，当事人一方人数众多的共同诉讼，可以由当事人推选代表人进行诉讼。根据《行诉解释》第 29 条的规定，当事人人数众多，一般指 10 人以上；当事人推选的诉讼代表人为 2~5 人；当事人推选不出的，可以由法院在起诉的当事人中指定代表人。

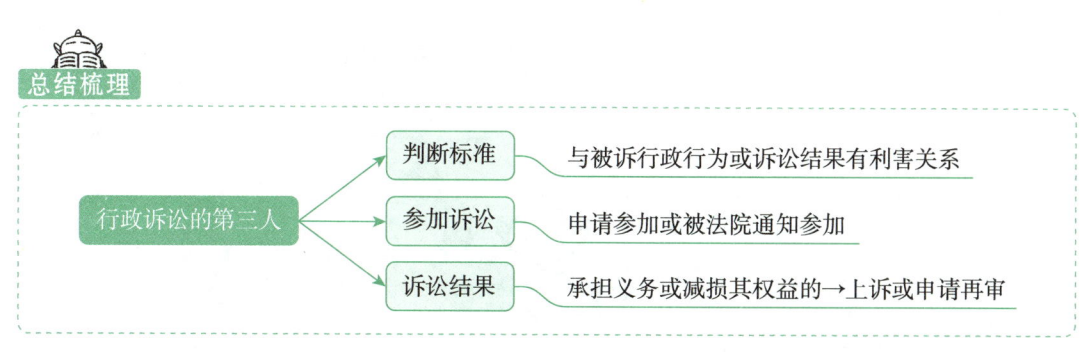

总结梳理

行政诉讼的第三人		
	判断标准	与被诉行政行为或诉讼结果有利害关系
	参加诉讼	申请参加或被法院通知参加
	诉讼结果	承担义务或减损其权益的→上诉或申请再审

第八讲 小综案例

案情

因某市某区花园小区进行旧城改造,该区政府作出《关于做好花园小区旧城改造房屋拆迁补偿安置工作的通知》。王某、李某等205户被拆迁户对该通知不服,向该区政府申请行政复议,要求撤销该通知。该区政府作出《行政复议告知书》,告知王某、李某等被拆迁户向市政府申请复议。王某、李某等被拆迁户向该市政府申请行政复议后,该市政府作出《行政复议决定书》,认为该通知是抽象行政行为,裁定不予受理复议申请。王某等150户被拆迁户向法院提起诉讼,李某等55户被拆迁户没有提起诉讼。

问题

1. 如何确定本案被告?
2. 李某等55户被拆迁户能否参加诉讼?为什么?

答案

1. 该市政府裁定不予受理复议申请属于行政复议不作为。根据《行政诉讼法》第26条第3款的规定,若王某等150户被拆迁户向法院起诉该区政府作出的《关于做好花园小区旧城改造房屋拆迁补偿安置工作的通知》,则以该区政府为被告;若起诉该市政府作出的《行政复议决定书》,则以该市政府为被告。
2. 李某等55户被拆迁户能参加诉讼。根据《行诉解释》第30条第1款的规定,同一行政行为涉及王某、李某等205户被拆迁户的利益,王某等150户被拆迁户向法院提起诉讼,法院应当通知没有起诉的李某等55户被拆迁户作为第三人参加诉讼。

> 偷偷掌灯的夜晚,
> 铺满对未来的渴望。

致奋进中的你

第9讲 LECTURE 09

行政诉讼管辖

应试指导

本讲在案例分析题中考查的重点是行政诉讼管辖中的中级法院管辖和特殊地域管辖,难点是运用管辖规则确定行政案件的管辖法院(既要满足级别管辖要求,又要满足地域管辖要求)。

考点 26 行政诉讼的级别管辖

级别管辖解决的是上下级法院之间受理行政案件的权限分工问题。

一、基层法院的管辖

原则上,第一审行政案件由基层法院管辖。

二、中级法院的管辖

中级法院管辖的第一审行政案件有以下类型:

(一)被告级别高的案件

1. 县级以上地方政府作为被告的行政案件

对县级以上地方政府所作的行政行为提起诉讼的案件由中级法院管辖。

提示 县级以上地方政府的工作部门作为被告的案件，则仍然是由基层法院管辖。例如，省公安厅作为被告的案件，由基层法院管辖。

迷你案例

案情：甲、乙两村分别位于某市两县境内。现两村请求市政府协调解决土地权属纠纷问题，市政府裁定争议土地属于甲村所有。乙村不服，向省政府申请复议，省政府确认争议土地属于乙村所有。甲村不服行政复议决定，提起行政诉讼。

问题：如何确定本案的级别管辖？

答案：本案中，甲村不服行政复议决定，提起行政诉讼，应当以复议机关即省政府为被告。根据《行政诉讼法》第15条第1项的规定，对省政府所作的行政行为提起诉讼的案件，由中级法院管辖。

2. 国务院部门作为被告的行政案件

对国务院部门所作的行政行为提起诉讼的案件由中级法院管辖。

提示 国务院部门包括国务院组成部门、国务院直属机构、国务院组成部门管理的国家行政机构、被授权的国务院议事协调机构和直属事业单位。

（二）被告特定化的案件

1. 海关处理的行政案件，主要是海关处理的纳税案件和海关办理的行政处罚案件，由中级法院管辖。

迷你案例

案情：2015年2月，张某去某海关提取一批进口香料。该海关根据《海关法》的规定，以"涉嫌走私犯罪"为由扣留张某。随后，该海关又认定张某的行为不构成走私犯罪，但存在违反海关监管规定的行为，决定对其免予处罚，并将其释放。张某提起行政诉讼。

问题：如何确定本案的级别管辖？

答案：根据《行政诉讼法》第15条第2项的规定，张某以该海关为被告提起行政诉讼，应由中级法院管辖。

2. 专利行政案件和商标评审案件

专利行政案件和商标评审案件，由中级法院管辖。根据《全国人民代表大会常务委员会关于在北京、上海、广州设立知识产权法院的决定》第2条第1款的规定，知识产权法院管辖有关专利、植物新品种、集成电路布图设计、技术秘密等专业技术性较强的第一审知识产权行政案件。

提示 知识产权法院属于中级法院。

（三）本辖区内重大、复杂的案件

1. 社会影响重大的共同诉讼案件，由中级法院管辖。这类诉讼主要是群体性的农村土地承包案件、土地征用案件、城市规划拆迁案件。

2. 涉外或者涉港、澳、台的案件。

迷你案例

案情：2013 年 11 月，某市某区税务局对某投资基金（在开曼群岛注册成立）作出《税务事项通知书》，要求该投资基金缴纳企业所得税人民币 1 亿余元。该投资基金不服，申请行政复议。在收到复议维持决定通知后，该投资基金提起诉讼，请求法院判决撤销《税务事项通知书》。

问题：如何确定本案的级别管辖？

答案：该投资基金在开曼群岛注册成立，属于外国公司，其作为原告提起行政诉讼的案件属于涉外行政案件，根据《行诉解释》第 5 条第 2 项的规定，第一审由中级法院管辖。

3. 其他重大、复杂案件

这主要是指法院裁定管辖的情形，即基层法院认为案件重大，不适合由自己管辖的，可以请求移送中级法院管辖。

三、高级法院和最高法院的管辖

高级法院管辖本辖区内重大、复杂的第一审行政案件。高级法院管辖的案件应当在本级行政区域内具有示范或者重要意义。

最高法院管辖全国范围内重大、复杂的第一审行政案件。迄今为止，最高法院尚未管辖过第一审行政案件。

四、复议维持案件中的级别管辖

复议维持案件，作出原行政行为的行政机关和复议机关为共同被告，应以作出原行政行为的行政机关确定案件的级别管辖。

[例] 县公安局的行为经过县政府复议，县政府维持了县公安局的决定。复议申请人起诉的，县公安局和县政府为共同被告，应以县公安局确定本案的级别管辖，而不是以县政府确定本案的级别管辖。因此，本案应由基层法院管辖。

考点点拨

复议维持案件中的级别管辖——以作出原行政行为的行政机关确定级别管辖；复议维持案件中的地域管辖——由作出原行政行为的行政机关所在地法院或复议机关所在地法院管辖。

[法条链接]《行政诉讼法》第 14~17 条；《行诉解释》第 5 条、第 134 条第 3 款。

迷你案例

案情：某药厂将本厂过期药品更改生产日期和批号后售出。县市场监管局以该药厂违反《药品管理法》第 98 条第 1 款关于违法生产药品的规定为由，对该药厂作出没收药品及罚款

20万元的处罚决定。该药厂不服,向县政府申请复议。县政府依《药品管理法》第98条第3款关于生产劣药行为的规定,决定维持县市场监管局作出的处罚决定。该药厂起诉。

问题:如何确定本案的级别管辖?

答案:本案中,县政府作出复议决定,改变了原行政行为所适用的法律依据,但维持了处罚结果,根据《行诉解释》第22条第1款的规定,视为复议维持。根据《行政诉讼法》第26条第2款的规定,县市场监管局和县政府为共同被告。根据《行诉解释》第134条第3款的规定,本案应根据县市场监管局确定级别管辖。根据《行政诉讼法》第14条的规定,本案由基层法院管辖。

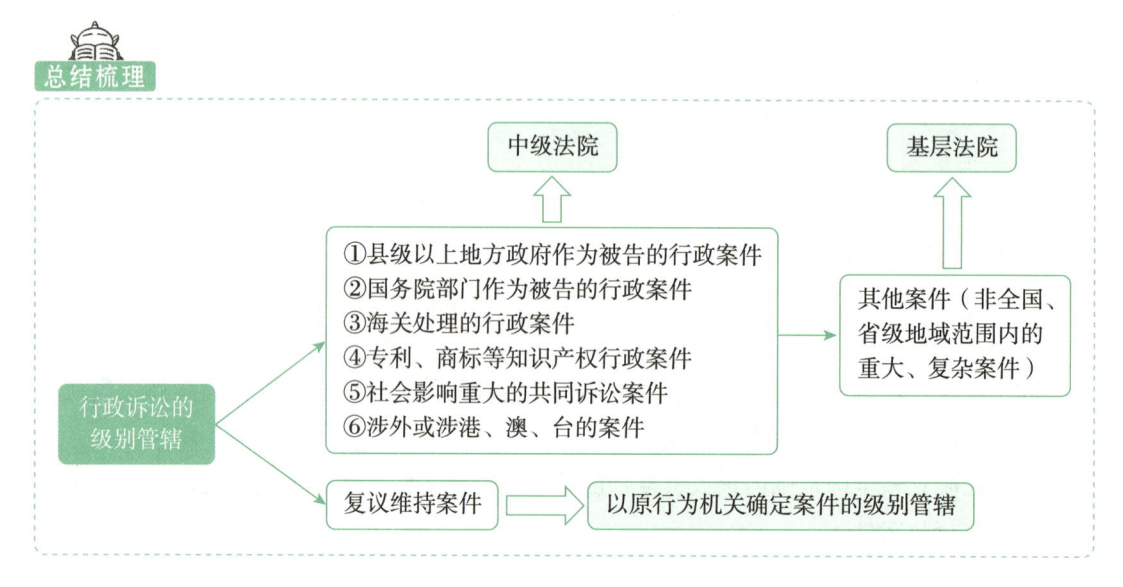

总结梳理

```
                          中级法院              基层法院
                            ↑                    ↑
                  ①县级以上地方政府作为被告的行政案件
                  ②国务院部门作为被告的行政案件
                  ③海关处理的行政案件              其他案件(非全国、
  行政诉讼的  →   ④专利、商标等知识产权行政案件  →  省级地域范围内的
  级别管辖        ⑤社会影响重大的共同诉讼案件       重大、复杂案件)
                  ⑥涉外或涉港、澳、台的案件

                复议维持案件  ⇒  以原行为机关确定案件的级别管辖
```

27 行政诉讼的地域管辖

地域管辖解决的是同级法院之间受理行政案件的权限分工问题。地域管辖分为一般地域管辖和特殊地域管辖。

一、一般地域管辖

行政案件由最初作出行政行为的行政机关所在地法院管辖,即"原告就被告"原则。

二、特殊地域管辖

(一)复议维持和复议改变案件

经复议的案件由复议机关所在地法院或者原行为机关所在地法院管辖。

1. **复议维持案件**,复议机关和原行为机关为共同被告,根据"原告就被告"原则,由复议机关所在地法院或者原行为机关所在地法院管辖。

一招制敌 原行为机关和复议机关为共同被告的，以原行为机关确定案件的级别管辖，但不影响案件的地域管辖，即原行为机关所在地法院和复议机关所在地法院对案件都有管辖权。

2. 复议改变案件，复议机关为被告，既可以由复议机关所在地法院管辖，又可以由原行为机关所在地法院管辖。

（二）人身自由案件

对限制人身自由的行政强制措施不服提起的诉讼，由被告所在地或者原告所在地法院管辖。

提示 原告所在地包括原告的户籍所在地、经常居住地和被限制人身自由地：①经常居住地，是指公民离开住所地连续居住1年以上的地方，但公民住院就医的地方除外；②被限制人身自由地，是指公民被羁押、限制人身自由的场所所在地。

注意：限制人身自由的行政处罚案件不适用原告所在地法院管辖。

迷你案例

案情：甲县宋某到乙县访亲，因醉酒被乙县公安局扣留24小时。宋某认为乙县公安局的行为违法，遂提起行政诉讼。

问题：如何确定本案的地域管辖？

答案：公安机关的扣留决定是限制人身自由的行政强制措施，根据《行政诉讼法》第19条的规定，甲县法院作为原告（宋某）所在地法院，乙县法院作为被告（乙县公安局）所在地法院，都具有管辖权。

（三）不动产案件

不动产行政案件由不动产所在地法院专属管辖。

提示 不动产已登记的，以不动产登记簿记载的所在地为不动产所在地；不动产未登记的，以不动产实际所在地为不动产所在地。

注意：不动产行政案件，是指因行政行为导致不动产物权变动的行政案件。

（四）行政协议案件

行政协议案件中，当事人书面协议约定选择被告所在地、原告所在地、协议履行地、协议订立地、标的物所在地等与争议有实际联系地点的法院管辖的，法院从其约定。

提示 行政协议约定仲裁条款的，法院应当确认该条款无效，但法律、行政法规或者我国缔结、参加的国际条约另有规定的除外。

一招制敌 行政协议当事人约定的管辖法院违反级别管辖和专属管辖的，法院不得从其约定。

迷你案例

案情：某公司与县政府签署《投资协议》，约定该公司租赁土地建设现代观光农业项目，县政府负责提供"一站式服务"。《投资协议》中还约定，因双方产生纠纷而提起的诉讼由县法院管辖。协议签订后，该公司认为县政府未按照约定提供"一站式服务"，给公司造成重大损失，遂向法院诉请解除《投资协议》，判决县政府赔偿其经济损失。

问题：本案能否由县法院管辖？

答案：不能。根据《行政诉讼法》第15条第1项的规定，对县政府提起诉讼的，由中级法院管辖。本案中，该公司与县政府在《投资协议》中约定，因双方产生纠纷而提起的诉讼由县法院管辖。根据《行政协议案件规定》第7条的规定，当事人书面协议约定管辖法院时不得违反级别管辖。因此，双方约定的管辖法院无效，本案不能由县法院管辖。

三、跨行政区域管辖

跨行政区域管辖的目的是防止行政干预，打破地方保护。

1. 跨行政区域管辖法院：既包括基层法院跨行政区域管辖，也包括中级法院跨行政区域管辖，还包括铁路运输法院等专门法院跨行政区域管辖。
2. 跨行政区域管辖决定机关：高级法院根据审判工作的实际情况来确定跨行政区域管辖。
3. 跨行政区域管辖批准机关：跨行政区域管辖要经最高法院批准。

一招制敌 行政诉讼的管辖，既要从级别管辖的角度确定由哪一级法院管辖，又要从地域管辖的角度确定由哪一个地方的法院管辖；既满足级别管辖的要求，又要满足地域管辖的要求。

[法条链接]《行政诉讼法》第15、18~20条；《行诉解释》第8条第1款、第9条；《行政协议案件规定》第7、26条。

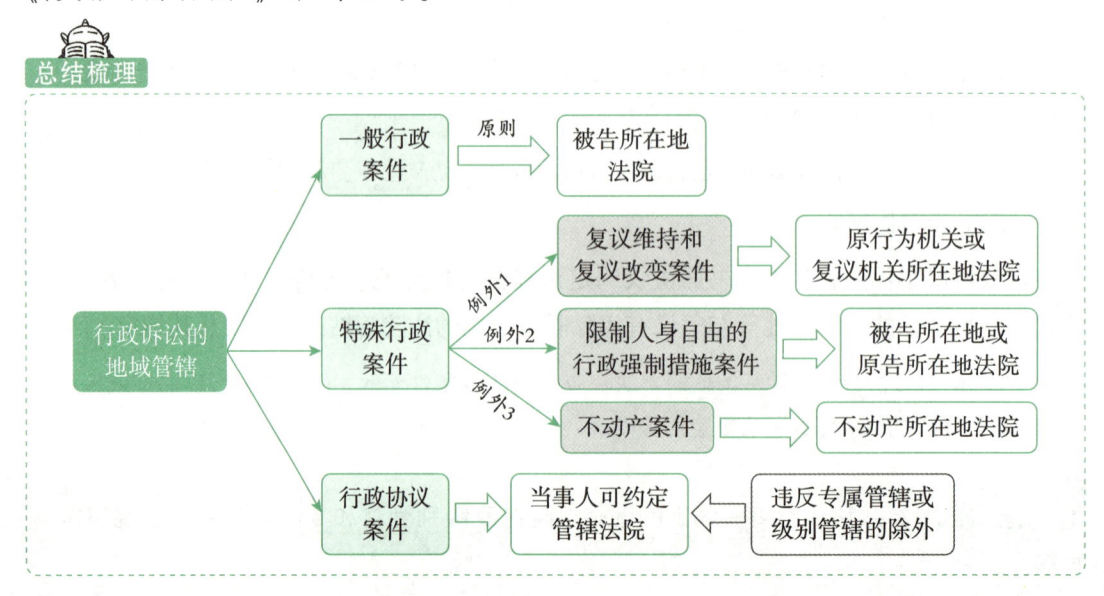

总结梳理

```
                        ┌─ 一般行政案件 ──原则──→ 被告所在地法院
                        │
                        │                    ┌─例外1─→ 复议维持和复议改变案件 ─→ 原行为机关或复议机关所在地法院
行政诉讼的地域管辖 ──────┤                    │
                        ├─ 特殊行政案件 ──────┼─例外2─→ 限制人身自由的行政强制措施案件 ─→ 被告所在地或原告所在地法院
                        │                    │
                        │                    └─例外3─→ 不动产案件 ─→ 不动产所在地法院
                        │
                        └─ 行政协议案件 ──→ 当事人可约定管辖法院 ←── 违反专属管辖或级别管辖的除外
```

第九讲

小综案例

案情

2007年11月，某省政府所在地的市政府决定征收含有某村集体土地在内的地块作为旅游区用地，并划定征用土地的四至界线范围。2017年，市国土局就其中一地块与甲公司签订《国有土地使用权出让合同》。2018年12月16日，甲公司获得市政府发放的第1号《国有土地使用权证》。2019年3月28日，甲公司将此地块转让给乙公司，市政府向乙公司发放第2号《国有土地使用权证》。后乙公司申请在此地块上动工建设。2020年9月15日，市政府发布公告，要求在该土地范围内使用土地的单位和个人限期自行清理土地上的农作物和附着物设施，否则将强制清理。2020年11月，该村在得知市政府给乙公司发放了第2号《国有土地使用权证》后，认为此证涉及的部分土地仍属该村集体所有，遂向省政府申请复议，要求撤销该土地使用权证。省政府维持了市政府作出的行政行为。该村不服，向法院起诉。

问题 如何确定本案的管辖法院？请说明理由。

答案 本案的级别管辖法院是中级法院。根据《行政诉讼法》第26条第2款的规定，复议维持案件，以复议机关和作出原行政行为的行政机关为共同被告。根据《行诉解释》第134条第3款的规定，复议机关作共同被告的案件，以作出原行政行为的行政机关确定案件的级别管辖。本案中，省政府维持了市政府的决定，故省政府与市政府为共同被告，应以市政府确定案件的级别管辖。根据《行政诉讼法》第15条第1项的规定，对县级以上地方政府所作的行政行为提起诉讼的案件，由中级法院管辖。故本案由中级法院管辖。

本案的地域管辖法院是市政府所在地法院或者省政府所在地法院。根据《行政诉讼法》第18条第1款的规定，经复议的案件，既可以由最初作出行政行为的行政机关所在地法院管辖，也可以由复议机关所在地法院管辖。本案是经复议的案件，市政府是最初作出行政行为的行政机关，省政府是复议机关。故本案既可以由市政府所在地法院管辖，也可以由省政府所在地法院管辖。

因此，本案既可以由市政府所在地中级法院管辖，也可以由省政府所在地中级法院管辖。

第10讲 行政诉讼程序

> **应试指导**
>
> 本讲在案例分析题中考查的重点是行政诉讼的程序启动以及行政诉讼的第一、二审程序,难点是复议前置、起诉期限、立案登记以及普通程序与简易程序的适用。

28 行政诉讼的起诉和受理

起诉是公民、法人或其他组织要求法院启动行政诉讼程序的主张,受理则是法院对符合法定条件的起诉的认可和接受,二者共同作用构成了行政诉讼程序的开始。

一、起诉

提起行政诉讼必须符合起诉的一般条件、时间条件和程序条件。

(一)起诉的一般条件

起诉的一般条件是法律对提起诉讼最基本的、最普遍的要求。提起行政诉讼的一般条件包括:

1. 原告是行政行为的相对人或者其他与行政行为有利害关系的公民、法人或者其他组织。

2. 有明确的被告。

3. 有具体的诉讼请求和事实根据。
4. 属于法院受案范围和受诉法院管辖。
[法条链接]《行政诉讼法》第49条。

（二）起诉的时间条件——起诉期限

起诉的时间条件是指当事人必须在法律规定的期限内提起诉讼。

1. 一般案件的起诉期限

一般案件的起诉期限分为一般期限与特别期限。

一般期限，是指适用于一般行政案件的起诉期限。该期限可分为直接向法院提起行政诉讼的一般期限与不服行政复议决定提起行政诉讼的一般期限两种情形：

（1）直接起诉的一般期限为自知道或者应当知道行政行为作出之日起6个月。

（2）不服行政复议决定（包括复议维持和复议改变）而起诉的一般期限为15日，即在收到复议决定书之日起15日内向法院提起诉讼；若复议机关逾期不作决定，则申请人可以在复议期满之日起15日内向法院提起诉讼。

特别期限，是指《行政诉讼法》之外的其他法律所规定的起诉期限，即对直接向法院提起行政诉讼或不服行政复议决定提起行政诉讼的期限，法律另有规定的，应当适用相关单行法律对提起诉讼期限的规定。

一招制敌 行政起诉期限和行政复议申请期限的除外规定：行政起诉期限是其他法律另有规定的除外，行政复议申请期限是其他法律规定的申请期限超过60日的除外。

[法条链接]《行政诉讼法》第45条、第46条第1款。

迷你案例

案情：《土地管理法》第83条规定，建设单位或者个人对责令限期拆除的行政处罚决定不服的，可以在接到责令限期拆除决定之日起15日内，向人民法院起诉。某县国土局依据《土地管理法》对在非法占用的土地上建设的某企业作出责令限期拆除决定。该企业不服，直接起诉。

问题：该企业提起行政诉讼的期限是多长时间？

答案：根据《行政诉讼法》第46条第1款的规定，行政诉讼的起诉期限一般情况下为6个月。如法律有特殊规定，则依照其特殊规定。《土地管理法》对提起行政诉讼的期限作出了特别规定，故应依照《土地管理法》第83条的规定确定起诉期限。因此，该企业提起行政诉讼的期限应为15日。

2. 作为案件特殊情况的起诉期限

（1）行政机关未告知公民、法人或者其他组织诉权或起诉期限的最长保护期。行政机关作出行政行为时，没有告知公民、法人或者其他组织诉权或起诉期限的，起诉期限从其知道或者应当知道诉权或起诉期限之日起计算，但从知道或者应当知道行政行为内容之日起最长不得超过1年。

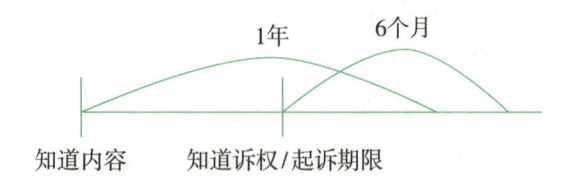

（2）公民、法人或者其他组织不知道行政行为内容时起诉期限的计算。与公民、法人或者其他组织不知道诉权或起诉期限相比，不知道行政行为内容是更为严重的情形，对当事人的影响更大，起诉期限从其知道或者应当知道该行政行为内容之日起计算。因不动产提起诉讼的案件自行政行为作出之日起超过20年，其他案件自行政行为作出之日起超过5年提起诉讼的，法院不予受理。其中，涉及不动产的主要是与房屋所有权、使用权以及土地、林地、自然资源等有关的案件。

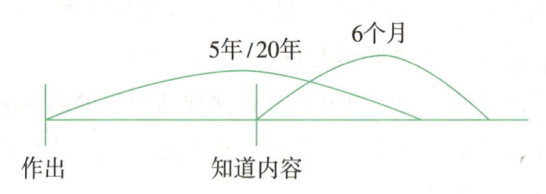

注意：1年、5年、20年都是公民、法人或者其他组织起诉的最长保护期限，目的在于：①督促行政机关依法行政，切实保护公民、法人或者其他组织的合法权益；②避免从行政行为作出到公民、法人或者其他组织起诉的期间过长，造成法律关系的不确定。

一招制敌 作为案件特殊情况的起诉期限需要注意两点：①1年适用于未告知诉权或起诉期限的情形，起算点为知道或者应当知道行政行为内容之日；②5年与20年适用于当事人不知道行政行为内容的情形，起算点为行政行为作出之日。

[法条链接]《行政诉讼法》第46条第2款；《行诉解释》第64条第1款、第65条。

迷你案例

案情：因甲公司不能偿还到期债务，贷款银行于2019年6月7日向法院提起民事诉讼。贷款银行在诉讼中得知，市发展和改革委员会已于2019年4月6日根据申请，将某小区住宅项目的建设业主由甲公司变更为乙公司。贷款银行认为，市发展和改革委员会的变更行为侵害了其合法债权，遂于2021年1月9日向法院提起行政诉讼，请求确认变更行为违法。

问题：贷款银行的起诉期限如何确定？

答案：本案中，市发展和改革委员会作出将该小区住宅项目的建设业主由甲公司变更为乙公司的行政行为时，未告知贷款银行变更行为的内容。根据《行政诉讼法》第46条和《行诉解释》第65条的规定，如果贷款银行认为市发展和改革委员会的此行为侵犯了自己的合法权益，应当自其知道或应当知道该行政行为内容之日起6个月内起诉。因本案又涉及不动产，故贷款银行的起诉最长保护期限为该行政行为作出之日起20年。因此，贷款银行应当自2019年

6月7日起6个月内提起行政诉讼，并且起诉期限不得超过2019年4月6日起20年。

3. 不作为（行政机关不履行法定职责）案件的起诉期限

（1）公民、法人或者其他组织申请行政机关履行保护其人身权、财产权等合法权益的法定职责，行政机关在接到申请之日起2个月内不履行的，公民、法人或者其他组织可以向法院提起诉讼。

⚠️注意：法律、法规对行政机关履行职责的期限另有规定的，从其规定。例如，《行政许可法》第42条规定，除可以当场作出行政许可决定的外，行政机关应当自受理行政许可申请之日起20日内作出行政许可决定。行政许可采取统一办理或者联合办理、集中办理的，办理的时间不得超过45日。《行政处罚法》第60条规定，行政机关应当自行政处罚案件立案之日起90日内作出行政处罚决定。《治安管理处罚法》第99条第1款规定，公安机关办理治安案件的期限，自受理之日起不得超过30日。根据《政府信息公开条例》第33条第2款的规定，行政机关收到政府信息公开申请，不能当场答复的，应当自收到申请之日起20个工作日内予以答复。

（2）公民、法人或者其他组织在紧急情况下请求行政机关履行保护其人身权、财产权等合法权益的法定职责，行政机关不履行的，提起诉讼不受上述履行职责期限的限制。

（3）公民、法人或者其他组织对行政机关不履行法定职责提起诉讼的，应当在行政机关履行法定职责期限届满之日起6个月内提出。

一招制敌 行政不作为案件起诉期限的6个月，是行政机关履行法定职责期限（2个月）届满之日起的6个月。

[法条链接]《行政诉讼法》第47条；《行诉解释》第66条。

迷你案例

案情：2020年5月4日，在校大学生田某以从事研究为由向某市场监管部门提出申请，要求该局公开2012年度作出的所有行政处罚决定书。该局当日受理申请后一直未作答复。田某向法院起诉。

问题：田某的起诉期限如何确定？

答案：根据《行诉解释》第66条和《政府信息公开条例》第33条第2款的规定，市场监管部门自收到申请之日（2020年5月4日）起20个工作日不履行法定职责的，田某可以在20个工作日期满之日起6个月内起诉。

4. 行政协议案件的起诉期限

（1）行政性行为的起诉期限：公民、法人或者其他组织对行政机关变更、解除行政协议等行政行为提起诉讼的，起诉期限依照《行政诉讼法》及其司法解释确定；

（2）协议性行为的起诉期限：公民、法人或者其他组织对行政机关不依法履行、未按照约定履行行政协议提起诉讼的，诉讼时效参照民事法律规范确定。

[法条链接]《行政协议案件规定》第25条。

迷你案例

案情：因公共利益需要，区政府发布《国有土地上房屋征收决定公告》，决定对汽车贸易城项目范围内的国有土地上的房屋实施征收。黄某开办的塑料厂处于征收范围内。区政府与黄某签订了《资产收购协议书》，约定补偿黄某 3 099 865 元。黄某领取了协议约定的补偿款后，以补偿金额过低为由向法院提起诉讼，请求确认《资产收购协议书》无效。

问题：黄某向法院提起诉讼的期限如何确定？

答案：黄某向法院提起诉讼适用 3 年的诉讼时效。根据《行政协议案件规定》第 25 条的规定，黄某以补偿金额过低为由向法院提起诉讼，请求确认《资产收购协议书》无效，适用民事法律规范规定的 3 年诉讼时效。

（三）起诉的程序条件

行政复议与行政诉讼是当事人不服行政行为寻求救济的两条途径。行政复议与行政诉讼的关系，基本是以当事人自由选择救济途径为原则，以行政复议前置为例外。

1. 原则上，当事人对行政行为不服的，有权自由选择救济途径，可以先向行政机关申请复议，也可以直接向法院提起行政诉讼。选择申请行政复议的，当事人对行政复议决定不服，仍可以再向法院起诉；但是，选择提起行政诉讼的，当事人对行政诉讼裁判不服，不得再申请行政复议。

> **提示** 当事人申请行政复议，行政复议机关已经依法受理的，在行政复议期间不得提起行政诉讼。当事人提起行政诉讼，法院已经依法受理的，不得申请行政复议。

2. 例外：当事人对行政行为不服的，必须先申请行政复议；对行政复议决定不服的，才能向法院起诉。复议程序是诉讼程序的前置程序。复议前置属行政复议与行政诉讼关系的例外，必须由法律、行政法规作出规定。主要有六类案件要求复议前置：

[第 1 类] 对当场作出的行政处罚决定不服的，当事人应当先向行政复议机关申请行政复议；对行政复议决定不服的，可以再依法向法院提起行政诉讼。根据《行政处罚法》第 51 条的规定，违法事实确凿并有法定依据，对公民处以 200 元以下、对法人或者其他组织处以 3000 元以下罚款或者警告的行政处罚的，可以当场作出行政处罚决定。法律另有规定的，从其规定。根据《治安管理处罚法》第 100 条的规定，违反治安管理行为事实清楚，证据确凿，处警告或者 200 元以下罚款的，可以当场作出治安管理处罚决定。

[第 2 类] 对行政机关作出的侵犯其已经依法取得的自然资源的所有权或者使用权的决定不服的，当事人应当先向行政复议机关申请行政复议；对行政复议决定不服的，可以再依法向法院提起行政诉讼。这些权利包括公民、法人或者其他组织依法对土地、矿藏、水流、森林、山岭、草原、荒地、滩涂、海域等自然资源享有的所有权或者使用权。

> **一招制敌** 复议前置的条件：侵犯的是当事人已经依法取得的自然资源的所有权或者使用权。如果当事人尚未取得这些权利或者这些权利的归属尚有争议，则无须复议前置。

[第3类] 认为行政机关存在未履行法定职责情形的，当事人应当先向行政复议机关申请行政复议；对行政复议决定不服的，可以再依法向法院提起行政诉讼。未履行法定职责的情形主要包括以下五类：①申请行政许可，行政机关拒绝或者在法定期限内不予答复；②行政机关作出不予受理工伤认定申请的决定；③申请行政机关履行保护人身权利、财产权利、受教育权利等合法权益的法定职责，行政机关拒绝履行、未依法履行或者不予答复；④申请行政机关依法给付抚恤金、社会保险待遇或者最低生活保障等社会保障，行政机关没有依法给付；⑤认为行政机关不依法订立、不依法履行、未按照约定履行行政协议。

[第4类] 申请政府信息公开，行政机关不予公开的，申请人应当先向行政复议机关申请行政复议；对行政复议决定不服的，可以再依法向法院提起行政诉讼。公民、法人或者其他组织申请公开政府信息，无论是行政机关不作出答复，还是行政机关作出拒绝公开的答复，都属于复议前置的情形。

一招制敌 行政机关依公民、法人或者其他组织申请公开政府信息，其他公民、法人或者其他组织可以政府的信息公开行为侵犯商业秘密、个人隐私为由直接提起行政诉讼。这不属于复议前置的情形。

[第5类] 纳税人、扣缴义务人、纳税担保人同税务机关在纳税上发生争议时，必须先依照税务机关的纳税决定缴纳或者解缴税款及滞纳金或者提供相应的担保，然后可以依法申请行政复议；对行政复议决定不服的，可以依法向法院起诉。纳税争议，是指纳税人、扣缴义务人、纳税担保人对税务机关确定纳税主体、征税对象、征税范围、减税、免税及退税、适用税率、计税依据、纳税环节、纳税期限、纳税地点以及税款征收方式等具体行政行为有异议而发生的争议。

一招制敌 税务机关的处罚决定、强制执行措施、税收保全措施不属于纳税争议，对其提起行政诉讼无须复议前置。

[第6类] ①经营者集中具有或者可能具有排除、限制竞争效果的，国务院反垄断执法机构应当作出禁止经营者集中的决定；②经营者能够证明该集中对竞争产生的有利影响明显大于不利影响，或者符合社会公共利益的，国务院反垄断执法机构可以作出对经营者集中不予禁止的决定；③对不予禁止的经营者集中，国务院反垄断执法机构可以决定附加减少集中对竞争产生不利影响的限制性条件。对反垄断执法机构作出的上述三项决定不服的，可以先依法申请行政复议；对行政复议决定不服的，可以依法提起行政诉讼。

一招制敌 针对国务院反垄断执法机构作出的其他决定提起行政诉讼时，无须复议前置。

[法条链接]《行政诉讼法》第44条；《行政复议法》第23条第1款；《税收征收管理法》第88条第1、2款；《税收征收管理法实施细则》第100条；《反垄断法》第34、35、65条。

迷你案例

案情：某县地税局将个体户沈某的纳税方式由定额缴税变更为自行申报，并在认定沈某申报的税额低于定额缴税的纳税额后，要求沈某缴纳相应税款、滞纳金，并对其处以罚款。

问题：若沈某不服，对该县地税局的哪些行为可以直接向法院提起行政诉讼？

答案：根据《税收征收管理法》第88条第1、2款的规定，个体户沈某对该县地税局作出的"由定额缴税变更为自行申报"的决定和"要求缴纳相应税款"的决定不服的，属于双方产生纳税争议，必须先申请行政复议；对行政复议决定不服的，才可以依法向法院起诉，而不能直接向法院提起行政诉讼。"要求缴纳滞纳金"的决定和"罚款"决定为税务机关的强制执行措施和处罚决定，对其不服的，不属于双方产生纳税争议，沈某可以直接向法院起诉。

（四）起诉方式

公民、法人或者其他组织起诉时：①原则上应采用书面方式；②书写起诉状确有困难的，可以口头起诉。

[法条链接]《行政诉讼法》第50条。

二、受理

立案登记制度是为了解决行政诉讼"立案难"的问题，既要保障当事人的合法诉权，又要保证起诉符合法律规定。立案登记制度的具体要求如下：

	审查对象	是否符合起诉条件以及起诉状内容和材料是否完备。
法院审查	起诉状内容或者材料欠缺的	（1）法院应当给予指导和释明，并一次性全面告知当事人需要补正的内容、补充的材料及期限； （2）不得未经指导和释明即以起诉不符合条件为由不接收起诉状。
	当场能判断是否符合起诉条件的	符合起诉条件 — 应当当场登记立案。 不符合起诉条件 — （1）作出不予立案的裁定。裁定书应当载明不予立案的理由。 （2）原告对裁定不服的，可以提起上诉。
	当场不能判断是否符合起诉条件的	应当接收起诉状，出具注明收到日期的书面凭证，并在7日内决定是否立案；7日内仍不能作出判断的，应当先予立案。
救济	不接收起诉状、不出具书面凭证、不一次性告知需补正的内容的	当事人可以向上级法院投诉，上级法院应当责令改正，并对直接负责的主管人员和其他直接责任人员依法给予处分。
	既不立案，又不作出不予立案裁定的	当事人可以向上一级法院起诉。上一级法院认为符合起诉条件的，应当立案、审理，也可以指定其他下级法院立案、审理。

[法条链接]《行政诉讼法》第51、52条；《行诉解释》第53、55条。

迷你案例

案情：李某不服区公安分局对其作出的行政拘留5日的处罚决定，遂向市公安局申请行政复议。市公安局作出维持决定。李某不服，提起行政诉讼。

问1：若李某的起诉状内容有欠缺，则法院应如何处理？

答案：根据《行政诉讼法》第51条第3款的规定，李某的起诉状内容有欠缺的，法院应给予指导和释明，并一次性告知其需要补正的内容。

问2：若法院既不立案，又不作出不予立案裁定，则李某应如何救济自己的权利？

答案：根据《行政诉讼法》第52条的规定，李某可以向上一级法院起诉。上一级法院认为符合起诉条件的，应当立案、审理，也可以指定其他下级法院立案、审理。

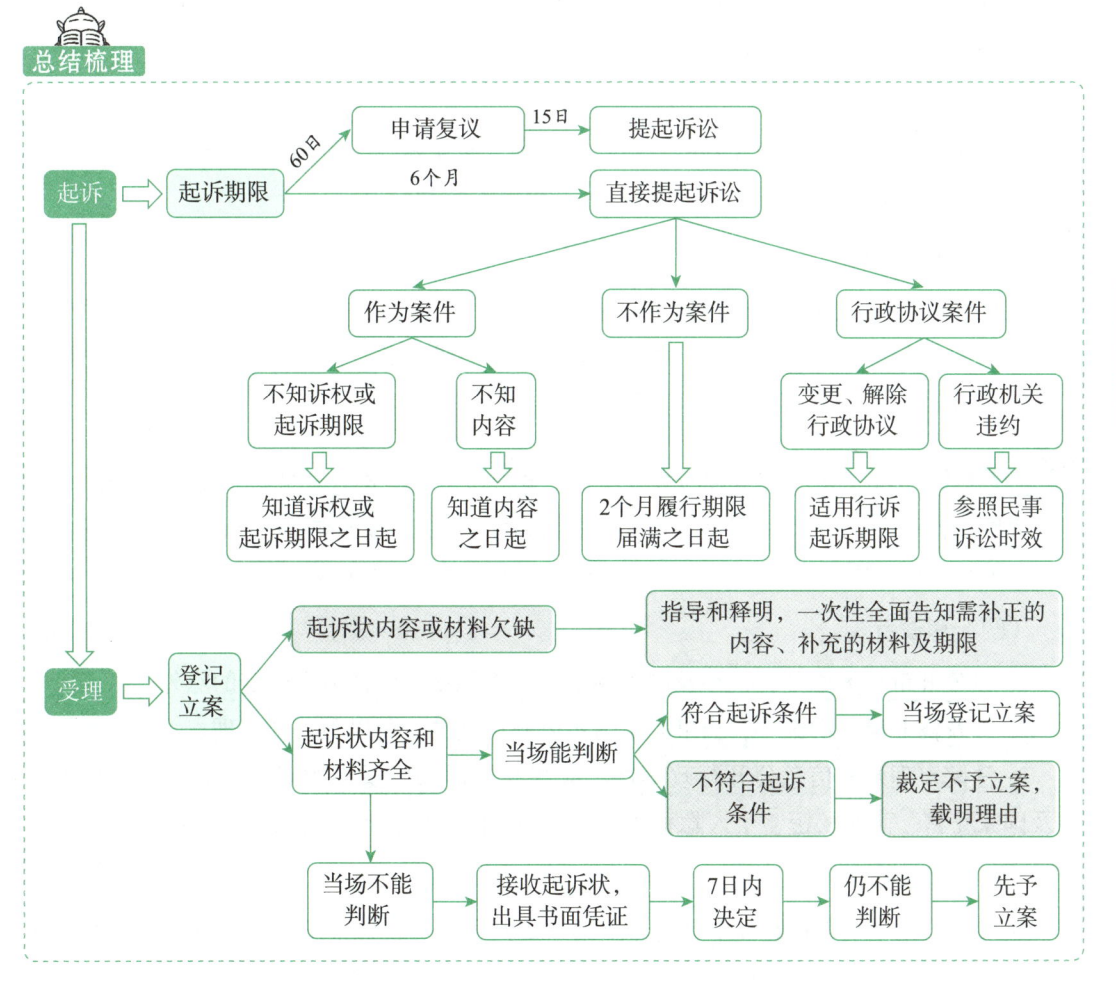

总结梳理

```
起诉 → 起诉期限 ─60日→ 申请复议 ─15日→ 提起诉讼
           └─6个月→ 直接提起诉讼
                    ├─ 作为案件
                    │   ├─ 不知诉权或起诉期限 → 知道诉权或起诉期限之日起
                    │   └─ 不知内容 → 知道内容之日起
                    ├─ 不作为案件 → 2个月履行期限届满之日起
                    └─ 行政协议案件
                        ├─ 变更、解除行政协议 → 适用行政起诉期限
                        └─ 行政机关违约 → 参照民事诉讼时效

受理 → 登记立案
        ├─ 起诉状内容或材料欠缺 → 指导和释明，一次性全面告知需补正的内容、补充的材料及期限
        ├─ 起诉状内容和材料齐全 → 当场能判断
        │       ├─ 符合起诉条件 → 当场登记立案
        │       └─ 不符合起诉条件 → 裁定不予立案，载明理由
        └─ 当场不能判断 → 接收起诉状，出具书面凭证 → 7日内决定 → 仍不能判断 → 先予立案
```

考点 28

29 行政诉讼的第一、二审程序

一、第一审程序之普通程序

行政诉讼第一审的普通程序与民事诉讼基本相同，重点掌握以下内容：

（一）组成合议庭

1. 由审判员或审判员、陪审员组成合议庭。
2. 合议庭成员应是 3 人以上的单数。

（二）交换诉状

1. 法院应在立案之日起 5 日内，将起诉状副本发送被告，通知被告应诉。
2. 被告应在收到起诉状副本之日起 15 日内提交答辩状。

（三）审理对象

直接起诉行政行为案件的审理对象是行政行为，但经复议案件的审理对象比较特殊：

1. 复议维持的，复议维持决定和原行政行为是审理对象。
2. 复议改变的，复议改变决定是审理对象。

一招制敌 复议维持还是复议改变直接决定着行政诉讼的审查和裁判对象：复议维持的，复议维持决定和原行政行为是行政诉讼的审查和裁判对象；复议改变的，复议改变决定是行政诉讼的审查和裁判对象，原行政行为不是行政诉讼的审查和裁判对象。

（四）审理方式

1. 以公开审理为原则，但涉及国家秘密、个人隐私和法律另有规定的除外。
2. 涉及商业秘密的案件，当事人申请不公开审理的，可以不公开审理。
3. 法院审理政府信息公开行政案件，应当视情形采取适当的审理方式，以避免泄露涉及国家秘密、商业秘密、个人隐私或者法律规定的其他应当保密的政府信息。

（五）审理期限

法院应当在立案之日起 6 个月内作出第一审判决。有特殊情况需要延长的，由高级法院批准，高级法院审理第一审案件需要延长的，由最高法院批准。

（六）宣告判决

1. 法院对公开审理和不公开审理的案件，一律公开宣告判决。
2. 当庭宣判的，应当在 10 日内发送判决书；定期宣判的，宣判后立即发给判决书。

3. 宣告判决时，必须告知当事人上诉权利、上诉期限和上诉的法院。

[法条链接]《行政诉讼法》第 54 条，第 67 条第 1 款，第 68、79~81 条；《政府信息公开案件规定》第 6 条。

迷你案例

案情：某药厂将本厂过期药品更改生产日期和批号后售出。县市场监管局以该药厂违反《药品管理法》第 98 条第 1 款关于违法生产药品的规定为由，对该药厂作出没收药品及罚款 20 万元的处罚决定。该药厂不服，向县政府申请复议。县政府依《药品管理法》第 98 条第 3 款关于生产劣药行为的规定，决定维持县市场监管局作出的处罚决定。该药厂起诉。

问题：如何确定法院的审理对象？

答案：县政府作出复议决定，改变了原行政行为所适用的法律依据，但维持了处罚结果，根据《行诉解释》第 22 条第 1 款的规定，视为复议维持。根据《行政诉讼法》第 26 条第 2 款的规定，县市场监管局和县政府为共同被告。根据《行政诉讼法》第 79 条的规定，复议机关与作出原行政行为的行政机关为共同被告的案件，法院应当对复议决定和原行政行为一并作出裁判。因此，本案中，县市场监管局的处罚决定和县政府维持处罚的复议决定均为法院的审理对象。

二、第一审程序之简易程序

（一）适用范围

1. 法定可适用的案件

法院审理下列第一审行政案件，认为事实清楚、权利义务关系明确、争议不大的，可以适用简易程序：①被诉行政行为是依法当场作出的；②案件涉及款额 2000 元以下的；③属于政府信息公开案件的。

2. 约定可适用的案件

第一审行政案件，当事人各方同意适用简易程序的，可以适用简易程序。

3. 不得适用的案件

发回重审、按照审判监督程序再审的案件不适用简易程序。

（二）简易程序的要求

适用简易程序审理的行政案件：①由审判员 1 人独任审理；②法院应当在立案之日起 45 日内审结。

1. 传唤、通知

适用简易程序审理的行政案件，法院可以用口头通知、电话、短信、传真、电子邮件等简便方式传唤当事人、通知证人、送达裁判文书以外的诉讼文书。

2. 举证期限

举证期限由法院确定，也可以由当事人协商一致并经法院准许，但不得超过 15 日。

（三）简易程序向普通程序的转换

法院在审理过程中，发现案件不宜适用简易程序的，裁定转为普通程序。法院应当在审理期限届满前作出裁定并将合议庭组成人员及相关事项书面通知双方当事人。案件转为普通程序审理的，审理期限自法院立案之日起计算。

一招制敌

1. 行政诉讼适用简易程序的两种情况

（1）法定的第一审案件——事实清楚、权利义务关系明确、争议不大（被诉行政行为是依法当场作出的案件、涉及款额2000元以下的案件、政府信息公开案件）；

（2）约定的第一审案件——当事人各方同意适用。

2. 行政诉讼简易程序与普通程序的明显区别：二者的审理期限分别是45日与6个月，审判组织分别是独任制与合议制。

[法条链接]《行政诉讼法》第82~84条；《行诉解释》第103~105条。

迷你案例

案情：交警大队以闯红灯为由对方某当场处以50元罚款。方某不服，向法院起诉。法院适用简易程序审理本案。

问1：法院是否应组成合议庭审理案件？

答案：否。根据《行政诉讼法》第83条的规定，法院适用简易程序审理案件，应当采取独任制，由审判员1人独任审理，而非组成合议庭审理。

问2：法院应在立案之日起几日内审结？

答案：45日内。根据《行政诉讼法》第83条的规定，法院适用简易程序审理案件，应当在立案之日起45日内审结。

问3：法院在审理过程中发现不宜适用简易程序的，应如何处理？

答案：根据《行政诉讼法》第84条的规定，法院在审理过程中，发现案件不宜适用简易程序的，裁定转为普通程序。

问4：对法院作出的判决，方某能否提起上诉？

答案：能。根据《行政诉讼法》第85条的规定，对法院作出的判决，方某有权提起上诉。

三、第二审程序

行政诉讼第二审程序与民事诉讼基本相同，重点掌握以下内容：

1. 审理方式

法院对上诉案件，应当组成合议庭，开庭审理。经过阅卷、调查和询问当事人，对没有提出新的事实、证据或者理由，合议庭认为不需要开庭审理的，也可以不开庭审理。

一招制敌 行政诉讼第二审的审理方式是原则上开庭审理,例外情况下书面审理。例外情况是:当事人没有提出新的事实、证据或者理由,且合议庭认为不需要开庭审理。

2. 审理对象

法院审理上诉案件,应当对原审法院的判决、裁定和被诉行政行为进行全面审查,不受当事人上诉范围的限制。

3. 审理期限

法院审理上诉案件,原则上应当在收到上诉状之日起3个月内作出终审判决。

[法条链接]《行政诉讼法》第86~88条。

迷你案例

案情:县政府以某化工厂不符合国家产业政策、污染严重为由,作出强制关闭该化工厂的决定。该化工厂向法院起诉,要求撤销该决定。一审法院认定县政府作出的决定违法,对该决定予以撤销。县政府提起上诉。

问1:二审法院能否以不开庭的方式审理该上诉案件?

答案:能。根据《行政诉讼法》第86条的规定,二审法院原则上应当采取开庭审理的方式,但当事人没有提出新的事实、证据或者理由,合议庭认为不需要开庭审理的,也可以不开庭审理。

问2:二审法院的审理对象如何确定?

答案:根据《行政诉讼法》第87条的规定,法院在二审中应当进行全面审查,既要对一审法院的撤销判决进行审查,也要对县政府的强制关闭决定进行审查。

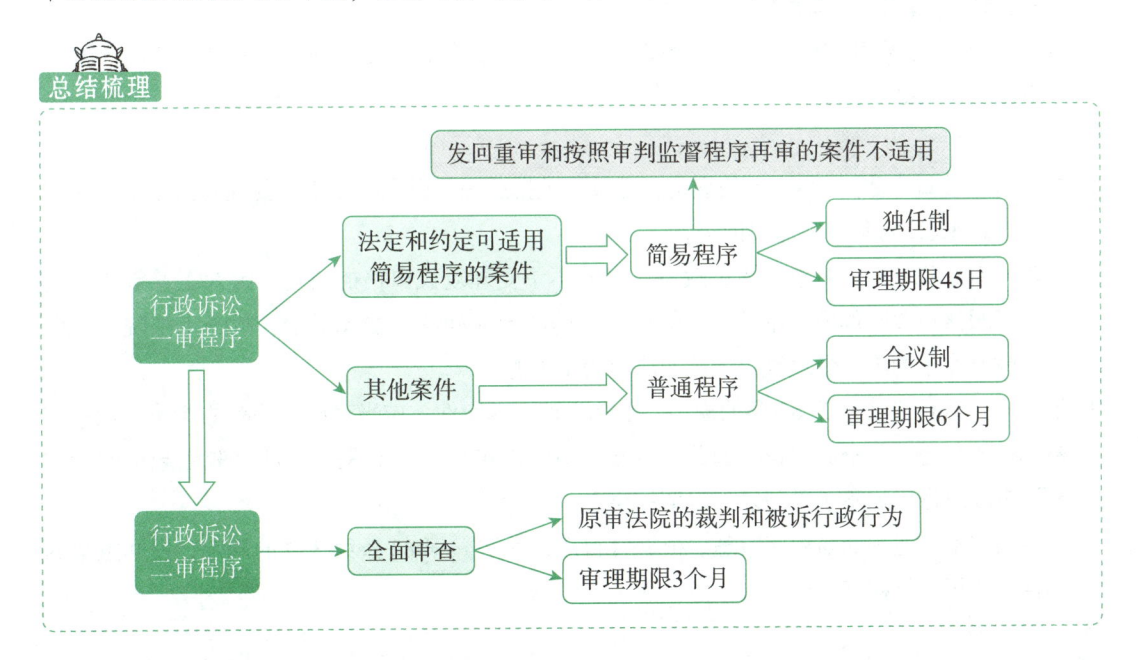

总结梳理

```
                              ┌─ 发回重审和按照审判监督程序再审的案件不适用 ─┐
                              │                                              ↑
                    ┌─ 法定和约定可适用 ──→ 简易程序 ──┬── 独任制
                    │   简易程序的案件                  └── 审理期限45日
行政诉讼 ───────────┤
一审程序            │
                    └─ 其他案件 ──────→ 普通程序 ──┬── 合议制
    │                                                └── 审理期限6个月
    ↓
行政诉讼 ──→ 全面审查 ──┬── 原审法院的裁判和被诉行政行为
二审程序                 └── 审理期限3个月
```

第十讲 小综案例

案情

因某市某区花园小区进行旧城改造,该区政府作出《关于做好花园小区旧城改造房屋拆迁补偿安置工作的通知》。王某等205户被拆迁户对该通知不服,遂向该区政府申请行政复议,要求撤销该通知。该区政府作出《行政复议告知书》,告知王某等被拆迁户向市政府申请复议。王某等被拆迁户向该市政府申请行政复议后,该市政府作出《行政复议决定书》,认为该区政府作出的通知是抽象行政行为,裁定不予受理复议申请。王某等被拆迁户不服该市政府作出的不予受理复议申请的决定,遂向法院提起诉讼。一审法院认为,在非复议前置前提下,当事人因对复议机关作出的不予受理复议申请决定不服而起诉,要求法院立案受理,缺乏法律依据,裁定驳回起诉。王某等被拆迁户提起上诉,二审法院受理。

问题

1. 王某等被拆迁户不服该市政府作出的不予受理复议申请的决定,向法院提起诉讼的期限如何确定?
2. 本案一审法院审理的对象是什么?为什么?
3. 本案二审法院审理的对象是什么?为什么?
4. 若二审法院裁定发回一审法院重审,各方当事人同意适用简易程序,则一审法院能否适用简易程序审理?为什么?

答案

1. 根据《行政诉讼法》第45条的规定,王某等被拆迁户可以在收到不予受理复议申请的决定书之日起15日内向法院提起诉讼。
2. 本案一审法院审理的对象是该市政府作出的不予受理复议申请的决定。因为王某等被拆迁户系不服该市政府作出的不予受理复议申请的决定而向法院提起诉讼,故一审法院应当以该市政府作出的不予受理复议申请的决定为审理的对象。
3. 根据《行政诉讼法》第87条的规定,法院审理上诉案件,应当对原审法院的判决、裁定和被诉行政行为进行全面审查。因此,本案二审法院审理的对象是一审法院驳回起诉的裁定和该市政府作出的不予受理复议申请的决定。
4. 一审法院不能适用简易程序审理。根据《行政诉讼法》第82条第3款的规定,发回重审的案件不适用简易程序。

第11讲 LECTURE 11

行政诉讼特殊制度

应试指导

本讲在案例分析题中考查的重点是行政案件审理中的各项特殊制度和两种特殊诉讼形式，难点是行政案件审理中各项特殊制度的运用。

考点 30 行政案件审理中的特殊制度

一、行政诉讼期间行政行为的执行

1. 原则上不停止执行

行政行为一经作出即推定为合法有效，在行政诉讼期间，<u>不停止行政行为的执行</u>。

2. 例外情况下停止执行

在行政诉讼期间，有下列情形之一的，停止行政行为的执行：

（1）<u>被告认为需要停止执行的</u>；

（2）<u>法院依申请停止执行行政行为</u>：原告或者利害关系人申请停止执行，法院认为该行政行为的执行会造成难以弥补的损失，并且停止执行不损害国家利益、社会公共利益的；

（3）<u>法院依职权停止执行行政行为</u>：法院认为该行政行为的执行会给国家利益、社会公共利益造成重大损害的；

（4）法律、法规规定停止执行的。

3. 救济

当事人对停止执行或者不停止执行的裁定不服的，可以申请复议1次。

[法条链接]《行政诉讼法》第56条。

迷你案例

案情：某区公安局突击检查孔某经营的娱乐城，孔某向正在赌博的人员通风报信，该区公安局对孔某作出拘留10日的处罚决定。孔某不服，提起诉讼。

问题：该区公安局是否应暂缓执行拘留？

答案：不应当。根据《行政诉讼法》第56条第1款的规定，诉讼期间，不停止行政行为的执行，除非有停止执行的需要，法院才裁定停止执行。因此，孔某起诉不会导致该区公安局停止拘留的执行。当然，根据《治安管理处罚法》第107条的规定，如果孔某向该区公安局提出暂缓执行拘留的申请，该区公安局认为暂缓执行拘留不致发生社会危险，则在孔某或者其近亲属提出符合条件的担保人，或者按每日200元的标准交纳保证金后，拘留的处罚决定可暂缓执行。

二、行政诉讼中的撤诉

根据撤诉是否由当事人提出，撤诉分为申请撤诉和视为撤诉两类。

1. 申请撤诉

申请撤诉是当事人对自己诉讼权利的积极处分，是指当事人主动向受诉法院提出撤诉申请，不再要求受诉法院对案件继续进行审理。

> 提示 被告改变被诉具体行政行为，原告申请撤诉，法院准许原告撤诉的四个条件：
> （1）申请撤诉是当事人真实意思表示；
> （2）被告改变被诉具体行政行为，不违反法律、法规的禁止性规定，不超越或者放弃职权，不损害公共利益和他人合法权益；
> （3）被告已经改变或者决定改变被诉具体行政行为，并书面告知法院；
> （4）第三人无异议。

2. 视为撤诉

视为撤诉是当事人对自己诉讼权利的消极处分，当事人拒绝履行以下法定诉讼义务的，视为其撤诉：

（1）原告或上诉人经法院传票传唤，无正当理由拒不到庭的，可以按撤诉处理；

（2）原告或上诉人未经法庭许可中途退庭的，可以按撤诉处理；

（3）原告或上诉人未按规定的期限预交案件受理费，又不提出缓交、减交、免交申请，或者提出申请未获批准的，按自动撤诉处理。

3. 撤诉后果

（1）申请撤诉和视为撤诉都可导致诉讼程序的终结；

（2）法院裁定准许原告撤诉后，原告以同一事实和理由重新起诉的，法院不予立案。

一招制敌 准予撤诉的裁定确有错误，原告申请再审的，法院应当通过审判监督程序撤销原准予撤诉的裁定，重新对案件进行审理。

[法条链接]《行政诉讼法》第58条；《行诉解释》第60、61条；《最高人民法院关于行政诉讼撤诉若干问题的规定》第2条。

三、被告缺席

1. 被告缺席的情形

（1）经法院传票传唤，被告无正当理由拒不到庭；

（2）被告未经法庭许可中途退庭。

2. 被告缺席的处理

（1）法院可以缺席判决；

（2）法院可以将被告拒不到庭或者中途退庭的情况予以公告；

（3）法院可以向监察机关或者被告的上一级行政机关提出依法给予其主要负责人或者直接责任人员处分的司法建议。

[法条链接]《行政诉讼法》第58条、第66条第2款；《行诉解释》第79条第3款。

迷你案例

案情：县生态环境局以一企业逾期未完成限期治理任务为由，对其作出加收超标准排污费及罚款1万元的处罚决定。该企业认为该处罚决定违法，遂将县生态环境局诉至法院，提出赔偿请求。

问1：法院开庭审理时，若县生态环境局经传票传唤无正当理由拒不到庭，则法院应如何处理？

答案：根据《行政诉讼法》第58条、第66条第2款和《行诉解释》第79条第3款的规定，县生态环境局经传票传唤无正当理由拒不到庭的，法院可以在按期开庭或者继续开庭审理后缺席判决，可以将县生态环境局拒不到庭的情况予以公告，并可以向监察机关或者县生态环境局的上一级行政机关提出依法给予其主要负责人或者直接责任人员处分的司法建议。

问2：法院开庭审理时，若该企业未经法庭许可中途退庭，则法院应如何处理？

答案：根据《行政诉讼法》第58条的规定，该企业作为原告，未经法庭许可中途退庭的，法院可按撤诉处理。

四、先予执行

行政诉讼中的先予执行，主要是出于对原告的保护。法院对起诉行政机关没有依法支付抚恤金、最低生活保障金和工伤、医疗社会保险金的案件，权利义务关系明确、不先予执行将严重影响原告生活的，可以根据原告的申请，裁定先予执行。

一招制敌 先予执行的适用条件：

（1）实体条件——起诉行政机关没有依法支付抚恤金、最低生活保障金和工伤、医疗社会保险金的案件，权利义务关系明确、不先予执行将严重影响原告生活；

（2）程序条件——原告申请。

[法条链接]《行政诉讼法》第57条第1款。

迷你案例

案情：陈某申请领取最低生活保障金，遭民政局拒绝。陈某诉至法院，要求判令民政局履行法定职责，同时申请法院先予执行。

问题：法院是否可以裁定先予执行？

答案：可以。根据《行政诉讼法》第57条第1款的规定，陈某申请先予执行的案件属于先予执行的范围，若权利义务关系明确、不先予执行将严重影响陈某生活，则法院可以裁定先予执行。

五、被告改变被诉行政行为

行政诉讼中给被告提供主动纠正错误的机会，积极化解行政争议，允许被告改变被诉行政行为。

被告改变被诉行政行为情形	实质改变：①改变所认定的主要事实和证据；②改变所适用的规范依据且对定性产生影响；③撤销、部分撤销或者变更处理结果。
	视为改变：①根据原告的请求依法履行法定职责；②采取相应的补救、补偿等措施；③在行政裁决案件中，书面认可原告与第三人达成的和解。
被告改变被诉行政行为程序	既可以在第一审期间改变，也可以在第二审期间和再审期间改变。
	被告改变被诉行政行为的，应当书面告知法院。
行政诉讼程序变化	（1）原告申请撤诉的，经法院准许后诉讼程序终结；
	（2）原告不撤诉的，法院继续审理原行政行为；
	（3）原告或第三人起诉新的行政行为的，法院审理新的行政行为并作出判决；
	（4）不作为案件被告已作为，原告不撤诉的，法院继续审理不作为的合法性。

[法条链接]《行政诉讼法》第62条；《行诉解释》第81条；《最高人民法院关于行政诉讼撤诉若干问题的规定》第3、4条。

迷你案例

案情：县政府针对甲、乙两村土地使用权争议作出的处理决定被诉后，甲、乙两村达成和

解，县政府书面予以认可。

问题：本案是否属于行政诉讼中被告改变被诉行政行为？

答案：属于。根据《最高人民法院关于行政诉讼撤诉若干问题的规定》第4条第3项的规定，县政府书面认可了甲、乙两村达成的和解，视为县政府改变其针对甲、乙两村土地使用权争议作出的处理决定，属于"视为行政诉讼中被告改变被诉行政行为"的情形。

六、行政诉讼的调解

行政诉讼原则上不适用调解，仅在例外情况下可以调解。

调解范围	行政赔偿案件，行政补偿案件，行政协议案件，以及行政机关行使法律、法规规定的自由裁量权的案件。
调解原则	遵循自愿、合法原则，不得损害国家利益、社会公共利益和他人合法权益。

[法条链接]《行政诉讼法》第60条；《行政协议案件规定》第23条。

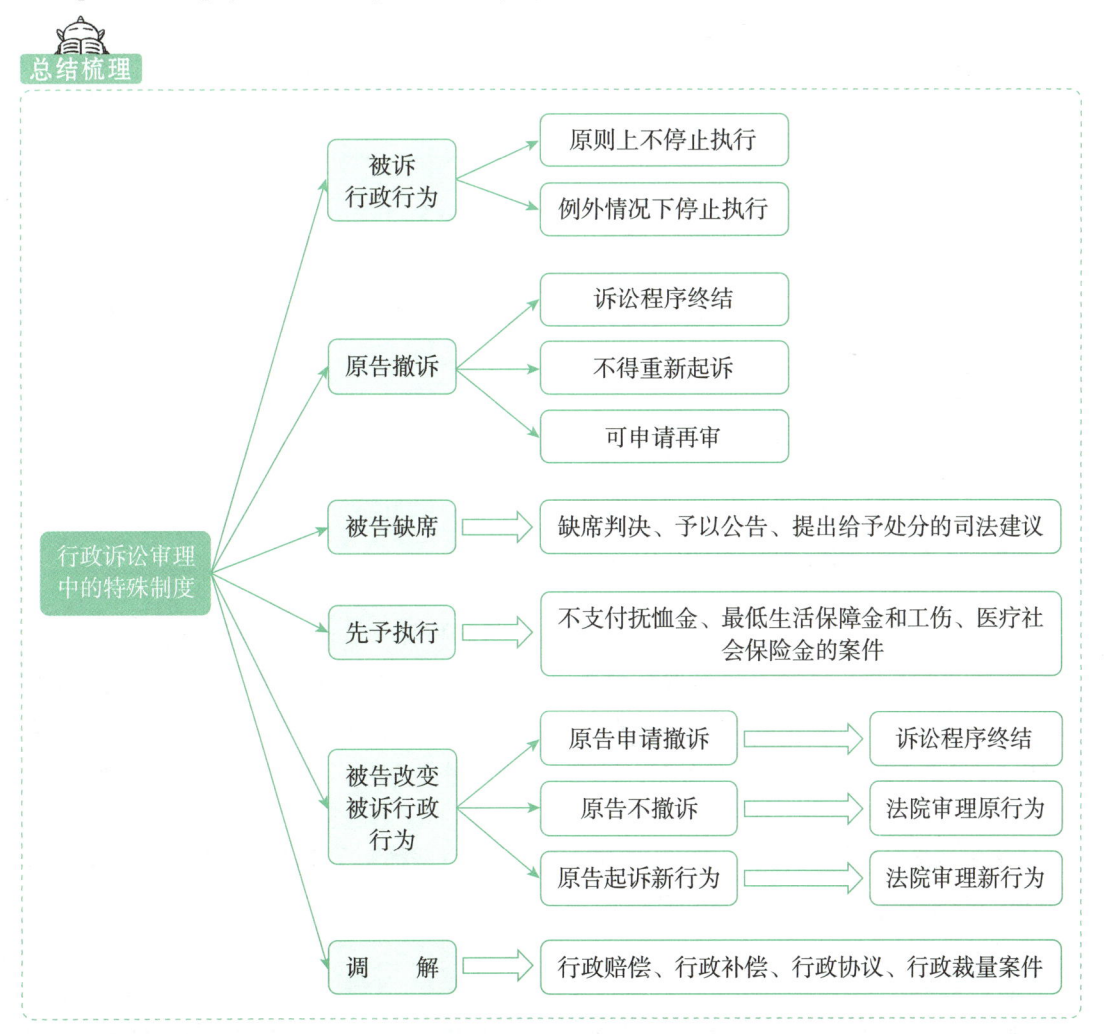

总结梳理

行政诉讼审理中的特殊制度：

- 被诉行政行为
  - 原则上不停止执行
  - 例外情况下停止执行
- 原告撤诉
  - 诉讼程序终结
  - 不得重新起诉
  - 可申请再审
- 被告缺席 → 缺席判决、予以公告、提出给予处分的司法建议
- 先予执行 → 不支付抚恤金、最低生活保障金和工伤、医疗社会保险金的案件
- 被告改变被诉行政行为
  - 原告申请撤诉 ⇒ 诉讼程序终结
  - 原告不撤诉 ⇒ 法院审理原行为
  - 原告起诉新行为 ⇒ 法院审理新行为
- 调解 ⇒ 行政赔偿、行政补偿、行政协议、行政裁量案件

考点 30

31 行政附带民事诉讼

行政附带民事诉讼，是指法院在审理行政案件的同时，对与引起该案件的行政争议相关的民事纠纷一并审理的诉讼。行政附带民事诉讼实质上是两种不同性质诉讼的合并，行政诉讼解决的是行政争议，民事诉讼解决的是民事纠纷，将两种诉讼合并审理的目的是节省诉讼成本，提高审判效率。

适用条件	(1) 涉及行政许可、登记、征收、征用和行政机关对民事争议所作的裁决的行政诉讼。 (2) 当事人申请一并解决相关民事争议的，应当在第一审开庭审理前提出；有正当理由的，也可以在法庭调查中提出。
不适用情形	(1) 法律规定应当由行政机关先行处理的； (2) 违反《民事诉讼法》专属管辖规定或者协议管辖约定的； (3) 约定仲裁或者已经提起民事诉讼的。
管　辖	由受理行政案件的法院管辖。
立　案	(1) 法院在审理行政许可、登记、征收、征用的案件中一并审理相关民事争议的，民事争议应当单独立案； (2) 法院在审理行政机关对民事争议所作裁决的案件中一并审理民事争议的，民事争议不另行立案。
审　理	(1) 由同一审判组织审理； (2) 法院一并审理民事争议，适用民事法律规范的相关规定，法律另有规定的除外。
裁　判	对行政争议和民事争议应当分别裁判。
诉讼费用	按行政案件、民事案件的标准分别收取诉讼费用。

[指导案例] 人民法院在审理人民检察院提起的环境行政公益诉讼案件时，对人民检察院就同一污染环境行为提起的环境民事公益诉讼，可以参照《行政诉讼法》及其司法解释的规定，采取分别立案、一并审理、分别判决的方式处理。（最高人民法院指导案例 136 号：吉林省白山市人民检察院诉白山市江源区卫生和计划生育局、白山市江源区中医院环境公益诉讼案）

[法条链接]《行政诉讼法》第 61 条第 1 款；《行诉解释》第 137 条、第 138 条第 1 款、第 139~144 条；《行政赔偿案件规定》第 20 条。

迷你案例

案情：甲、乙两村因土地使用权发生争议，县政府裁决土地使用权归甲村。乙村不服，向法院起诉，请求撤销县政府的裁决，并请求法院判决土地使用权归乙村。

问1：乙村应当何时提出土地使用权归属请求？

答案：根据《行诉解释》第137条的规定，乙村应于第一审开庭审理前提出土地使用权归属请求；有正当理由的，也可以在法庭调查中提出。

问2：针对乙村提出的土地使用权归属请求，法院应如何立案？法院是否应当另行组成合议庭审理？

答案：根据《行诉解释》第140条第1款的规定，针对乙村提出的土地使用权归属请求，法院应当单独立案，由同一审判组织审理即可，不需要另行组成合议庭审理。

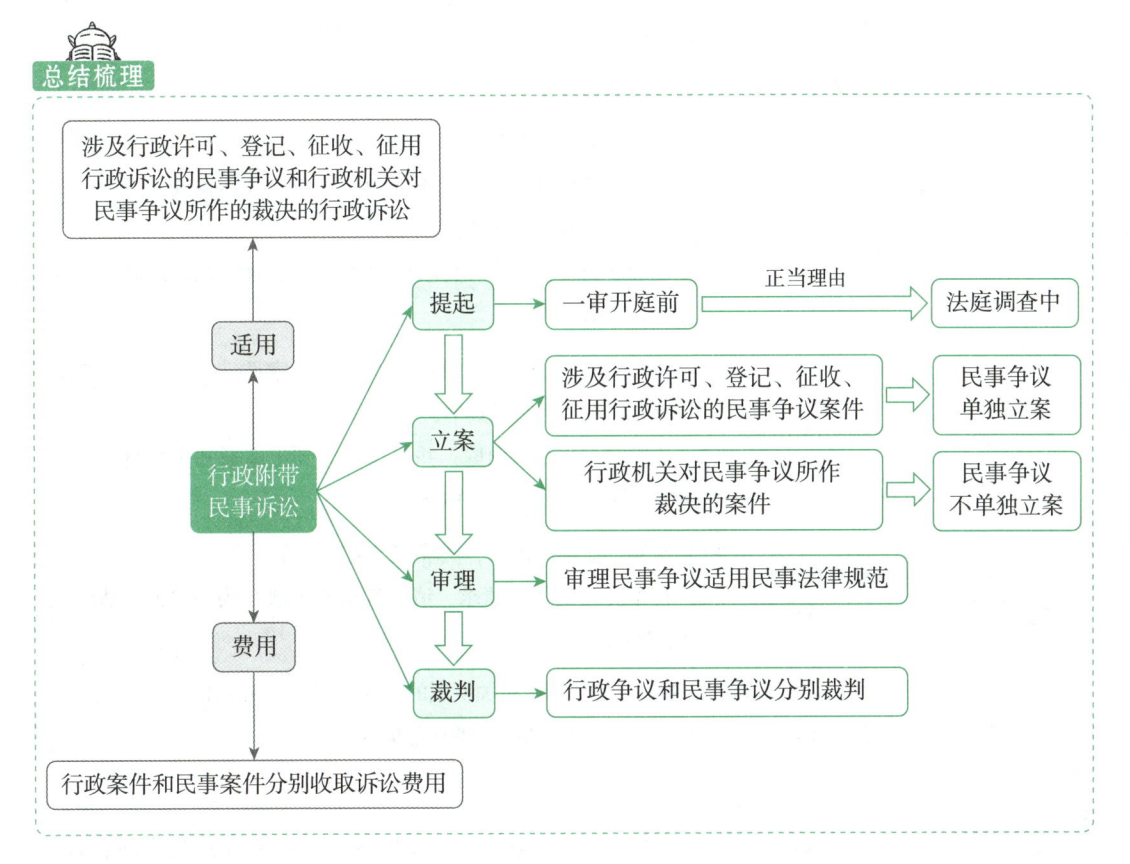

总结梳理

```
                    ┌─ 涉及行政许可、登记、征收、征用
                    │  行政诉讼的民事争议和行政机关对
              ┌─适用─┤  民事争议所作的裁决的行政诉讼
              │     │
              │     │           ┌─提起─→ 一审开庭前 ──正当理由──→ 法庭调查中
              │     │           │
              │     │           │        ┌─ 涉及行政许可、登记、征收、  ──→ 民事争议
              │     │           │        │  征用行政诉讼的民事争议案件      单独立案
行政附带──────┤     ├──────────┼─立案─┤
民事诉讼       │     │           │        └─ 行政机关对民事争议所作      ──→ 民事争议
              │     │           │           裁决的案件                    不单独立案
              │     │           │
              │     │           ├─审理─→ 审理民事争议适用民事法律规范
              │     │           │
              │     │           └─裁判─→ 行政争议和民事争议分别裁判
              │     │
              └─费用─┴─ 行政案件和民事案件分别收取诉讼费用
```

考点 32

32 行政公益诉讼

行政公益诉讼，是指检察院认为行政机关违法行使职权或者不作为，致使<u>国家利益或者社会公共利益</u>受到侵害，依法向法院提起的行政诉讼。

诉前程序		（1）检察院在履行职责中发现生态环境和资源保护、食品药品安全、国有财产保护、国有土地使用权出让等领域负有监督管理职责的行政机关违法行使职权或者不作为，致使国家利益或者社会公共利益受到侵害的，应当向行政机关提出检察建议，督促其依法履行职责。 （2）行政机关应当在收到检察建议书之日起2个月内依法履行职责，并书面回复检察院。出现国家利益或者社会公共利益损害继续扩大等紧急情形的，行政机关应当在15日内书面回复。 （3）行政机关不依法履行职责的，检察院依法向法院提起诉讼。
起诉人	检察院	依照《民事诉讼法》《行政诉讼法》享有相应的诉讼权利，履行相应的诉讼义务，但法律、司法解释另有规定的除外。
管辖	基层检察院起诉	被诉行政机关所在地基层法院管辖。
起诉	检察院应当提交的材料	（1）行政公益诉讼起诉书，并按照被告人数提出副本； （2）被告违法行使职权或者不作为，致使国家利益或者社会公共利益受到侵害的证明材料； （3）已经履行诉前程序，行政机关仍不依法履行职责或者纠正违法行为的证明材料。
出庭	检察院派员出庭	（1）法院开庭审理检察院提起的公益诉讼案件，应当在开庭3日前向检察院送达出庭通知书； （2）检察院应当派员出庭，并应当自收到出庭通知书之日起3日内向法院提交派员出庭通知书。
被告改变被诉行政行为	检察院诉讼请求全部实现	（1）检察院撤回起诉的，法院应当裁定准许； （2）检察院变更诉讼请求，请求确认原行政行为违法的，法院应当判决确认违法。
执行		（1）法院可以将判决结果告知被诉行政机关所属的政府或者其他相关的职能部门； （2）被告不履行生效判决、裁定的，法院应当移送执行。

一招制敌 行政公益案件应当优先适用行政公益诉讼的特别规则；没有特别规则时，才适用一般行政诉讼规则。

[法条链接]《最高人民法院、最高人民检察院关于检察公益诉讼案件适用法律若干问题的解释》（以下简称《检察公益诉讼解释》）第4条，第5条第2款，第8、12、21、22、24条，第25条第2款。

迷你案例

案情：2018年1月，王某受玉鑫公司的委托在国有林区开挖公路，县林业局接报后交县森林公安局进行查处。县森林公安局于2018年2月27日向王某和玉鑫公司送达了处罚决定书：责令限期恢复原状，并罚款2万元。玉鑫公司交纳罚款后，县森林公安局予以结案。2021年

11月9日，县检察院向县森林公安局提出检察建议：采取有效措施，恢复森林植被。2021年12月8日，县森林公安局回复称：已责令王某限期恢复原状并对其进行催告，鉴于王某已经死亡，执行终止。对于玉鑫公司，县森林公安局没有向其发出催告书。县检察院以县森林公安局为被告提起行政诉讼，法院受理。

问1：如何确定本案的管辖法院？

答案：本案中，县检察院向法院提起行政诉讼，被告是县森林公安局。根据《检察公益诉讼解释》第5条第2款的规定，本案的管辖法院是县森林公安局所在地的基层法院。

问2：县森林公安局于2021年12月8日的回复是否符合期限要求？为什么？

答案：县森林公安局的回复符合期限要求。根据《检察公益诉讼解释》第21条第2款的规定，行政机关应当在收到检察建议书之日起2个月内书面回复检察院。本案中，县检察院于2021年11月9日提出检察建议，因此，县森林公安局在2021年12月8日回复符合期限要求。

问3：县检察院能否直接提起行政诉讼？

答案：不能。根据《行政诉讼法》第25条第4款的规定，县检察院应当先向县森林公安局提出检察建议，只有履行了诉前程序，才能向法院提起行政公益诉讼。

问4：县检察院起诉应当提交哪些材料？

答案：根据《检察公益诉讼解释》第22条的规定，县检察院起诉应当提交的材料有：①行政公益诉讼起诉书，并提出相应数量的副本；②县森林公安局不作为，致使国家利益或者社会公共利益受到侵害的证明材料；③县检察院已经履行诉前程序，县森林公安局仍不依法履行职责的证明材料。

问5：若某合法登记的环保公益组织针对县森林公安局未履行职责的行为提起行政诉讼，法院应如何处理？

答案：不予受理。根据《行政诉讼法》第25条第4款的规定，只有检察院才能向法院提起行政公益诉讼，该合法登记的环保公益组织不具有行政公益诉讼的起诉人资格。

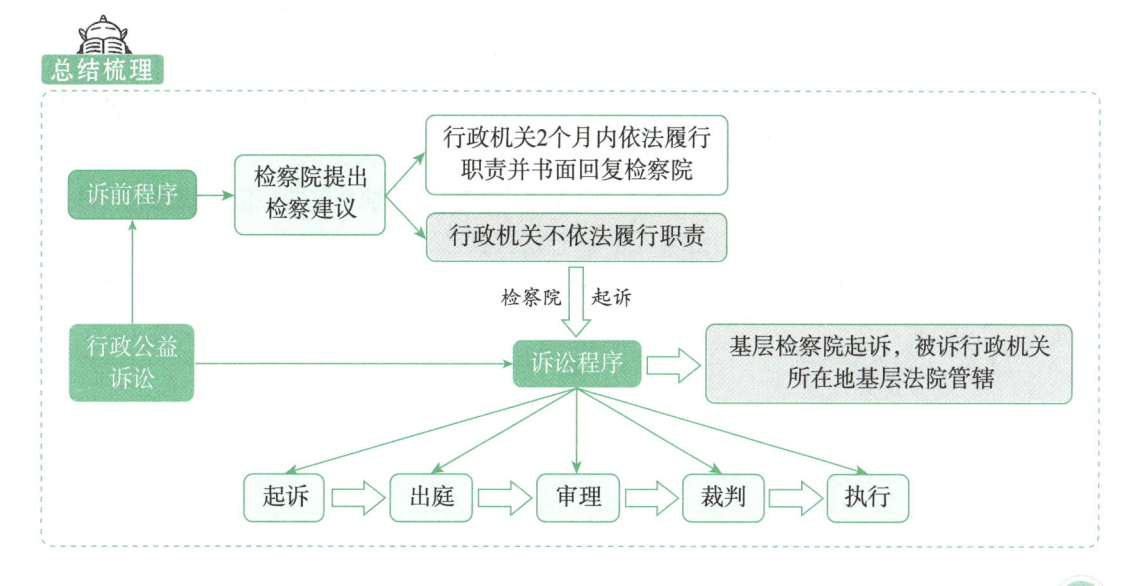

总结梳理

行政公益诉讼
- 诉前程序 → 检察院提出检察建议
  - 行政机关2个月内依法履行职责并书面回复检察院
  - 行政机关不依法履行职责
- 诉讼程序（检察院起诉）
  - 基层检察院起诉，被诉行政机关所在地基层法院管辖
  - 起诉 → 出庭 → 审理 → 裁判 → 执行

第十一讲 小综案例

案情

某区中医院新建综合楼时，未建设符合环保要求的污水处理设施即将新楼投入使用。某市检察院在办理某刑事案件时，发现了该区中医院问题的线索后，对其进行了调查，查明该区中医院通过渗井、渗坑排放医疗污水；经对其排放的医疗污水及渗井周边土壤取样检验，发现医疗污水中的化学需氧量、五日生化需氧量、悬浮物、总余氯等均超过国家标准。该市检察院调查时还发现，该区卫计局在该区中医院未提交环评合格报告的情况下，将其《医疗机构执业许可证》校验为合格，且对其违法排放医疗污水的行为未及时制止，该区卫计局存在违法行为。该市检察院指定该区检察院向法院提起诉讼，请求：①确认该区卫计局为该区中医院校验《医疗机构执业许可证》合格的行为违法；②判令该区卫计局履行法定监管职责，对该区中医院的医疗污水净化处理设施进行整改。

问题

1. 法院开庭审理时，若该区卫计局经传票传唤无正当理由拒不到庭，则法院应如何处理？
2. 若某合法登记的环保公益组织针对该区卫计局未履行职责的行为提起行政诉讼，则法院应如何处理？
3. 若该区检察院向法院一并请求判令该区中医院立即停止违法排放医疗污水，则法院应如何处理？

答案

1. 根据《行政诉讼法》第58条、第66条第2款和《行诉解释》第79条第3款的规定，若该区卫计局经传票传唤无正当理由拒不到庭，法院可以在按期开庭或者继续开庭审理后缺席判决，可以将该区卫计局拒不到庭的情况予以公告，并可以向监察机关或者该区卫计局的上一级行政机关提出依法给予其主要负责人或者直接责任人员处分的司法建议。
2. 不予受理。根据《行政诉讼法》第25条第4款的规定，只有检察院才能向法院提起行政公益诉讼，该合法登记的环保公益组织不具有行政公益诉讼的起诉人资格。
3. 法院可以参照《行政诉讼法》及其司法解释的规定，采取分别立案、一并审理、分别判决的方式处理。

第12讲 LECTURE 12

行政诉讼证据

应试指导

本讲在案例分析题中考查的重点是行政诉讼的举证规则和认证规则，难点是运用行政诉讼的原、被告的举证责任，被告的举证期限，证据的认定规则来分析行政诉讼案例。

考点33 行政诉讼当事人举证

一、行政诉讼的举证责任

举证责任是法律假定的一种后果，是指承担举证责任的当事人应当举出证据证明自己的主张是成立的，否则将承担败诉的不利后果。

（一）被告的举证责任

被告对被诉行政行为的合法性负举证责任。被告应当提供作出该行政行为的证据和所依据的规范性文件。

提示 原告可以提供证明行政行为违法的证据。原告提供的证据不成立的，不免除被告的举证责任。

一招制敌 复议维持案件，被诉行政行为是原行为机关作出的行政行为和复议维持决定，原行为机关和复议机关共同对原行政行为的合法性承担举证责任，复议机关对复议维持决定的合法性承担举证责任。

[例] 在政府信息公开案件中，被告拒绝向原告提供政府信息的，应当对拒绝的根据以及履行法定告知和说明理由义务的情况举证。因公共利益决定公开涉及商业秘密、个人隐私政府信息的，被告应当对认定公共利益以及不公开可能对公共利益造成重大影响的理由进行举证和说明。

[法条链接]《行政诉讼法》第34条第1款、第37条；《行诉解释》第135条第2款；《政府信息公开案件规定》第5条第1、2款。

（二）原告的举证责任

1. 证明起诉符合法定条件。

注意：被告认为原告起诉超过法定期限的除外。

2. 在起诉被告不作为的案件中，原告应当提供其在行政程序中曾经向被告提出申请的证据材料。

[例] 原告起诉被告拒绝更正政府信息记录的，应当提供其向被告提出过更正申请以及政府信息与其自身相关且记录不准确的事实根据。当然，被告应当对拒绝的理由进行举证和说明。

注意：两个例外：

（1）被告应当依职权主动履行法定职责的案件。即行政机关法定职责的履行不以原告申请为前提。

[例] 警察巡逻时看到正在遭受不法侵害的公民，不依职权进行保护。

（2）原告因正当理由不能提供证据的案件。正当理由，是指原告因被告受理申请的登记制度不完备等正当事由不能提供相关证据材料的，就不用提供其向被告提出过申请的证据材料，只要作出合理说明即可。

迷你案例

案情：田某认为区人社局记载的有关他的社会保障信息有误，要求更正，遭到区人社局拒绝。田某向法院起诉。

问题：本案举证责任应如何分配？

答案：根据《政府信息公开案件规定》第5条第3款的规定，区人社局拒绝更正田某的社会保障信息的，应对拒绝的理由进行举证和说明。根据《政府信息公开案件规定》第5条第7款的规定，田某起诉区人社局拒绝更正有关他的社会保障信息的，应提供其向区人社局提出过更正申请以及区人社局记载的有关他的社会保障信息有误的事实根据。

[指导案例] 在政府信息公开案件中，被告以政府信息不存在为由答复原告的，人民

法院应审查被告是否已经尽到充分合理的查找、检索义务。原告提交了该政府信息系由被告制作或者保存的相关线索等初步证据后，若被告不能提供相反证据，并举证证明已尽到充分合理的查找、检索义务的，人民法院不予支持被告有关政府信息不存在的主张。(最高人民法院指导案例101号：罗元昌诉重庆市彭水苗族土家族自治县地方海事处政府信息公开案)

3. 在行政赔偿、补偿案件中，原告应当对行政行为造成的损害提供证据。

注意：因被告的原因导致原告无法就损害情况举证的，应当由被告就该损害情况承担举证责任。

[指导案例] 在房屋强制拆除引发的行政赔偿案件中，原告提供了初步证据，但因行政机关的原因导致原告无法对房屋内物品损失举证，行政机关亦因未依法进行财产登记、公证等措施无法对房屋内物品损失举证的，人民法院对原告未超出市场价值的符合生活常理的房屋内物品的赔偿请求，应当予以支持。(最高人民法院指导案例91号：沙明保等诉马鞍山市花山区人民政府房屋强制拆除行政赔偿案)

一招制敌 行政案件不存在只有原告或者只有被告承担举证责任的情况，题目中需要根据具体情况来确定原告和被告各自应承担的举证责任。

[法条链接]《行政诉讼法》第38条；《行诉解释》第47条第1、3款；《政府信息公开案件规定》第5条第3、7款；《最高人民法院关于行政诉讼证据若干问题的规定》(以下简称《行政诉讼证据规定》) 第4条；《行政赔偿案件规定》第11条。

迷你案例

案情：市城管执法局委托镇政府负责一风景区的城管执法工作。镇政府接到举报后进行了现场勘验，认定刘某擅自建房，并组织工作人员强制拆除其所建房屋。刘某父亲和嫂子称房屋系二人共建，拆除行为侵犯其合法权益，遂向法院起诉。法院予以受理。

问1：房屋系刘某父亲和嫂子共建的举证责任由谁承担？为什么？

答案：房屋系刘某父亲和嫂子共建的举证责任由原告刘某父亲和嫂子承担。根据《行政诉讼法》第49条第1项和《行诉解释》第54条第1款第3项的规定，刘某是行政行为的相对人，刘某父亲和嫂子向法院起诉的，应当提供证据证明房屋为二人共建或二人与拆除行为有利害关系。

问2：镇政府具有拆除房屋的权力的举证责任由谁承担？为什么？

答案：镇政府具有拆除房屋的权力的举证责任由被告镇政府承担。根据《行政诉讼法》第34条第1款的规定，被告应当提供证据证明其行政行为合法。而行政行为合法的要件之一就是行为属于法定职权范围。因此，被告镇政府应当提供证据和依据证明其具有拆除房屋的权力。

（三）行政协议案件的举证责任

案件情形	举证主体	举证内容
被告订立、履行、变更、解除行政协议	被告	对自己具有法定职权、履行法定程序、履行相应法定职责以及订立、履行、变更、解除行政协议等行为的合法性承担举证责任。
原告主张撤销、解除行政协议	原告	对撤销、解除行政协议的事由承担举证责任。
对行政协议是否履行发生争议	负有履行义务的当事人	对已履行行政协议承担举证责任。

一招制敌 行政协议案件中涉及行政性行为诉讼（变更行政协议诉讼和解除行政协议诉讼）的，适用行政诉讼证据规则；涉及协议性行为诉讼（违约诉讼和行政协议效力诉讼）的，适用民事诉讼证据规则。

[法条链接]《行政协议案件规定》第10条。

迷你案例

案情：区政府发布《关于王家洲棚户区改造项目房屋征收决定的通告》，陈某的房屋位于征收范围内。区政府与陈某订立了《房屋征收协议》。后区政府以"协议损害了公共利益"为由，作出《关于撤销〈房屋征收协议〉决定书》（以下简称《撤销决定书》）。陈某不服，向法院起诉请求撤销区政府作出的《撤销决定书》。

问题：如何确定区政府的举证责任？

答案：区政府作出《撤销决定书》属于解除行政协议，根据《行政协议案件规定》第10条第1款的规定，应由区政府对《撤销决定书》的合法性进行举证。

二、行政诉讼的举证期限

被告	一般期限	收到起诉状副本之日起15日内，提供据以作出被诉行政行为的全部证据和所依据的规范性文件。
	后 果	被告不提供或无正当理由逾期提供证据的，视为被诉行政行为没有相应证据。但是，被诉行政行为涉及第三人合法权益，第三人提供证据的除外。
原告或第三人	一般期限	在开庭审理前或法院指定的交换证据清单之日。
	后 果	逾期提供证据的，须说明理由，否则视为放弃举证权利。

一招制敌 被告不提供或者无正当理由逾期提供证据的，一般视为被诉行政行为没有相应证据。但是，相关第三人提供被诉行政行为证据的除外。

[例] 在行政许可案件中，被告不提供或者无正当理由逾期提供证据的，与被诉行政

许可行为有利害关系的第三人可以向法院提供行政许可行为的证据。

[法条链接]《行政诉讼法》第 34 条第 2 款、第 67 条第 1 款；《行诉解释》第 34 条、第 35 条第 1 款；《行政许可案件规定》第 8 条第 1 款。

迷你案例

案情：王甲与王乙系兄弟关系。2014 年 4 月 22 日，王甲与平湖区城中村改造指挥部签订了拆迁补偿安置协议。2015 年 7 月 15 日，平湖区政府作出《关于城中村改造居民王甲安置协议作废问题的决定》（以下简称《决定》）：因王乙提出产权归属异议，城中村改造指挥部与王甲所签协议作废。王甲不服，遂提起行政诉讼，请求撤销《决定》。法院受理案件后，王乙向法院提供证据证明产权归属异议。

问 1：如何确定平湖区政府的举证期限？

答案：根据《行政诉讼法》第 67 条第 1 款的规定，平湖区政府应当在收到起诉状副本之日起 15 日内向法院提交作出《决定》的证据和所依据的规范性文件。

问 2：若平湖区政府未答辩，则是否视为《决定》没有证据？

答案：不视为《决定》没有证据。根据《行政诉讼法》第 34 条第 2 款的规定，平湖区政府未答辩，即不提供证据，本应视为没有相应证据，但因本案被诉《决定》涉及第三人王乙的合法权益，王乙向法院提供了证据证明产权归属异议，可以作为与《决定》有关的证据，因此不应视为《决定》没有证据。

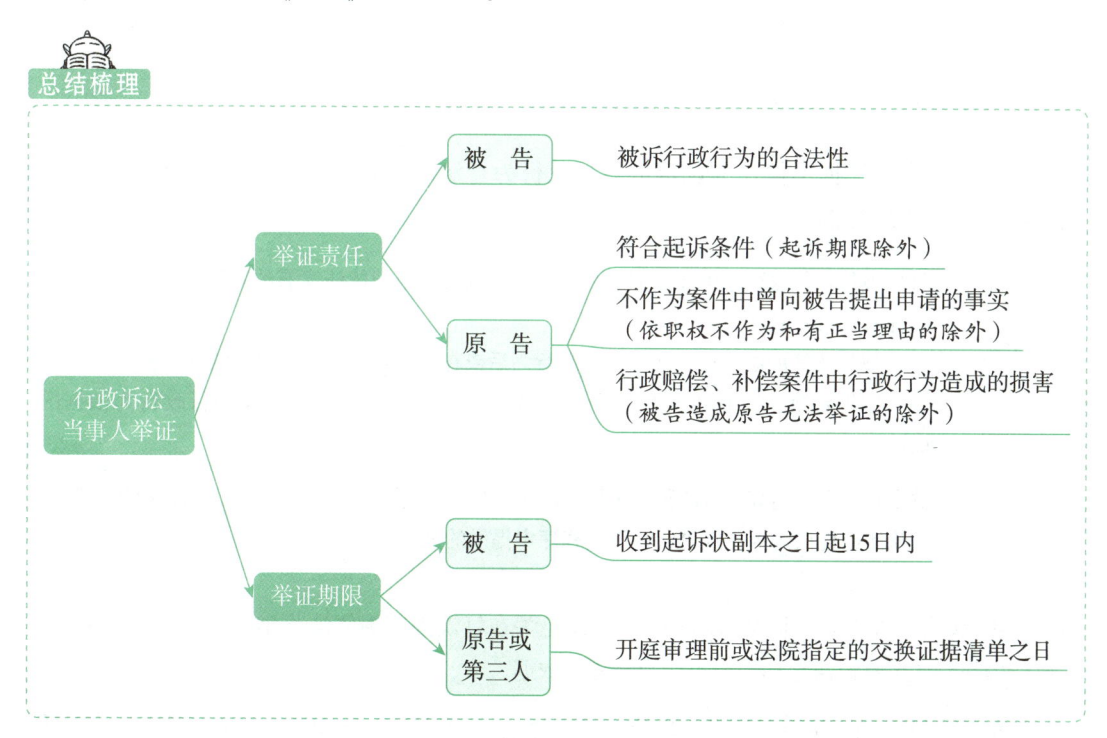

总结梳理

行政诉讼当事人举证
- 举证责任
  - 被告：被诉行政行为的合法性
  - 原告：
    - 符合起诉条件（起诉期限除外）
    - 不作为案件中曾向被告提出申请的事实（依职权不作为和有正当理由的除外）
    - 行政赔偿、补偿案件中行政行为造成的损害（被告造成原告无法举证的除外）
- 举证期限
  - 被告：收到起诉状副本之日起 15 日内
  - 原告或第三人：开庭审理前或法院指定的交换证据清单之日

34 行政诉讼证据的调取与效力

一、行政诉讼证据的调取

法院调取证据可分为依职权调取和依申请调取两种情形。

依职权调取	(1) 涉及国家利益、公共利益或者他人合法权益的事实认定的证据； (2) 涉及依职权追加当事人、中止诉讼、终结诉讼、回避等程序性事项的证据。
依申请调取 （原告或第三人）	(1) 由国家机关保存而须由法院调取的证据； (2) 涉及国家秘密、商业秘密、个人隐私的证据； (3) 确因客观原因不能自行收集的其他证据。

一招制敌 无论是依职权主动调取证据还是依申请调取证据，法院都不得为证明行政行为的合法性调取被告作出行政行为时未收集的证据。

[法条链接]《行政诉讼法》第40、41条；《行政诉讼证据规定》第22、23条。

二、行政诉讼证据的效力

不利于被告的证据不得作为认定被诉行政行为合法的依据，不利于原告的证据不得作为支持原告主张的依据。

不利于被告的证据	(1) 被告在行政程序中非法剥夺公民、法人或其他组织依法享有的陈述、申辩或听证权利所采用的证据； (2) 被告及其诉讼代理人在作出行政行为后或在诉讼程序中自行收集的证据； (3) 原告或第三人在诉讼程序中提供的、被告在行政程序中未作为行政行为依据的证据。
不利于原告的证据	被告有证据证明其在行政程序中依照法定程序要求原告或第三人提供证据，原告或第三人依法应提供而拒不提供，在诉讼程序中提供的证据。

提示 复议机关作共同被告的案件，复议机关在复议程序中依法收集和补充的证据，可以作为法院认定复议决定和原行政行为合法的依据。

[法条链接]《行诉解释》第45条、第135条第3款；《行政诉讼证据规定》第59、60条。

迷你案例

案情：县市场监管局经调查取证，认定某药厂更改生产日期和批号生产、出售药品，遂以该药厂违反《药品管理法》的规定为由，对其作出没收药品及罚款 20 万元的处罚决定。该药厂不服，向县政府申请复议。县政府受理案件后，依法收集和补充该药厂使用过期药品作为主原料生产、出售药品的相关记录，作出维持县市场监管局处罚决定的复议决定。该药厂起诉。

问题：该药厂使用过期药品作为主原料生产、出售药品的相关记录能否作为认定县市场监管局处罚决定和县政府复议决定合法的依据？

答案：能。本案为复议维持案件，根据《行政诉讼法》第 26 条第 2 款的规定，县市场监管局和县政府为共同被告。进而，该药厂使用过期药品作为主原料生产、出售药品的相关记录是县政府在复议程序中依法收集和补充的证据，根据《行诉解释》第 135 条第 3 款的规定，可以作为法院认定县市场监管局处罚决定和县政府复议决定合法的依据。

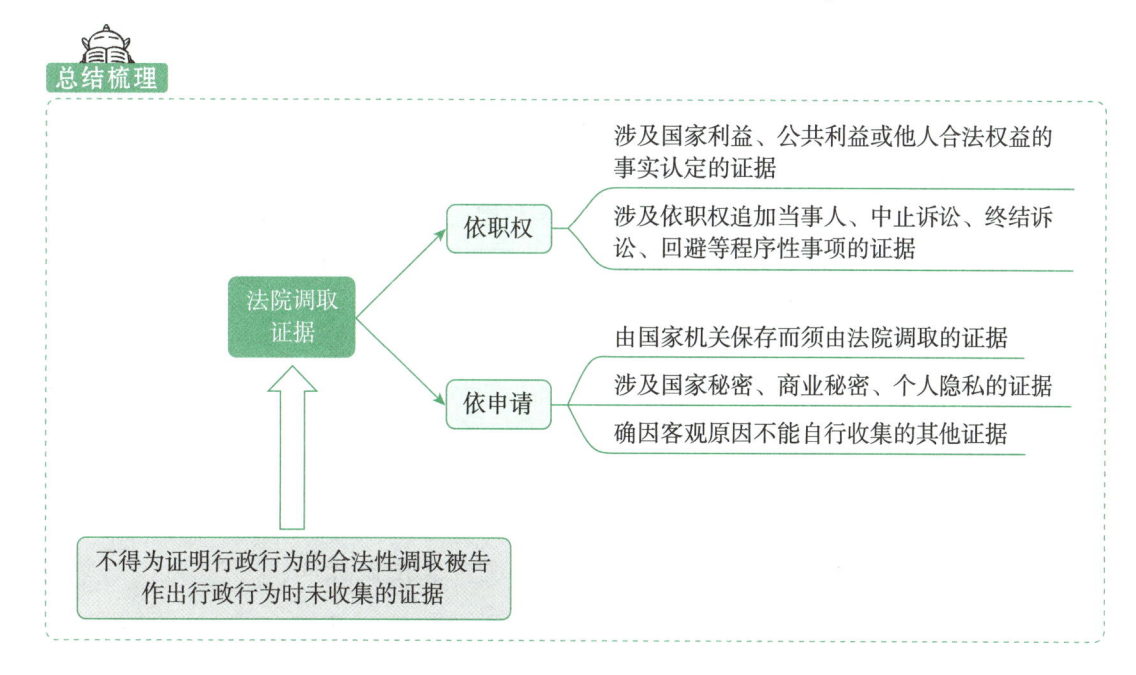

总结梳理

法院调取证据
- 依职权
  - 涉及国家利益、公共利益或他人合法权益的事实认定的证据
  - 涉及依职权追加当事人、中止诉讼、终结诉讼、回避等程序性事项的证据
- 依申请
  - 由国家机关保存而须由法院调取的证据
  - 涉及国家秘密、商业秘密、个人隐私的证据
  - 确因客观原因不能自行收集的其他证据

不得为证明行政行为的合法性调取被告作出行政行为时未收集的证据

考点 34

第十二讲 小综案例

案情：蒋某的房屋位于城市总体规划区内。县住建局于 2014 年 7 月 30 日向蒋某送达了

《责令限期拆除违法建筑告知书》,并于 2014 年 8 月 4 日作出《责令限期拆除违法建筑决定书》,限蒋某 3 日内自行拆除其房屋。蒋某逾期未予拆除。2014 年 9 月 23 日,县住建局对蒋某的房屋实施强制拆除。在实施强制拆除前,县住建局对房屋内的物品进行了清点、搬运,但未对搬运出去的物品作妥善交接,造成部分物品损坏、丢失。蒋某对强制拆除行为不服,遂以县住建局为被告提起行政诉讼,请求法院确认被告强制拆除其房屋及损坏财物的行为违法,判令被告将房屋恢复原状,并赔偿房屋内的物品损失。

问 题

1. 本案强制拆除房屋和赔偿的举证责任应如何分配?
2. 法院能否调取蒋某的房屋属于违法建筑的证据?为什么?

答 案

1. 根据《行政诉讼法》第 34 条第 1 款和第 38 条第 2 款的规定,县住建局对强制拆除蒋某房屋的行为的合法性负有举证责任;蒋某应当对房屋内的物品损失承担举证责任,因县住建局的原因(县住建局未对搬运出去的物品作妥善交接,造成部分物品损坏、丢失)导致蒋某无法举证的,由县住建局承担举证责任。
2. 不能。蒋某的房屋属于违法建筑的证据是证明县住建局的强制拆除行为合法性的证据,根据《行政诉讼法》第 40 条的规定,法院不得为证明强制拆除行为的合法性调取县住建局实施强制拆除行为时未收集的证据。

第13讲 LECTURE 13

行政诉讼结案执行

应试指导

本讲在案例分析题中考查的重点是行政诉讼判决的适用范围和裁判的强制执行以及规范性文件的审查处理,难点是运用行政诉讼一审各种判决的适用条件分析各种判决的适用。

考点35 行政诉讼的判决

一、直接起诉案件的判决

行政诉讼一审判决主要有六种类型,分别为撤销判决、履行判决、变更判决、驳回原告诉讼请求判决、确认违法判决、确认无效判决。

(一)撤销判决

撤销判决,是指法院认定被诉行政行为部分或全部违法,从而部分或全部撤销被诉行政行为,并可以责令被告重新作出行政行为的判决。

法院可以适用撤销判决的情形:①行政行为主要证据不足;②行政行为适用法律、法规错误;③行政行为违反法定程序;④行政机关超越职权作出行政行为;⑤行政机关滥用职权作出行政行为;⑥行政行为明显不当。每一种情形都构成法院撤销判决的独立理由。

一招制敌 判决撤销违法的被诉行政行为将会给国家利益、社会公共利益或他人合法权益造成损失的，法院在判决撤销的同时，可以分别采取以下方式处理：①判决被告重新作出行政行为；②责令被诉行政机关采取相应的补救措施。

[法条链接]《行政诉讼法》第70、76条。

迷你案例

案情：余某拟大修房屋，遂向县规划和自然资源局提出申请，县规划和自然资源局作出不予批准答复。余某向法院起诉。法院经审理认定县规划和自然资源局应当作出批准答复。

问题：法院应如何判决？

答案：县规划和自然资源局作出的不予批准答复属于不予行政许可决定，根据《行政许可案件规定》第11条的规定，法院可以判决撤销该不予批准答复，责令县规划和自然资源局重新作出决定。

（二）履行判决

履行判决，是指法院认定被告负有法定职责（作为义务）或给付义务（金钱义务）无正当理由而不履行，责令被告限期履行法定职责或给付义务的判决。给付义务主要指支付抚恤金、最低生活保障待遇或者社会保险待遇等义务。

一招制敌 履行判决的适用

（1）法院可以判决被告在一定期限内依法履行原告请求的法定职责或者给付义务；

（2）尚需被告调查或者裁量的，法院应当判决被告针对原告的请求重新作出处理。

[例1] 政府信息公开案件中，被告依法应当更正而不更正与原告相关的政府信息记录的，法院应当判决被告在一定期限内更正。尚需被告调查、裁量的，判决其在一定期限内重新答复。被告无权更正的，判决其转送有权更正的行政机关处理。

[例2] 行政协议案件中，被告变更、解除行政协议的行政行为违法的，法院可以判决被告继续履行协议，或者采取补救措施；给原告造成损失的，判决被告予以赔偿。

[法条链接]《行政诉讼法》第72、73条；《行诉解释》第91、92条；《政府信息公开案件规定》第9条第4款；《行政协议案件规定》第19条第1款。

迷你案例

1. 案情：王某认为社保局提供的有关他的社会保障信息有误，要求社保局予以更正。社保局以无权更正为由拒绝了王某的请求。王某向法院起诉，法院受理。

问题：法院经审理认为案涉信息有误，应如何判决？

答案：根据《政府信息公开案件规定》第9条第4款的规定，社保局应当更正而不更正案涉信息的，法院应当判决社保局在一定期限内更正；若社保局无权更正，则法院应当判决社保局转送有权更正的行政机关处理。

2. 案情：为了实现节能减排目标，县政府决定对永佳公司进行关停征收。县政府与永佳公司签订了《资产转让协议书》，约定永佳公司关停，退出造纸行业，县政府受让永佳公司资产并支付对价。后双方因付款产生纠纷，永佳公司诉至法院，请求判决县政府履行付款义务。法院查明：协议签订后，县政府接受了永佳公司的厂房等资产，但仅向永佳公司支付了部分补偿金，之后经多次催收，未再付款。

问题：法院应如何判决？

答案：县政府与永佳公司签订的《资产转让协议书》属于行政协议。县政府未按照约定履行行政协议，根据《行政协议案件规定》第19条第1款的规定，法院可以判决县政府继续履行付款义务；给永佳公司造成损失的，判决县政府予以赔偿。

（三）变更判决

变更判决，是指法院认定行政处罚明显不当，或者其他行政行为涉及对款额的确定、认定确有错误的，直接改变行政行为的判决。变更判决与撤销判决的区别是，变更判决直接确定了当事人的权利和义务。

一招制敌 变更判决的适用范围：①行政处罚明显不当；②其他行政行为涉及对款额的确定、认定确有错误。

> **提示** 变更判决的适用限制
> 原则上只能减轻不能加重，即不得加重原告的义务或者减损原告的权益；但利害关系人同为原告，且诉讼请求相反的除外。

[法条链接]《行政诉讼法》第77条。

（四）驳回原告诉讼请求判决

驳回原告诉讼请求判决，是指法院认为被诉行政行为合法，或者原告申请被告履行法定职责或给付义务理由不成立的，直接作出否定原告诉讼请求的一种判决形式。

一招制敌 驳回原告诉讼请求和驳回原告起诉的区别：

（1）使用的裁判形式不同。前者涉及的主要是案件实体问题，应适用判决；后者涉及的主要是案件程序问题，应适用裁定。

（2）适用情形不同。前者适用的情况在司法解释中有明确的规定；后者主要适用于法院受理案件后，发现起诉不符合条件的情形。

> **提示** 被诉行政行为合法，法院判决驳回原告诉讼请求；但被诉行政行为给原告造成损失的，应判决被告予以补偿。

[法条链接]《行政诉讼法》第69条。

迷你案例

案情：某银行以某公司未偿还贷款为由，向法院起诉，法院终审判决认定其请求已过诉讼时效,予以驳回。该银行向某县政府发函,要求该县政府落实该公司的还款责任。该县政府复函:"请贵行继续依法主张债权,我们将配合做好有关工作。"尔后,该银行向法院起诉,请求该县政府履行职责。法院经审理认为,该县政府已履行相应职责,该银行的债权不能实现的原因在于其主张债权时已超过诉讼时效。

问题:法院应如何判决?

答案:本案中,法院经审理认为,原告该银行起诉被告该县政府不作为的理由不成立,因此,根据《行政诉讼法》第69条的规定,法院应判决驳回该银行的诉讼请求。

(五)确认违法判决

确认违法判决,是指法院认为被诉行政行为违法,并作出判定的一种判决形式。其适用的具体情形有:①行政行为依法应当撤销,但撤销会给国家利益和社会公共利益造成重大损害的;②行政行为程序轻微违法,但对原告权利不产生实际影响的;③行政行为违法,但不具有可撤销内容的;④被告改变原违法行政行为,原告仍要求确认原行政行为违法的;⑤被告不履行或者拖延履行法定职责,判决履行没有意义的。

一招制敌 法院判决确认违法的:①可以同时判决责令被告采取补救措施;②给原告造成损失的,依法判决被告承担赔偿责任。

提示 程序轻微违法,是指处理期限、通知、送达等程序轻微违法,并且对原告依法享有的听证、陈述、申辩等重要程序性权利不产生实质损害。

[指导案例] 行政机关在作出行政许可时没有告知期限,事后以期限届满为由终止行政相对人行政许可权益的,属于行政程序违法,人民法院应当依法判决撤销被诉行政行为。但如果判决撤销被诉行政行为,将会给社会公共利益和行政管理秩序带来明显不利影响的,人民法院应当判决确认被诉行政行为违法。(最高人民法院指导案例88号:张道文、陶仁等诉四川省简阳市人民政府侵犯客运人力三轮车经营权案)

[法条链接]《行政诉讼法》第74、76条;《行诉解释》第96条。

迷你案例

案情:某镇政府以一公司所建钢架大棚未取得乡村建设规划许可证为由,责令其限期拆除。该公司逾期不拆除,该镇政府向其现场送达强拆通知书,并组织人员拆除了大棚。该公司向法院起诉,要求撤销强拆行为。

问题:若法院经审理认为强拆行为违反法定程序,则如何判决?

答案:强拆行为已实际实施,无可撤销的内容,因此,根据《行政诉讼法》第74条第2款第1项的规定,法院判决确认强拆行为违法。

(六)确认无效判决

确认无效判决,是指原告申请确认行政行为无效,法院认为行政行为有重大且明显违法情形,确认行政行为无效的判决形式。确认无效判决仅适用于被诉行政行为重大且明显违法的情形，不适用于被诉行政行为一般违法的情形。有下列情形之一的，属于重大且明显违法：

1. 行政行为实施主体不具有行政主体资格。
2. 减损权利或者增加义务的行政行为没有法律规范依据。
3. 行政行为的内容客观上不可能实施。
4. 其他重大且明显违法的情形。

一招制敌 ①确认无效诉讼的起诉没有时间限制。②法院判决确认无效的，可以同时判决责令被告采取补救措施；给原告造成损失的，依法判决被告承担赔偿责任。

[法条链接]《行政诉讼法》第75、76条；《行诉解释》第99条。

二、经复议案件的判决

经过复议的案件，法院的裁判对象依具体情形而不同。

1. 复议改变的，复议机关为被告，法院的裁判对象为复议改变决定。
2. 复议维持的，原行为机关和复议机关为共同被告，法院的裁判对象为原行政行为和复议维持决定。

案件类型	适用情形	判决类型
复议改变	复议决定改变原行政行为错误	判决撤销复议决定时，可以一并责令复议机关重新作出复议决定或者判决恢复原行政行为的法律效力。
	复议决定改变原行政行为正确	判决驳回原告诉讼请求。
复议维持	原行政行为（作为）违法、复议决定违法	判决撤销原行政行为，同时判决撤销复议决定。
	原行政行为（不作为）违法、复议决定违法	判决作出原行政行为的行政机关履行法定职责或者给付义务，同时判决撤销复议决定。
	原行政行为合法、复议决定违法	判决驳回原告针对原行政行为的诉讼请求，同时判决撤销复议决定或者确认复议决定违法。
	原行政行为合法、复议决定合法	判决驳回原告诉讼请求。

考点 35

[法条链接]《行政诉讼法》第79条；《行诉解释》第89、136条。

迷你案例

案情：县市场监管部门认定王某经营加油站系无照经营，予以取缔。王某不服，向市市场监管部门申请复议，在该局作出维持决定后向法院提起诉讼，要求撤销该取缔决定。法院经审理认定该取缔决定违法。

问题：法院应如何判决？

答案：根据《行政诉讼法》第70、79条的规定，法院认定县市场监管部门的取缔决定违法，应判决撤销县市场监管部门的取缔决定，一并判决撤销市市场监管部门的复议维持决定。

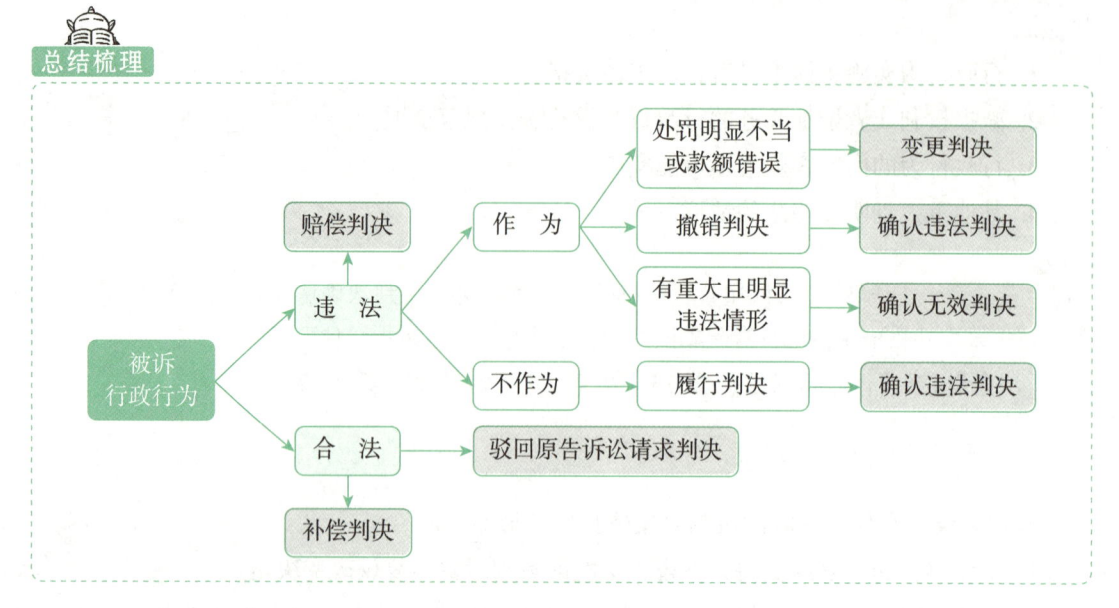

总结梳理

```
                              ┌─ 处罚明显不当 ──── 变更判决
                              │  或款额错误
              ┌─ 赔偿判决      │
              │       ┌─ 作为 ─┼─ 撤销判决 ──── 确认违法判决
              │       │       │
被诉    ──── 违法 ────┤       └─ 有重大且明显 ── 确认无效判决
行政行为      │       │          违法情形
              │       └─ 不作为 ── 履行判决 ──── 确认违法判决
              │
              ├─ 合法 ──── 驳回原告诉讼请求判决
              │
              └─ 补偿判决
```

36 行政诉讼中对规范性文件的处理

公民、法人或者其他组织认为行政行为所依据的规范性文件不合法，在对行政行为提起诉讼时，可以一并请求对该规范性文件进行审查，法院依申请对该规范性文件进行合法性审查。

一、规范性文件的范围

1. 国务院部门和地方政府及其部门制定的规范性文件，不含规章。
2. 规范性文件是被诉行政行为作出的依据。

二、审查申请

1. 应当在第一审开庭审理前提出。
2. 有正当理由的，也可以在法庭调查中提出。

三、听取意见

1. 法院在对规范性文件审查过程中，发现规范性文件可能不合法的，应当听取规范性文件制定机关的意见。

2. 制定机关申请出庭陈述意见的，法院应当准许。

四、法院审查

1. 审查标准

规范性文件制定机关是否超越权限或者违反法定程序、作出行政行为所依据的条款以及相关条款等。

2. 规范性文件不合法的具体情形

（1）超越制定机关的法定职权或者超越法律、法规、规章的授权范围；

（2）与法律、法规、规章等上位法的规定相抵触；

（3）没有法律、法规、规章依据，违法增加公民、法人和其他组织义务或者减损公民、法人和其他组织合法权益；

（4）未履行法定批准程序、公开发布程序，严重违反制定程序；

（5）其他违反法律、法规以及规章规定的情形。

五、规范性文件的处理

（一）规范性文件合法的处理

行政行为所依据的规范性文件合法的，应当作为认定行政行为合法的依据。

（二）规范性文件不合法的处理

1. 不作为认定行政行为合法的依据

规范性文件不合法的，不作为法院认定行政行为合法的依据，并在裁判理由中予以阐明。

2. 司法建议

法院不能直接宣告规范性文件不合法或者撤销规范性文件，而应当向规范性文件的制定机关提出处理建议。

（1）法院可以在裁判生效之日起 3 个月内，向规范性文件制定机关提出修改或废止该规范性文件的司法建议。

（2）法院可以抄送司法建议给制定机关的同级政府、上一级行政机关、监察机关以及规范性文件的备案机关。

（3）法院应当在裁判生效后报送上一级法院进行备案。涉及国务院部门、省级行政机关制定的规范性文件，司法建议还应当分别层报最高法院、高级法院备案。

[法条链接]《行政诉讼法》第 53、64 条；《行诉解释》第 146 条，第 147 条第 1、2 款，第 148 条，第 149 条第 1、2 款，第 150 条。

迷你案例

案情：某县住房和城乡建设局出台《关于全县商品住宅项目公证摇号销售实施意见》

(以下简称《实施意见》），要求全县商品住宅已办理预售许可证的楼盘即日起暂停销售，违者予以处罚。德利公司为回笼资金，仍然进行楼盘销售，被该县住房和城乡建设局依据《实施意见》的有关规定处以 20 万元罚款。德利公司不服该处罚决定，提起诉讼，一并请求法院审查《实施意见》的合法性。

问 1：法院审查《实施意见》时，是否应当听取该县住房和城乡建设局的意见？

答案：应当。根据《行诉解释》第 147 条第 1 款的规定，法院在对《实施意见》审查过程中，发现《实施意见》可能不合法的，应当听取《实施意见》的制定机关——该县住房和城乡建设局的意见。

问 2：若法院认为《实施意见》不合法，能否判决撤销？

答案：不能。根据《行诉解释》第 149 条第 1 款的规定，法院认为《实施意见》不合法的，应当向《实施意见》的制定机关——该县住房和城乡建设局提出处理建议，而不能判决撤销《实施意见》。

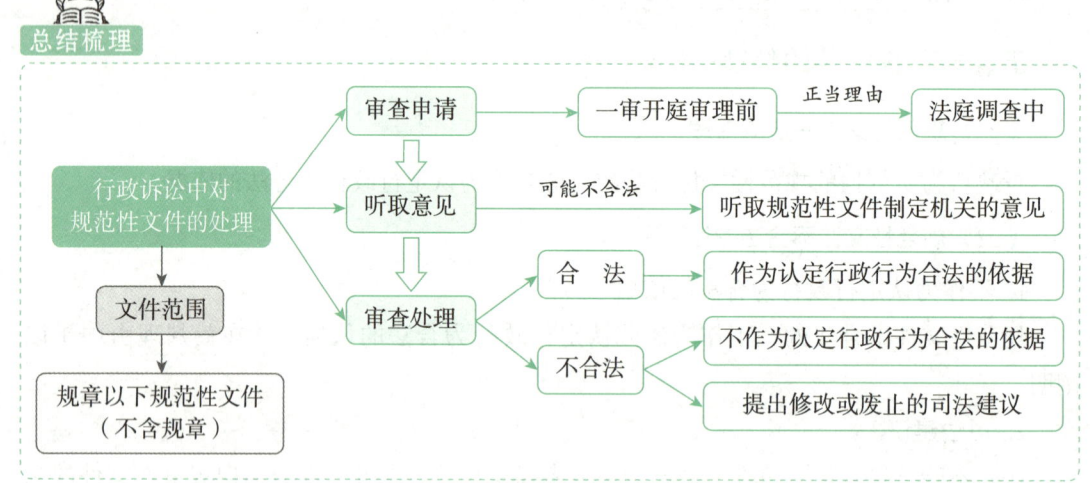

总结梳理

```
                              ┌─ 审查申请 ──── 一审开庭审理前 ──正当理由──→ 法庭调查中
                              │
行政诉讼中对      ────────────┼─ 听取意见 ──可能不合法──→ 听取规范性文件制定机关的意见
规范性文件的处理              │
                              │                     ┌─ 合  法 ──→ 作为认定行政行为合法的依据
                              └─ 审查处理 ─────────┤
         │                                         └─ 不合法 ──→ 不作为认定行政行为合法的依据
         │                                                        提出修改或废止的司法建议
         ↓
      文件范围
         │
         ↓
   规章以下规范性文件
    （不含规章）
```

37 行政诉讼裁判的执行

行政诉讼裁判的执行，是指行政案件当事人逾期拒不履行生效的行政案件的法律文书，法院和有关行政机关采取强制措施促使当事人履行义务，从而使生效法律文书的内容得以实现的活动。

一、执行主体

行政诉讼裁判的执行主体包括执行机关和执行当事人。

（一）执行机关

行政诉讼裁判的执行机关除了法院外，还包括行政机关。

1. 法院

在法院作为执行机关时：①一般由第一审法院负责执行；②第一审法院认为情况特殊，需要由第二审法院执行的，可以报请第二审法院执行。

2. 行政机关

行政机关可以自行执行生效行政诉讼判决有两个条件：①法院驳回原告诉讼请求从而支持被诉行政行为；②行政机关根据法律的规定具有自行强制执行权。

（二）执行当事人

行政诉讼裁判的执行当事人，是指行政诉讼执行中的执行申请人（享有权利的一方当事人）和被申请执行人（负有义务的一方当事人）。

二、执行根据

行政诉讼的执行根据包括生效的行政判决书、行政裁定书、行政赔偿判决书和行政调解书。

三、执行程序

行政诉讼的执行程序与民事诉讼执行程序基本相同，不同的是申请执行的期限。

行政诉讼申请执行的期限为 2 年：①从法律文书规定的履行期间最后一日起计算；②法律文书中没有规定履行期限的，从该法律文书送达当事人之日起计算。

四、执行措施

行政诉讼的执行措施中，对行政机关的执行措施和对公民、法人或者其他组织的执行措施不同。

（一）对行政机关的执行措施

行政机关拒绝履行判决、裁定、调解书的，法院可以采取的措施有：

1. 对应当归还的罚款或者应当给付的款额，通知银行从该行政机关的账户内划拨。
2. 从期满之日起，对该行政机关负责人按日处 50~100 元的罚款。
3. 将行政机关拒绝履行的情况予以公告。
4. 向监察机关或者该行政机关的上一级行政机关提出司法建议。
5. 拒不履行判决、裁定、调解书，社会影响恶劣的，可以对该行政机关直接负责的主管人员和其他直接责任人员予以拘留；情节严重，构成犯罪的，依法追究刑事责任。

一招制敌 法院对行政机关拒绝履行生效裁判、调解书的执行措施：①从账户划拨；②对负责人罚款；③向社会公告；④提司法建议；⑤司法拘留。

（二）对公民、法人或者其他组织的执行措施

公民、法人或者其他组织拒绝履行判决、裁定、调解书的，执行措施适用《民事诉讼法》的有关规定。

一招制敌 ▶ 行政诉讼执行与非诉行政案件执行的比较：

（1）执行根据不同：前者是生效的行政判决书、行政裁定书、行政赔偿判决书和行政调解书，后者是行政行为；

（2）执行机关不同：前者是法院和有自行强制执行权的行政机关，后者只能是法院；

（3）申请执行期限不同：前者申请执行的期限为2年，后者申请执行的期限为3个月。

[法条链接]《行政诉讼法》第95、96条；《行诉解释》第153条第1、2款，第154条。

迷你案例

案情：某公司向区教委申请《办学许可证》，遭拒后向法院提起诉讼，法院判决区教委在判决生效后30日内对该公司的申请进行重新处理。判决生效后，区教委逾期拒不履行，该公司申请强制执行。

问题：法院可采取哪些执行措施？

答案：根据《行政诉讼法》第96条的规定，法院可以采取下列措施：①区教委在规定期限内不履行的，从期满之日起，对区教委负责人按日处50~100元的罚款。②将区教委拒绝履行的情况予以公告。③向监察机关或者区教委的上一级行政机关提出司法建议。④区教委拒不履行判决书，社会影响恶劣的，可以对区教委直接负责的主管人员和其他直接责任人员予以拘留；情节严重，构成犯罪的，依法追究刑事责任。

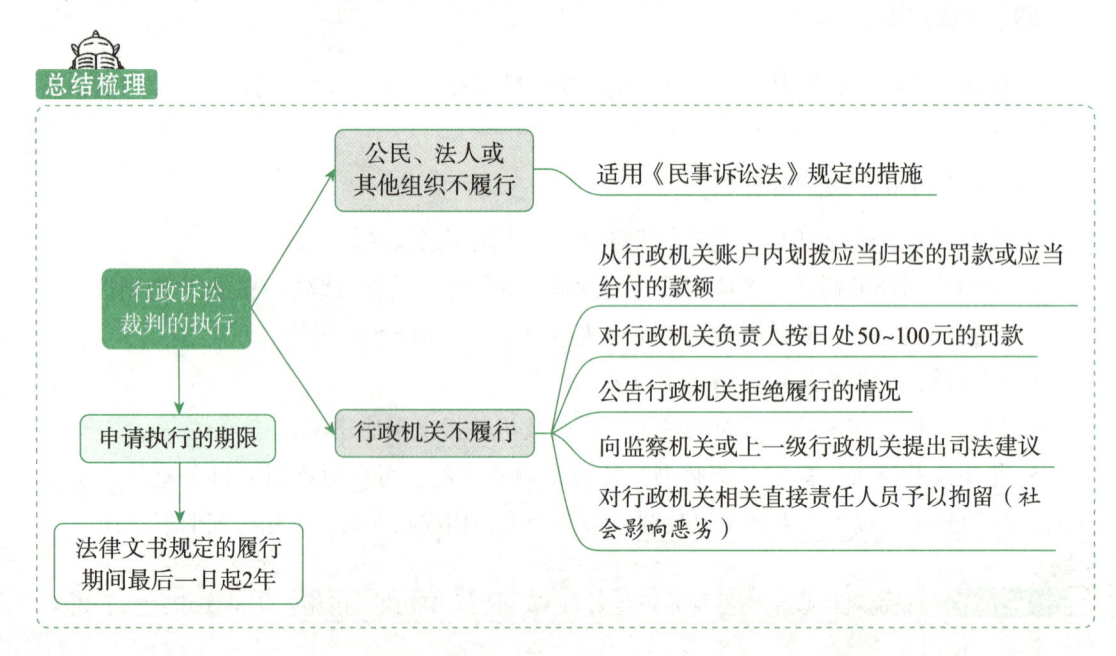

总结梳理

```
                    ┌─ 公民、法人或 ──── 适用《民事诉讼法》规定的措施
                    │  其他组织不履行
                    │
                    │                  ┌─ 从行政机关账户内划拨应当归还的罚款或应当
                    │                  │  给付的款额
  行政诉讼 ─────────┤                  │
  裁判的执行        │                  ├─ 对行政机关负责人按日处50~100元的罚款
                    │                  │
                    ├─ 行政机关不履行 ─┼─ 公告行政机关拒绝履行的情况
                    │                  │
                    │                  ├─ 向监察机关或上一级行政机关提出司法建议
                    │                  │
                    │                  └─ 对行政机关相关直接责任人员予以拘留（社
                    │                     会影响恶劣）
                    │
                    └─ 申请执行的期限 ── 法律文书规定的履行期间最后一日起2年
```

第十三讲 小综案例

案情

陈某未经批准在某经济开发区下辖某村建设猪舍。2018年9月9日，该经济开发区管理委员会（以下简称"开发区管委会"）发布《某经济开发区关于治理违法建筑的通告》（以下简称《通告》）。10月8日，开发区管委会作出《限期拆除告知书》，认定陈某在没有取得乡村建设规划许可证的情况下，擅自建设了440.56平方米构筑物，拟对其作出限期拆除该构筑物的决定，并告知陈某享有陈述、申辩及申请举行听证的权利，于当天向陈某留置送达。其后，开发区管委会根据《城乡规划法》《行政强制法》的规定，相继作出《限期拆除决定书》《履行行政决定催告书》《强制执行决定书》《强制拆除公告》《限期搬离通知书》，并于2019年1月31日组织人员拆除陈某的猪舍。陈某不服《强制执行决定书》，提起行政诉讼，一并请求审查《通告》的合法性。一审法院判决驳回陈某的诉讼请求。陈某不服一审法院判决，提起上诉。

材料1：根据《土地管理法》第83条的规定，对在非法占用的土地上新建的建筑物和其他设施的强制拆除，由行政机关申请法院执行。

材料2：根据《城乡规划法》第65条的规定，在乡、村庄规划区内违反规划进行建设的，由乡、镇政府自行查处。

问题

1. 陈某一并请求审查《通告》的合法性是否符合要求？为什么？
2. 二审法院应如何判决？

答案

1. 不符合要求。根据《行政诉讼法》第53条第1款的规定，原告在行政诉讼中可以一并请求审查行政规范性文件的合法性，但请求审查的规范性文件应当是被诉行政行为作出的依据。本案中，《通告》不是开发区管委会作出《强制执行决定书》的依据，因此，陈某不能一并请求审查《通告》的合法性。

2. 根据《行政诉讼法》第70条第2项、第74条第2款第1项和第89条第1款第2项的规定，陈某未经批准在该经济开发区下辖某村建设猪舍，开发区管委会应当适用《土地管理法》的规定申请法院强制执行，而开发区管委会适用《城乡规划法》《行政强制法》的规定作出了《强制执行决定书》，属于适用法律错误，依法应予撤销。但由于猪舍已被强制拆除，无可撤销的内容，因此，二审法院应确认《强制执行决定书》违法。综上，二审法院应判决撤销一审判决，确认开发区管委会作出《强制执行决定书》的行政行为违法。

第14讲 LECTURE 14

国家赔偿

应试指导

本讲在案例分析题中考查的重点是行政赔偿和刑事赔偿的范围与程序、国家赔偿的方式和计算标准，难点是确定行政赔偿义务机关和刑事赔偿义务机关、运用行政赔偿和刑事赔偿的程序分析国家赔偿案例。

38 行政赔偿

行政赔偿，是指行政机关及其工作人员在行使职权过程中违法侵犯公民、法人或其他组织的合法权益并造成损害，国家对此承担的赔偿责任。

行政补偿是国家对行政机关及其工作人员的合法行为造成的损失给予的补偿。

一招制敌 行政赔偿与行政补偿的区别：

首先，二者的引发原因不同。行政赔偿是由违法行为或有过错等特别行为引起的；而行政补偿是由合法行为引起的。

其次，二者的性质不同。行政赔偿是普通情况下的行政违法行为或过错行为等引起的法律责任；而行政补偿是例外的特定民事责任，并不存在对行政职权行为的责难。

一、行政赔偿范围

行政赔偿范围，是指国家对行政机关及其工作人员在行使行政职权时侵犯公民、法人或其他组织合法权益造成损害的哪些行为承担赔偿责任，对哪些事项不承担赔偿责任。

（一）侵犯人身权的行政赔偿范围

1. 侵犯人身自由权的行为

（1）违法行政拘留；

（2）违法采取限制公民人身自由的行政强制措施；

（3）非法拘禁或者以其他方法非法剥夺公民人身自由。

2. 侵犯生命健康权的行为

（1）暴力行为，即以殴打、虐待等行为或者唆使、放纵他人以殴打、虐待等行为造成公民身体伤害或者死亡。

一招制敌 不论是行政机关及其工作人员亲自实施还是唆使或放纵他人实施，都属于行政赔偿范围。

（2）违法使用武器、警械造成公民身体伤害或者死亡。

3. 造成公民身体伤害或者死亡的其他违法行为。

（二）侵犯财产权的行政赔偿范围

1. 违法行政处罚，包括违法的罚款、没收财物、吊销许可证和执照、责令停产停业以及侵犯财产权的其他行政处罚。

2. 违法行政强制措施，包括违法的查封、扣押、冻结、保全、拍卖等财产强制措施。

3. 违法征收、征用财产。其指行政机关在不符合条件的情况下随意征收或征用财产，或不依程序，扩大征收、征用范围等，致使当事人的财产受到侵害。

4. 造成财产损害的其他违法行为。

一招制敌 行政机关不仅要对作出的违法行政行为造成的损害承担行政赔偿责任，对不履行法定职责行为和违法事实行为造成的损害亦应承担行政赔偿责任。

（三）不承担赔偿责任的情形

1. 行政机关工作人员实施的与行使职权无关的个人行为造成的损害，由其个人承担民事赔偿责任。

2. 因公民、法人和其他组织自己的行为致使损害发生的，后果应当由其个人承担。

3. 法律规定的其他情形。这主要是指第三人过错和不可抗力，但是有两个例外：

（1）第三人赔偿不足、无力承担赔偿责任或者下落不明，行政机关又未尽保护、监管、救助等法定义务的，应当根据行政机关未尽法定义务在损害发生和结果中的作用大小，确定其承担相应的行政赔偿责任；

（2）由于不可抗力等客观原因造成公民、法人或者其他组织损害，行政机关不依法履行、拖延履行法定义务导致未能及时止损或者损害扩大的，应当根据行政机关不依法履行、拖延履行法定义务行为在损害发生和结果中的作用大小，确定其承担相应的行政赔偿责任。

提示 受害人的损失已经通过行政补偿等其他途径获得充分救济的，行政机关不再承担赔偿责任。

一招制敌 国家承担行政赔偿责任既需要有行政侵权的加害行为，又需要有行政侵权的损害后果。

（1）加害行为必须是与行使行政职权有关的行为，应与个人行为区分开来。

（2）加害行为可以是作为，也可以是不作为。作为违法可能造成损害，不作为违法也可能造成损害。

（3）加害行为必须不具有合法性，造成损害的加害行为应该是违法行为或者非法行为。

（4）损害后果要求被侵权人的人身、财产遭受实际损害。

[法条链接]《国家赔偿法》第3~5条；《行诉解释》第97、98条；《行政赔偿案件规定》第1、24、25、32条。

迷你案例

案情：丁某以其房屋作抵押向孙某借款，双方到住房和城乡建设局办理抵押登记手续，提交了房产证原件及载明房屋面积100平方米、借款50万元的房产抵押合同，住房和城乡建设局以此出具了房屋他项权证。丁某到期未还款，法院拍卖其房屋，但因房屋实际面积只有70平方米，孙某遂以住房和城乡建设局办理抵押登记手续时未尽核实义务，造成其15万元债权无法实现为由，起诉要求认定住房和城乡建设局作出的行政行为违法，并要求住房和城乡建设局赔偿其损失。

问题：孙某的请求是否属于国家赔偿范围？

答案：属于。住房和城乡建设局在办理抵押登记手续时未尽核实义务的行为违法，致使孙某遭受财产损失，根据《国家赔偿法》第4条第4项的规定，孙某的请求属于国家赔偿范围。

二、行政赔偿主体

（一）行政赔偿请求人

行政赔偿请求人，是指依法享有取得行政赔偿的权利，请求赔偿义务机关履行行政赔偿责任的公民、法人或者其他组织。

1. 公民

（1）受害的公民本人有权要求赔偿；

（2）受害的公民死亡的，其继承人和其他有扶养关系的亲属，以及支付受害公民医疗费、丧葬费等合理费用的人有权要求赔偿。

2. 法人或其他组织

（1）受害的法人或其他组织有权要求赔偿；

（2）受害的法人或其他组织终止的，承受其权利的法人或其他组织有权要求赔偿。

（二）行政赔偿义务机关

行政赔偿义务机关代表国家处理赔偿请求、支付赔偿费用、参加赔偿诉讼。行政赔偿义务机关确认的基本规则——谁损害，谁赔偿。

1. 一般情况

具体情形	赔偿义务机关的确定
行政机关（包括派出机关）及其工作人员实施侵权行为	行政机关赔偿。
2个以上行政机关共同实施侵权行为	共同赔偿义务机关赔偿。（连带赔偿责任）
2个以上行政机关分别实施侵权行为	分别实施的每个侵权行为都足以造成全部损害的，共同赔偿义务机关赔偿。（连带赔偿责任）
	分别实施侵权行为造成同一损害的，行政机关各自赔偿（按份赔偿责任）；难以确定责任大小的，平均承担责任。
法律、法规授权的组织实施侵权行为	被授权的组织赔偿。
受委托的组织或个人实施侵权行为	委托的行政机关赔偿。
申请法院强制执行其行政行为造成损害（申请强制执行的行政行为违法）	申请强制执行的行政机关赔偿。
赔偿义务机关被撤销	继续行使其职权的行政机关赔偿。
	没有继续行使其职权的行政机关的，作出撤销决定的行政机关赔偿。

迷你案例

案情：区规划和自然资源局以一公司未经批准擅自搭建地面工棚为由，责令其限期自行拆除。该公司逾期未拆除。根据区规划和自然资源局的请求，区政府组织人员将违法建筑强行拆除，并将拆下的钢板作为建筑垃圾运走。

问题：若该公司申请国家赔偿，则谁为赔偿义务机关？

答案：作出限期自行拆除决定的机关是区规划和自然资源局，而实施强制拆除行为的机关是区政府，本案是由强制拆除行为引发的国家赔偿，因此，根据《国家赔偿法》第7条第1款的规定，赔偿义务机关应为区政府。

2. 经过行政复议后的赔偿义务机关

经过复议的行政诉讼案件的被告与行政赔偿义务机关大不相同。

（1）复议维持：行政诉讼中，原行为机关与复议机关为共同被告。行政赔偿中，原行政行为违法的，原行为机关为赔偿义务机关；原行政行为合法、复议程序违法的，复议机关为赔偿义务机关。

（2）复议改变：行政诉讼中，复议机关为被告。行政赔偿中，复议决定减轻损害的，原行为机关为赔偿义务机关；复议决定加重损害的，原行政行为造成的损害部分由原行为机关赔偿，复议决定加重部分由复议机关赔偿。复议机关与原行为机关不是共同赔偿义务机关，二者之间无连带责任。

[法条链接]《国家赔偿法》第6~8条；《行政赔偿案件规定》第7、9、10、22条。

迷你案例

案情：市公安局根据市政府作出的《关于进一步加强社会治安工作的通知》，以李某参与赌博为由对其罚款3000元。李某不服该罚款决定，向市政府申请行政复议。市政府维持市公安局的罚款决定。李某遂向法院提起行政诉讼。

问题：如何确定本案的被告和赔偿义务机关？

答案：根据《行政诉讼法》第26条第2款的规定，市政府维持市公安局的罚款决定，市公安局与市政府为共同被告。根据《国家赔偿法》第8条的规定，市政府的复议维持决定没有加重对李某的处罚，因此，应由最初作出罚款决定的机关——市公安局作为赔偿义务机关，承担赔偿责任。

三、行政赔偿程序

行政赔偿有两大程序：①在行政复议和行政诉讼中一并解决行政赔偿问题的程序；②单独提起行政赔偿的程序。

（一）在行政复议和行政诉讼中一并解决行政赔偿问题的程序

1. 在行政复议中一并解决行政赔偿问题的程序

行政复议的目的不是解决赔偿问题，而是解决行政行为的合法性和适当性问题，但可以一并解决赔偿问题。

（1）行政复议申请人提出赔偿请求的，复议机关依申请作出赔偿决定。根据"告诉就处理"的原则，行政复议中，只要复议申请人一并提出赔偿请求，复议机关就会处理赔偿问题。

（2）行政复议申请人没有提出赔偿请求的，复议机关依职权作出赔偿决定。根据"不告不理"的原则，复议申请人没有提出赔偿请求，一般情况下，复议机关不会主动处理赔偿问题，但有例外——复议机关在依法决定撤销或者部分撤销、变更罚款，撤销或者部分撤销违法集资、没收财物、征收征用财物、摊派费用以及对财产的查封、扣押、冻结等行政行为时，应当同时责令被申请人返还财产，解除对财产的查封、扣押、冻结措施，或者赔偿相应的价款。

2. 在行政诉讼一审中一并解决行政赔偿问题的程序

行政诉讼的目的也不是解决赔偿问题，而是解决行政行为的合法性问题，但可以在解决行政行为合法性问题的同时一并解决赔偿问题。

（1）行政诉讼中，原告提出赔偿请求的，法院依申请作出赔偿处理。根据"告诉就处理"的原则，行政诉讼中，只要原告一并提出赔偿请求，法院就会处理赔偿问题。

（2）行政诉讼中，原告没有提出赔偿请求的，法院依职权作出赔偿处理。根据"不告不理"的原则，原告没有提出赔偿请求，则法院一般情况下是不处理赔偿问题的，但有两个例外：①法院作出确认违法或确认无效判决的，可以同时作出赔偿判决；②行政协议案件中，被告不履行、不按约定履行协议或违法变更、解除协议的，法院可以判决被告履行协议、采取补救措施或者赔偿相应的价款。

> 提示
> （1）公民、法人或者其他组织提起行政赔偿诉讼时，行政行为未被确认为违法且符合行政诉讼起诉条件的，视为提起行政诉讼时一并提起行政赔偿诉讼；
> （2）法院释明义务：原告提起行政诉讼时未一并提起行政赔偿诉讼，法院审查认为可能存在行政赔偿的，应当告知原告可以一并提起行政赔偿诉讼。

3. 在行政诉讼二审中一并解决行政赔偿问题的程序

（1）当事人在一审中提出行政赔偿请求，一审法院漏判的处理：①二审法院认为不应当赔偿的，直接判决驳回行政赔偿请求。②二审法院认为应当赔偿的，先进行赔偿调解；调解不成的，二审法院不能直接作出赔偿判决，而应就行政赔偿部分发回一审法院重审。

> 提示 二审法院不是全案发回一审法院重审，而是就行政赔偿部分发回一审法院重审。

（2）当事人在一审中没提出行政赔偿请求，在二审中提出行政赔偿请求的处理：①二审法院就赔偿问题进行调解；②调解不成的，二审法院告知当事人另行提起行政赔偿诉讼。

（二）单独提起行政赔偿的程序

单独提出行政赔偿请求的，应当先向赔偿义务机关提出，赔偿义务机关拒绝受理行政赔偿请求、在法定期限内未作出决定的，才可以提起行政赔偿诉讼。单独提起行政赔偿的程序分为两个步骤：①赔偿义务机关先行处理；②提起行政赔偿诉讼。

1. 赔偿义务机关的先行处理程序

（1）赔偿请求人请求行政赔偿的时效为 2 年，自其知道或者应当知道国家机关及其工作人员行使职权时的行为侵犯其人身权、财产权之日起计算，但被羁押等限制人身自由期间不计算在内。

（2）赔偿请求人提出赔偿请求应当递交申请书。赔偿请求人书写申请书确有困难的，可以委托他人代书，也可以口头申请。

（3）赔偿请求人当面递交申请书的，赔偿义务机关应当当场出具加盖本行政机关专用印章并注明收讫日期的书面凭证。申请材料不齐全的，赔偿义务机关应当当场或者在 5 日内一次性告知赔偿请求人需要补正的全部内容。

（4）赔偿义务机关作出赔偿决定，应当充分听取赔偿请求人的意见，并可以与赔偿请求人就赔偿方式、赔偿项目和赔偿数额进行协商。

（5）赔偿义务机关决定赔偿的，应当制作赔偿决定书，并自作出决定之日起10日内送达赔偿请求人；决定不予赔偿的，应当自作出决定之日起10日内书面通知赔偿请求人，并说明不予赔偿的理由。

（6）赔偿义务机关要在收到赔偿请求人递交的赔偿申请书之日起2个月内，作出是否赔偿的决定。

2. 行政赔偿诉讼程序

行政赔偿诉讼程序参照行政诉讼程序。

（1）行政赔偿诉讼的起诉期限是3个月。①赔偿义务机关在规定期限内未作出是否赔偿的决定，赔偿请求人可以自期限届满之日起3个月内，向法院提起行政赔偿诉讼；②赔偿义务机关作出不予赔偿决定，或者作出赔偿决定，但赔偿请求人对赔偿的方式、项目、数额有异议的，赔偿请求人可以自赔偿义务机关作出赔偿或者不予赔偿决定之日起3个月内，向法院提起行政赔偿诉讼。

注意：赔偿义务机关作出赔偿决定时，未告知赔偿请求人起诉期限，致使赔偿请求人逾期向法院起诉的，起诉期限从赔偿请求人知道或者应当知道起诉期限之日起计算，但逾期的期间自赔偿请求人收到赔偿决定之日起不得超过1年。

一招制敌：赔偿请求人请求行政赔偿的时效为自知道或者应当知道行政行为侵犯其合法权益之日起2年。在申请行政复议或者提起行政诉讼时一并提出行政赔偿诉讼的期限分别为60日与6个月，单独提起行政赔偿复议的期限为60日，单独提起行政赔偿诉讼的期限为3个月。

（2）行政赔偿诉讼原则上采用的是"谁主张，谁举证"的规则。但有例外，即赔偿义务机关采取行政拘留或者限制人身自由的强制措施期间，被限制人身自由的人死亡、丧失行为能力或者遭受其他身体伤害的，赔偿义务机关的行为与被限制人身自由的人的死亡、丧失行为能力或者遭受其他身体伤害是否存在因果关系，赔偿义务机关应当提供证据。

[法条链接]《国家赔偿法》第9条第2款，第12条第1、2、4款，第13~15条，第39条第1款；《行政复议法》第72条；《行诉解释》第109条第4~6款；《行政赔偿案件规定》第12条，第13条第1款，第14、15条，第17条第2款。

迷你案例

案情：某区公安分局以蔡某殴打孙某为由，对蔡某作出拘留10日及罚款500元的处罚决定。蔡某向法院起诉，要求撤销该处罚决定，并判决该区公安分局赔偿其损失。一审法院经审理认定该处罚决定违法。

问1：若一审法院的判决遗漏了蔡某的行政赔偿请求，则二审法院应如何处理？

答案：根据《行诉解释》第109条第4、5款的规定，二审法院经审查认为依法不应当予以行政赔偿的，应当判决驳回蔡某的行政赔偿请求。二审法院经审理认为依法应当予以行政赔偿的，在确认该处罚决定违法的同时，可以就行政赔偿问题进行调解；调解不成的，应当就行政赔偿部分发回重审。

问2：若蔡某在二审期间提出行政赔偿请求，则二审法院应如何处理？

答案：根据《行诉解释》第109条第6款的规定，二审法院可以进行调解；调解不成的，应告知蔡某另行起诉。

四、行政追偿

行政追偿，是指国家在向行政赔偿请求人支付赔偿费用之后，依法责令具有故意或重大过失的工作人员、受委托的组织或者个人承担部分或全部赔偿费用的法律制度。

一招制敌 行政追偿应具备两个条件：①赔偿义务机关已经履行了行政赔偿责任；②行政机关工作人员、受委托的组织或个人具有故意或者重大过失。

[法条链接]《国家赔偿法》第16条第1款。

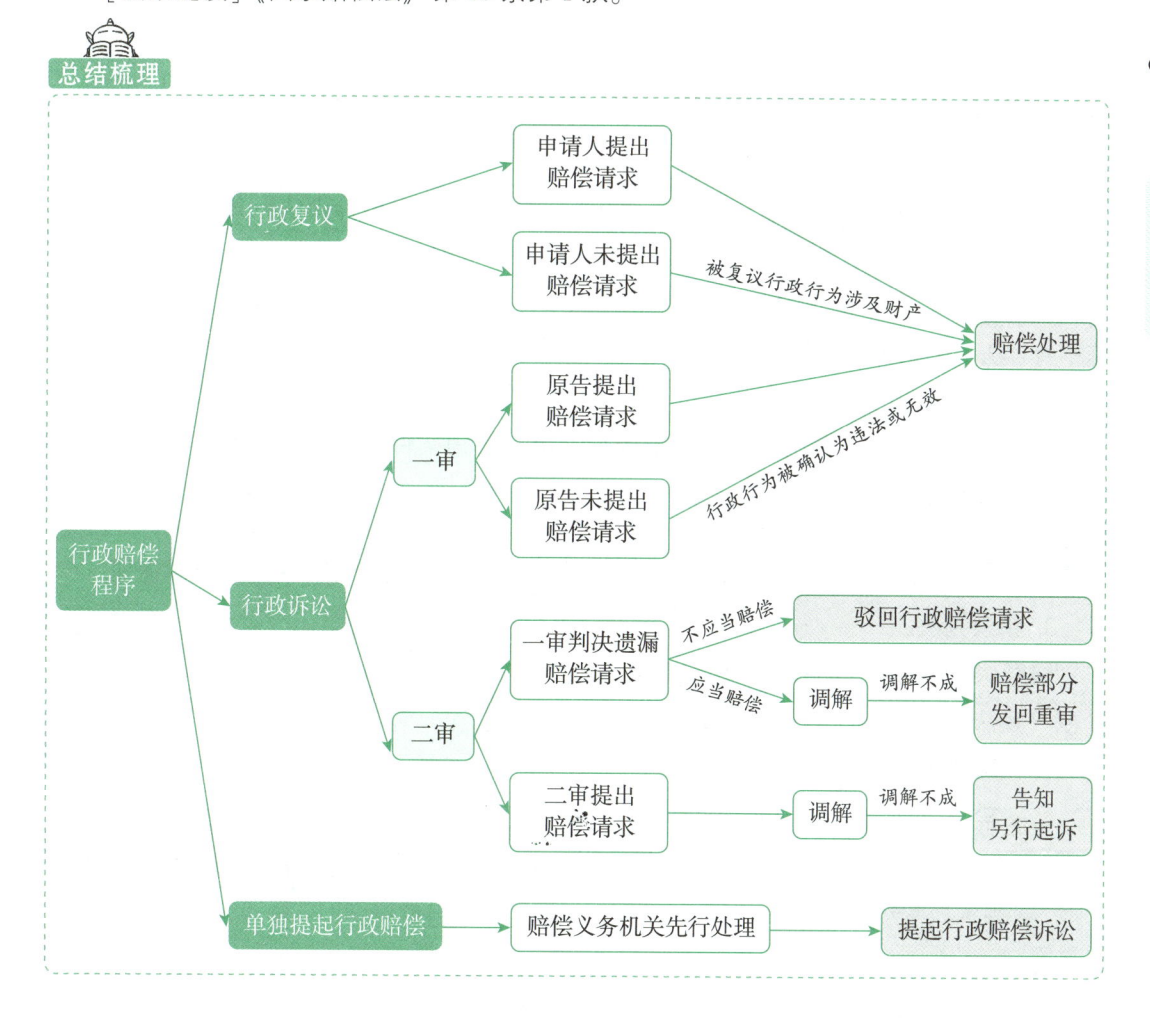

总结梳理

```
                          ┌─ 申请人提出赔偿请求
              ┌─ 行政复议 ─┤
              │           └─ 申请人未提出赔偿请求 ──被复议行政行为涉及财产──┐
              │                                                          │
              │           ┌─ 原告提出赔偿请求 ─────────────────────────────┤
              │    ┌─ 一审┤                                              ├─ 赔偿处理
行政赔偿程序 ─┤    │      └─ 原告未提出赔偿请求 ──行政行为被确认为违法或无效┘
              │    │
              ├─ 行政诉讼─┤                          ┌─不应当赔偿──驳回行政赔偿请求
              │    │      ┌─ 一审判决遗漏赔偿请求 ───┤
              │    └─ 二审┤                          └─应当赔偿──调解──调解不成──赔偿部分发回重审
              │           │
              │           └─ 二审提出赔偿请求 ──调解──调解不成──告知另行起诉
              │
              └─ 单独提起行政赔偿 ── 赔偿义务机关先行处理 ── 提起行政赔偿诉讼
```

考点 38

39 刑事赔偿

刑事赔偿，是指因刑事司法机关及其工作人员行使侦查权、检察权、审判权以及看守所、监狱管理机关及其工作人员在行使职权时违法，给公民、法人或者其他组织的人身权和财产权造成损害的，国家承担赔偿责任。

一、刑事赔偿范围

刑事赔偿范围中对人身权造成的损害，涉及五种行为：三种刑事职权行为、两种刑事职权相关行为。

（一）侵犯人身权的刑事赔偿范围

1. 错误刑事拘留

错误刑事拘留包括两种情形：

（1）违法采取刑事拘留措施。这具体包括：①违反《刑事诉讼法》规定的条件采取拘留措施；②违反《刑事诉讼法》规定的程序采取拘留措施。

（2）合法采取刑事拘留措施后终止追究刑事责任。行使侦查权的机关采取刑事拘留措施本身合法，但拘留时间超过法定期限，且其后决定撤销案件、不起诉或者判决宣告无罪终止追究刑事责任。

2. 错误逮捕，即对公民采取逮捕措施后，决定撤销案件、不起诉或者判决宣告无罪终止追究刑事责任。

一招制敌 只要公民被逮捕后，刑事司法机关终止追究其刑事责任，就视为错误逮捕。

3. 错误判决

国家承担赔偿责任的错判必须同时具备以下三个条件：

（1）法院对无罪的公民判处刑罚。

（2）原判刑罚已经执行。

提示 在刑罚执行过程中保外就医的，人身自由虽受限制，但实际上未被羁押，此期间国家不负赔偿责任；被判处管制、有期徒刑缓刑、剥夺政治权利等刑罚的公民被依法改判无罪的，国家也不负赔偿责任。但赔偿请求人在判决生效前被羁押的，国家应当承担赔偿责任。

（3）原判决经审判监督程序被撤销且被告人被宣告无罪。

4. 刑讯逼供、殴打和虐待等暴力行为。

一招制敌 国家对上述暴力行为承担赔偿责任必须同时具备以下三个条件：

（1）实施这种暴力侵权行为的主体不限于司法机关的工作人员，也包括受司法机关及其工作人员唆使或放纵的人员；

（2）这种暴力侵权行为必须发生在执行职务的活动过程中，且与职权行使有密切的联系；

（3）这种暴力行为必须造成了公民身体伤害或者死亡的后果。

5. 违法使用武器、警械造成公民身体伤害或者死亡。

一招制敌 司法机关工作人员在执行职务中因正当防卫使用武器、警械造成他人伤亡的，国家不予赔偿；正当防卫明显超过必要限度，造成重大损害的，国家应予赔偿。

（二）侵犯财产权的刑事赔偿范围

1. 违法对财产采取查封、扣押、冻结、追缴等措施。
2. 依照审判监督程序再审改判无罪，原判罚金、没收财产已经执行。

一招制敌 罚金和没收财产产生国家赔偿责任的条件：①判处罚金或者没收财产的判决必须生效，而且已经执行。②生效判决经审判监督程序被撤销，公民被宣告无罪。如果经审判监督程序，公民仍然被认定为有罪，那么即使原判决被变更，国家也不承担赔偿责任。

（三）国家不承担赔偿责任的情形

1. 因公民自己故意作虚伪供述，或者伪造其他有罪证据被羁押或者被判处刑罚：①必须是公民本人故意作伪供述，或者伪造其他有罪证据；②必须是公民自愿作虚伪供述或者伪造证据。

一招制敌 因司法机关工作人员的威胁、引诱实施这种行为的，国家应当承担赔偿责任。

2. 依照法律规定不负刑事责任的人被羁押。

实施犯罪行为而不负刑事责任的人包括三类：

（1）犯罪时不满14周岁的人。

提示 恶性事件，经特别程序，刑事责任年龄适当降低至12周岁。

（2）已满14周岁不满16周岁的人，犯故意杀人、故意伤害致人重伤或者死亡、强奸、抢劫、贩卖毒品、放火、爆炸、投放危险物质罪以外的罪行。

（3）不能辨认或控制自己行为的精神病人在不能辨认或控制自己行为的时候犯罪。

3. 依照法律规定不追究刑事责任的人被羁押。

依法不负刑事责任的人和依法不追究刑事责任的人被羁押，国家不承担赔偿责任。

一招制敌 对起诉后经法院错判拘役、有期徒刑、无期徒刑并已执行的，法院应当对该判决确定后继续监禁期间侵犯公民人身自由权的情形予以赔偿。

4. 司法机关工作人员实施的与行使职权无关的个人行为。

5. 因公民自伤、自残等故意行为致使损害发生。

一招制敌 为了解除羁押或逃避劳动及其他个人原因，实施自伤、自残行为，致使身体受到伤害或死亡的，国家不承担赔偿责任。但是，因司法机关工作人员的刑讯逼供或殴打、威胁、折磨等行为致使公民难以忍受而自杀身亡或自杀未遂造成身体伤害的，国家承担赔偿责任。

6. 法律规定的其他情形。

一招制敌 取保候审、监视居住由于没有对人身自由进行实际限制，因此不属于国家赔偿范围。

[法条链接]《国家赔偿法》第17~19条；《最高人民法院、最高人民检察院关于办理刑事赔偿案件适用法律若干问题的解释》第7条。

迷你案例

案情：县公安局以涉嫌诈骗为由，对张某实施刑事拘留，并经县检察院批准逮捕。后县公安局以证据不足为由撤销案件。张某遂申请国家赔偿。

问题：张某的赔偿请求是否属于国家赔偿范围？

答案：本案中，对张某采取逮捕措施后，县公安局决定撤销案件，根据《国家赔偿法》第17条第2项的规定，张某的赔偿请求属于国家赔偿范围。

二、刑事赔偿义务机关

刑事赔偿义务机关在刑事赔偿中代表国家受理赔偿请求、具体承担赔偿义务并支付赔偿费用。

1. 违法采取拘留措施的，作出拘留决定的机关为赔偿义务机关。

2. 对公民采取逮捕措施后决定撤销案件、不起诉或者判决宣告无罪的，作出逮捕决定的机关为赔偿义务机关。

3. 再审改判无罪的，作出原生效判决的法院为赔偿义务机关。

提示 原生效判决为一审判决的，原一审法院为赔偿义务机关；原生效判决为二审判决的，原二审法院为赔偿义务机关。

4. 二审改判无罪，以及二审发回重审后作无罪处理的，作出一审有罪判决的法院为赔偿义务机关。

提示 一审判决有罪,二审发回重审后具有下列情形之一的,属于重审无罪赔偿:①原审法院改判无罪并已发生法律效力的;②重审期间检察院作出不起诉决定的;③检察院在重审期间撤回起诉超过30日或者法院决定按撤诉处理超过30日未作出不起诉决定的。

一招制敌 刑事赔偿义务机关采取后置确定原则,即最后哪个阶段的行为被确定为错误,就由哪个阶段的行为机关赔偿。

[法条链接]《国家赔偿法》第21条第2~4款;《最高人民法院、最高人民检察院关于办理刑事赔偿案件适用法律若干问题的解释》第12条。

迷你案例

案情:区公安分局以涉嫌故意伤害罪为由,对方某实施刑事拘留,区检察院批准对方某的逮捕。区法院判处方某有期徒刑3年,方某上诉。市中级法院以事实不清为由,将案件发回区法院重审。区法院重审后,判决方某无罪。判决生效后,方某请求国家赔偿。

问1:谁是赔偿义务机关?

答案:市中级法院二审将案件发回区法院重审后,区法院改判方某无罪,根据《国家赔偿法》第21条第4款的规定,作出一审有罪判决的区法院为赔偿义务机关。

问2:若区检察院在审查起诉阶段决定撤销案件,方某请求国家赔偿,则谁是赔偿义务机关?

答案:区检察院在审查起诉阶段决定撤销案件,根据《国家赔偿法》第21条第3款的规定,作出逮捕决定的区检察院为赔偿义务机关。

三、刑事赔偿程序

刑事赔偿程序包括刑事赔偿义务机关处理程序、刑事赔偿复议程序、刑事赔偿决定程序等。

(一)刑事赔偿义务机关处理程序

刑事赔偿义务机关处理程序,是指赔偿请求人要求赔偿,应当先向刑事赔偿义务机关提出,由其处理赔偿的程序。

一招制敌 刑事赔偿义务机关处理程序是刑事赔偿复议程序和刑事赔偿决定程序的前置程序,未经刑事赔偿义务机关处理赔偿,赔偿请求人不得申请刑事赔偿复议或者申请法院赔偿委员会处理刑事赔偿。

(二)刑事赔偿复议程序

刑事赔偿复议程序,是指刑事赔偿请求人因不服刑事赔偿义务机关的裁决或者未与其达成协议,而向刑事赔偿义务机关的上一级机关提出复议申请,由复议机关进行审查,并对刑事赔偿争议作出决定的程序。刑事赔偿复议程序仅适用于公安机关、国家安全机关、检察机关和监狱管理机关等作为刑事赔偿义务机关的情形。

一招制敌 刑事赔偿复议程序中是否需要向刑事赔偿义务机关的上一级机关申请复议，取决于刑事赔偿义务机关是否为法院：

（1）刑事赔偿义务机关不是法院的，需要向刑事赔偿义务机关的上一级机关申请复议，其后再向复议机关的同级法院赔偿委员会申请作出赔偿决定；

（2）刑事赔偿义务机关是法院的，无需向刑事赔偿义务机关的上一级机关申请复议，可直接向其上一级法院赔偿委员会申请作出赔偿决定。

（三）刑事赔偿决定程序

刑事赔偿决定程序，是指法院赔偿委员会受理刑事赔偿请求、作出赔偿决定的程序。

[法条链接]《国家赔偿法》第11条、第22条第2款。

迷你案例

案情：甲市某县公安局以李某涉嫌盗窃罪为由，将其刑事拘留。经该县检察院批准逮捕，该县法院判处李某有期徒刑6年，李某上诉。甲市中级法院改判李某无罪。李某被释放后申请国家赔偿，遭到赔偿义务机关拒绝。李某遂向甲市中级法院赔偿委员会申请作出赔偿决定。

问1：赔偿义务机关可否与李某就赔偿方式进行协商？

答案：可以。甲市中级法院二审改判李某无罪，根据《国家赔偿法》第23条第1款的规定，赔偿义务机关作出赔偿决定，应当充分听取李某的意见，并可以与李某就赔偿方式、赔偿项目和赔偿数额进行协商。

问2：李某向甲市中级法院赔偿委员会申请作出赔偿决定前，能否申请复议？

答案：不能。根据《国家赔偿法》第21条第4款的规定，作出一审有罪判决的该县法院为赔偿义务机关。根据《国家赔偿法》第24条第3款的规定，该县法院拒绝赔偿，李某可以向甲市中级法院赔偿委员会申请作出赔偿决定，但不能申请复议。

四、刑事追偿

刑事追偿，是指刑事赔偿义务机关在履行赔偿责任后，依法责令有责任的工作人员承担部分或全部赔偿费用。

一招制敌 刑事追偿的对象：①实施暴力侵权行为造成公民身体伤害或者死亡的工作人员；②违法使用武器或者警械造成公民身体伤害或者死亡的工作人员；③在处理案件中贪污受贿、徇私舞弊、枉法裁判的工作人员。

[法条链接]《国家赔偿法》第17条第4、5项，第31条第1款。

总结梳理

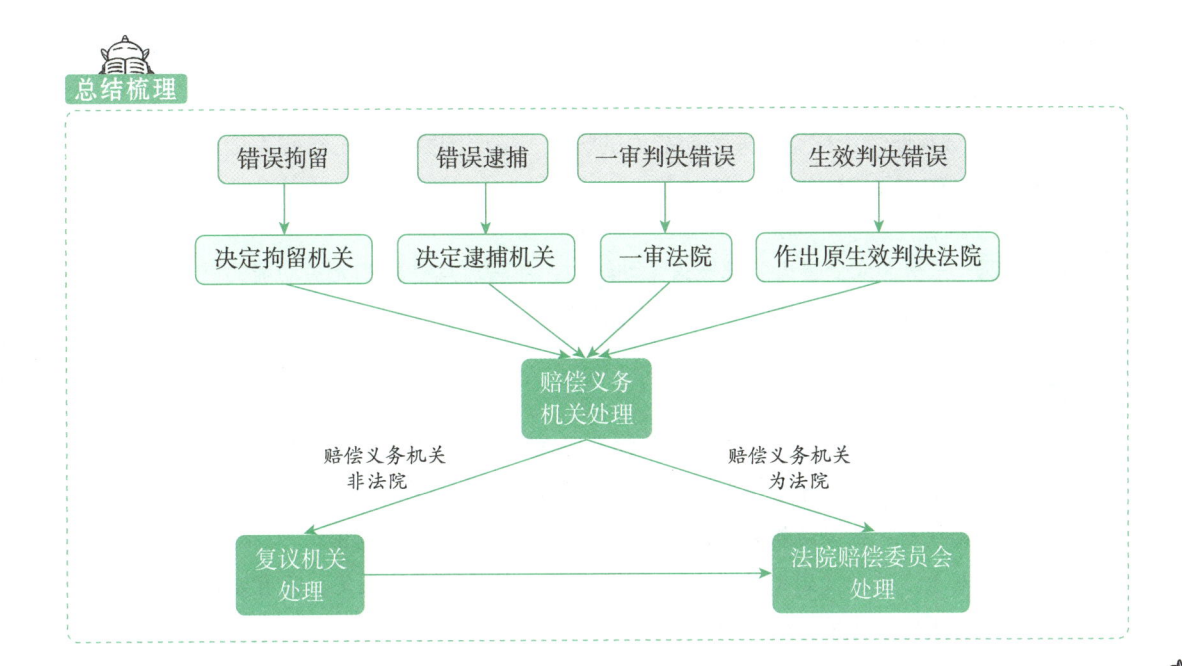

```
错误拘留        错误逮捕        一审判决错误      生效判决错误
   ↓              ↓               ↓                ↓
决定拘留机关   决定逮捕机关      一审法院        作出原生效判决法院
                       ↓
                  赔偿义务
                  机关处理
          赔偿义务机关        赔偿义务机关
            非法院              为法院
           ↙                      ↘
      复议机关                法院赔偿委员会
        处理                      处理
```

40 国家赔偿的方式、标准和费用

国家赔偿以金钱赔偿为主要方式，以返还财产、恢复原状为补充，还有恢复名誉、赔礼道歉、消除影响等赔偿方式。

一、人身权损害的赔偿

对于人身权损害的赔偿，涉及人身自由权、健康权、生命权、名誉权和荣誉权。

（一）人身自由权损害赔偿

限制、剥夺人身自由的赔偿，按日支付赔偿金，每日赔偿金按照国家上年度职工日平均工资计算。

（二）健康权损害赔偿

1. 造成一般身体损害的，应当支付医疗费、护理费，以及赔偿因误工减少的收入。

   ❶注意：因误工减少的收入每日的赔偿金按照国家上年度职工日平均工资计算，最高额为国家上年度职工年平均工资的 5 倍。

2. 造成严重身体损害（部分或全部丧失劳动能力）的，应当支付医疗费、护理费、残疾生活辅助具费、康复费等因残疾而增加的必要支出和继续治疗所必需的费用，以及残疾赔偿金。造成全部丧失劳动能力的，对其扶养的无劳动能力的人，还应当支付生活费。

> **注意**：残疾赔偿金根据丧失劳动能力的程度，按照国家规定的伤残等级确定，最高不超过国家上年度职工年平均工资的20倍。

一招制敌 只有造成受害人全部丧失劳动能力，才需对其扶养的无劳动能力的人支付生活费。受害人部分丧失劳动能力的，不存在该项费用。

迷你案例

案情：廖某在监狱服刑，监狱管理人员放纵同室服刑人员对其进行殴打，致使廖某一条腿伤残。经6个月治疗，廖某部分丧失劳动能力。现廖某申请国家赔偿。

问题：廖某扶养的无劳动能力的人的生活费是否属于国家赔偿范围？

答案：不属于。根据《国家赔偿法》第34条第1款第2项的规定，只有造成受害人全部丧失劳动能力，才需对其扶养的无劳动能力的人支付生活费。廖某属于部分丧失劳动能力，其扶养的无劳动能力的人的生活费不属于国家赔偿范围。

（三）生命权损害赔偿

造成公民死亡的，应当支付死亡赔偿金、丧葬费，总额为国家上年度职工年平均工资的20倍。对死者生前扶养的无劳动能力的人，还应当支付生活费。

> **提示** "上年度"应为赔偿义务机关作出赔偿决定时的上一年度；复议机关或者法院赔偿委员会维持原赔偿决定的，按照作出原赔偿决定时的上一年度国家职工平均工资标准计算赔偿金，确定赔偿金数额；复议机关或者法院赔偿委员会改变原赔偿决定的，按照新作出决定时的上一年度国家职工平均工资标准计算赔偿金。

（四）名誉权、荣誉权的精神损害赔偿

只要有人身自由权、健康权、生命权的损害，就有名誉权、荣誉权的精神损害。精神损害赔偿有两种方式：①为受害人消除影响，恢复名誉，赔礼道歉；②造成精神损害严重后果的，支付相应的精神损害抚慰金。

1. 精神损害严重的认定标准

（1）第一种是造成精神损害严重后果，具体包括：

❶受害人被非法限制人身自由6个月以上；

❷受害人经鉴定为轻伤以上或者残疾；

❸受害人经诊断、鉴定为精神障碍或者精神残疾，且与违法行政行为存在关联；

❹受害人名誉、荣誉、家庭、职业、教育等方面遭受严重损害，且与违法行政行为存在关联。

（2）第二种是造成精神损害特别严重后果，具体包括：

❶ 受害人被限制人身自由 10 年以上；
❷ 受害人死亡；
❸ 受害人经鉴定为重伤或者残疾一至四级，且生活不能自理；
❹ 受害人经诊断、鉴定为严重精神障碍或者精神残疾一至二级，生活不能自理，且与违法行政行为存在关联。

2. 精神损害抚慰金标准

（1）造成严重后果的，精神损害抚慰金一般应当在人身自由赔偿金、生命健康赔偿金总额的 50% 以下（包括本数）酌定；

（2）后果特别严重的，精神损害抚慰金可以在 50% 以上酌定。

[法条链接]《国家赔偿法》第 33~35 条；《行政赔偿案件规定》第 26 条；《最高人民法院关于审理国家赔偿案件确定精神损害赔偿责任适用法律若干问题的解释》第 7、8 条；《最高人民法院、最高人民检察院关于办理刑事赔偿案件适用法律若干问题的解释》第 21 条第 1 款。

迷你案例

案情：2006 年 9 月 7 日，县基层法院以销售伪劣产品罪判处杨某有期徒刑 8 年，并处罚金 45 万元。杨某不服，提出上诉。12 月 6 日，市中级法院维持原判并交付执行。杨某仍不服，向省高级法院提出申诉。2010 年 9 月 9 日，省高级法院宣告杨某无罪释放。2011 年 4 月，杨某申请国家赔偿。

问题：国家是否应当支付精神损害抚慰金？

答案：应当。本案中，杨某被限制人身自由 6 个月以上，属于造成其精神损害严重后果的情形，根据《国家赔偿法》第 35 条的规定，赔偿义务机关应当支付相应的精神损害抚慰金。

二、财产权损害的赔偿

对于财产权损害，只赔偿直接损失，不赔偿间接损失。采取的赔偿方式是：能返还财产的，返还财产；能恢复原状的，恢复原状；不能返还及不能恢复原状的，给予金钱赔偿。

1. 对处罚款、罚金、追缴、没收财产或者违法征收、征用财产造成的损害：返还财产，返还执行的罚款或者罚金、追缴或者没收的金钱，一并支付银行同期存款利息。

2. 对查封、扣押、冻结财产造成的损害：解除对财产的查封、扣押、冻结，解除冻结的存款或者汇款，一并支付银行同期存款利息。

3. 对已经损坏且不能恢复原状或者已经灭失的财产造成的损害：采取金钱赔偿的方式，按照损害程度给付相应的赔偿金；按照损害发生时该财产的市场价格计算损失；市场价格无法确定，或者该价格不足以弥补损失的，可以采用其他合理方式计算。

提示）违法征收征用土地、房屋的，给予被征收人的行政赔偿不得少于被征收人依法应当获得的安置补偿权益。

4. 对已经拍卖或者变卖的财产造成的损害：对已拍卖的财产，给付拍卖所得的价款；对已变卖的财产，给付变卖所得的价款。

注意：变卖的价款明显低于财产价值的，应当支付相应的赔偿金。

5. 对吊销许可证和执照、责令停产停业造成的损害：赔偿停产停业期间必要的经常性费用开支。

提示）必要的经常性费用开支，是指法人、其他组织和个体工商户为维系停产停业期间运营所需的基本开支，包括：①必要留守职工的工资；②必须缴纳的税款、社会保险费；③应当缴纳的水电费、保管费、仓储费、承包费；④合理的房屋场地租金、设备租金、设备折旧费；⑤维系停产停业期间运营所需的其他基本开支。

一招制敌——吊销许可证和执照、责令停产停业的，只赔偿停产停业期间必要的经常性费用开支，不赔偿在此期间能获得的利益。

6. 对财产权造成的其他损害，按照直接损失给予赔偿。直接损失包括：
（1）存款利息、贷款利息、现金利息；
（2）机动车停运期间的营运损失；
（3）通过行政补偿程序依法应当获得的奖励、补贴等；
（4）对财产造成的其他实际损失。

一招制敌——无论是人身损害，还是财产损害，赔偿请求人聘请律师的费用都不属于国家赔偿项目。

[法条链接]《国家赔偿法》第32、36条；《行政赔偿案件规定》第27~29条。

迷你案例

案情：县市场监管部门以营业执照存在问题为由，查封了张某开办的美容店。查封时，县市场监管部门工作人员将美容店的窗户、仪器损坏。张某向法院起诉，法院撤销了县市场监管部门的查封决定。张某要求行政赔偿。

问题：张某的哪些损失属于国家赔偿的范围？

答案：根据《国家赔偿法》第36条第2、6项的规定，张某的下列两项损失属于国家赔偿的范围：①修复美容店被损坏的仪器及窗户所需费用。这是查封行为造成的财产损害，并且不能恢复原状，因此属于县市场监管部门应予赔偿的费用，应按照损害程度给付相应的赔偿金。②美容店被查封停业期间必要的经常性费用开支。查封张某开办的美容店导致美容店停业，美容店被查封停业期间必要的经常性费用开支属于县市场监管部门应予赔偿的费用。

总结梳理

国家赔偿的方式、标准和费用

- 主要方式
  - 人身权损害
    - 人身自由权损害 → 按日支付赔偿金
    - 健康权损害
      - 一般身体损害 → 医疗费、护理费、误工费
      - 严重身体损害 → 医疗费、护理费、残疾生活辅助具费、康复费、残疾赔偿金以及其扶养的无劳动能力的人的生活费（全部丧失劳动能力）
    - 生命权损害 → 死亡赔偿金、丧葬费、死者生前扶养的无劳动能力的人的生活费
    - 名誉权、荣誉权损害 → 消除影响、恢复名誉、赔礼道歉 —严重损害→ 精神损害抚慰金
  - 财产权损害
    - 罚款、罚金、追缴、没收财产或违法征收、征用财产 → 返还财产、支付利息
    - 查封、扣押、冻结财产 → 解除、支付利息
    - 造成财产损坏或灭失 → 按照损害程度给付赔偿金
    - 财产已拍卖或变卖 → 给付拍卖或变卖所得价款 —变卖价款明显低于财产价值→ 支付相应赔偿金
    - 吊销许可证和执照、责令停产停业 → 赔偿停产停业期间必要的经常性费用开支
- 金钱赔偿

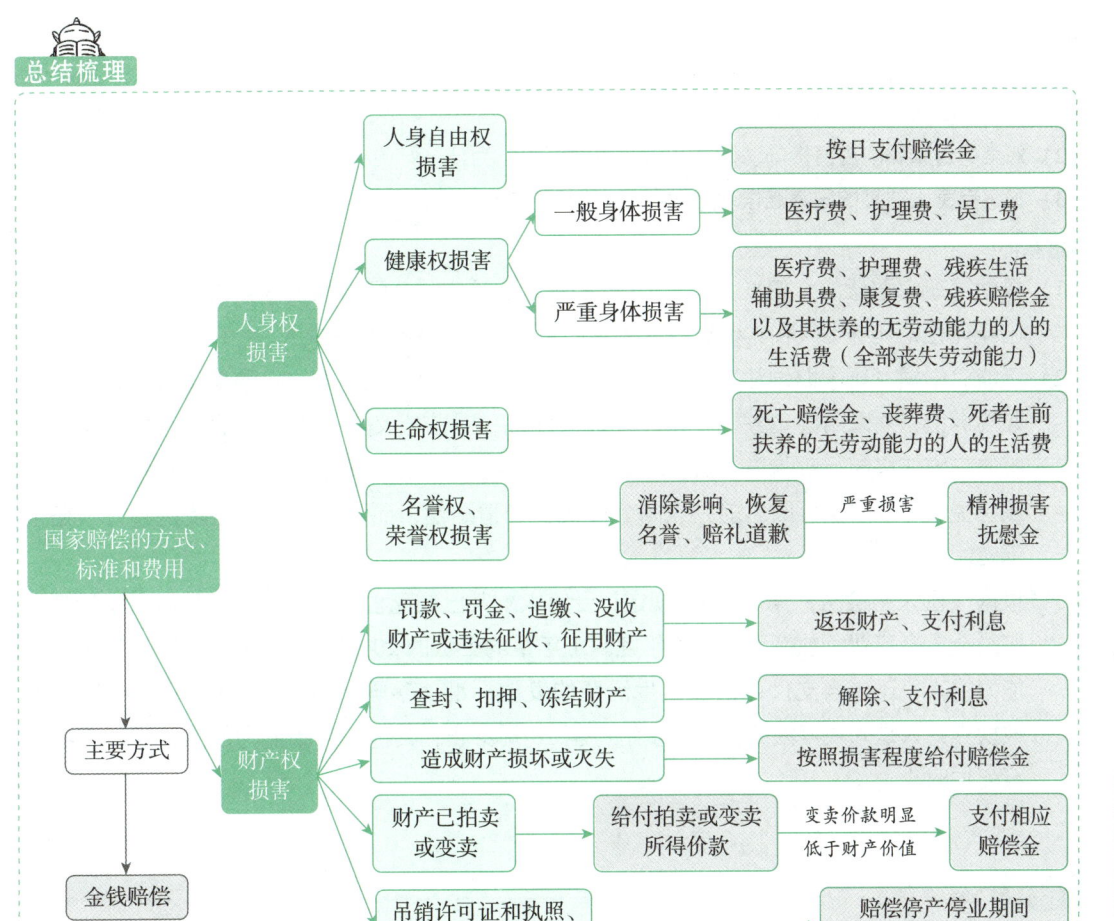

考点 40

第十四讲 小综案例

① 案情

2006年3月3日凌晨，刘某遭到拦路抢劫，被刺伤后喊叫求救。个体司机胡某等人听到呼救后，先后三次用手机拨打"110"报警，"110"值班人员让其给"120"打电话，"120"值班人员让其给"110"打电话。10分钟后，胡某等人再次拨打"110"报警后，"110"值班接警人员电话指令桥南派出所出警。此时，刘某已经因失血过多而死亡。刘某的近亲属以公安机关不作为为由，向法院提起行政赔偿诉讼。

问题

(1) 本案的赔偿请求人应如何确定？

(2) 刘某的近亲属能否直接向法院提起行政赔偿诉讼？为什么？

(3) 本案受害人刘某的国家赔偿项目和费用应如何确定？

答案

(1) 根据《国家赔偿法》第6条第1、2款的规定，受害的公民有权要求赔偿。但受害的刘某已经死亡，其继承人和其他有扶养关系的亲属可以作为赔偿请求人。

(2) 不能。根据《国家赔偿法》第9条第2款和第14条第2款的规定，赔偿请求人提起行政赔偿诉讼，须以赔偿义务机关先行处理为前提；对赔偿义务机关作出的赔偿处理决定不服的，方能提起行政赔偿诉讼。本案中，公安机关为赔偿义务机关，因此，刘某的近亲属在提起行政赔偿诉讼之前应先向公安机关申请赔偿，而不能直接向法院提起行政赔偿诉讼。

(3) 根据《国家赔偿法》第34条的规定，受害人刘某已经死亡，赔偿义务机关应当支付死亡赔偿金、丧葬费，总额为国家上年度职工年平均工资的20倍。对刘某生前扶养的无劳动能力的人，还应当支付生活费。生活费的发放标准，参照当地最低生活保障标准执行。被扶养的人是未成年人的，生活费给付至18周岁止；其他无劳动能力的人，生活费给付至死亡时止。

❷ 案情

1994年10月1日，聂某被某县公安局刑事拘留。10月9日，其因涉嫌故意杀人、强奸妇女被该县检察院批准逮捕。1995年3月15日，某市中级法院判处聂某死刑。聂某上诉。1995年4月25日，某省高级法院维持死刑判决，随后聂某被执行死刑。2016年12月2日，最高法院改判聂某无罪。2016年12月14日，聂某的家属申请国家赔偿。

问题

(1) 本案是否属于国家赔偿的范围？为什么？

(2) 本案的赔偿义务机关应如何确定？

(3) 若赔偿义务机关拒绝赔偿，聂某的家属能否提起赔偿诉讼？为什么？

答案

(1) 属于。本案中，聂某被判处死刑并执行，后最高法院再审改判聂某无罪，作为生效判决错误、原判刑罚已经执行的情形，根据《国家赔偿法》第17条第3项的规定，属于国家赔偿的范围。

(2) 根据《国家赔偿法》第21条第4款的规定，再审改判无罪的，作出原生效判决的法院为赔偿义务机关。本案中，作出原生效死刑判决的法院为该省高级法院，因此，赔偿义务机关为该省高级法院。

（3）不能。根据《国家赔偿法》第24条第3款的规定，赔偿义务机关是法院的，赔偿请求人可向其上一级法院赔偿委员会申请作出赔偿决定。由于本案的赔偿义务机关是法院，因此，赔偿义务机关拒绝赔偿的，聂某的家属可以向上一级法院赔偿委员会申请作出赔偿决定，而不能向法院提起赔偿诉讼。

> 也许每个人心中都有一个风筝，
> 无论它意味着什么，
> 让我们勇敢地追。

致奋进中的你

声　明　　1. 版权所有，侵权必究。

　　　　　2. 如有缺页、倒装问题，由出版社负责退换。

图书在版编目（CIP）数据

主观题考点清单. 行政法 / 魏建新编著. -- 北京 : 中国政法大学出版社，2025. 4. -- ISBN 978-7-5764-2011-1

Ⅰ. D920.4

中国国家版本馆 CIP 数据核字第 2025HE6300 号

出 版 者	中国政法大学出版社
地　　址	北京市海淀区西土城路 25 号
邮寄地址	北京 100088 信箱 8034 分箱　邮编 100088
网　　址	http://www.cuplpress.com（网络实名：中国政法大学出版社）
电　　话	010-58908285(总编室) 58908433（编辑部）58908334(邮购部)
承　　印	河北翔驰润达印务有限公司
开　　本	787mm×1092mm　1/16
印　　张	12.5
字　　数	300 千字
版　　次	2025 年 4 月第 1 版
印　　次	2025 年 4 月第 1 次印刷
定　　价	65.00 元